Kochbuch

für

Anhänger

der

Pfarrer Kneipp'schen Lebensweise.

Bearbeitet

von

Frau Dr. Korntheuer.

(Christine List, pr. Arzt.-Gattin, München.)

Zweite, vermehrte und verbesserte Auflage.

Donauwörth, 1895.

Druck und Verlag der Buchhandlung L. Auer.

Faksimile-Nachdruck der 2., vermehrten
und verbesserten Auflage aus dem Jahre 1895.

Druck und buchbinderische Verarbeitung:
Ludwig Auer GmbH, Donauwörth
ISBN 3-403-0**1517**-3

Vorwort zur ersten Auflage.

Von großem Einfluß auf das Wohlbefinden, ich möchte fast noch sagen: auch auf den häuslichen Frieden, ist die Zubereitung der Nahrungsmittel. Bei einem einfachen, kräftigen, nach allen Anforderungen gut zubereiteten Mittagsmahl wird nicht nur das leibliche Wohl der Familie gedeihen, sondern es wird auch vom Familienvater und den übrigen Familienglieder des Hauses ein freundliches, zufriedenes Gesicht bei Tische herrschen, und so die Zeit des Tages, wo in den meisten Fällen die ganze Familie gemütlich eine Stunde beisammensitzt, zu einer frohen werden, wo man die Mühen, Sorgen und Arbeiten, die der Beruf mit sich bringt, gerne vergißt.

Schon aus diesem Grund sollte jede Hausfrau, soweit es die Verhältnisse erlauben, die Kochkunst selbst üben; den meisten Gatten schmeckt ein von der Gattin selbst zubereitetes Mahl am besten. Wenigstens sollte jedes Mädchen die schöne Kunst des Kochens erlernen oder sich doch einige Kenntnisse darin aneignen, um im Notfalle wenigstens die Köchin vertreten zu können. Einer wenig geübtern, jungen Hausfrau wird deshalb ein einfach praktisches Kochbuch leichter und schneller die nötigen Kenntnisse verschaffen, als sie dieselben durch Erfahrung lernt. Unsern jetzigen Zeitverhältnissen angemessen, ist in dem Kochbuch hauptsächlich darauf Rücksicht genommen, mehr Speisen aus dem Pflanzenreich, als aus dem Tierreich vorzuführen, da nach Ansicht unserer größten

Hygieniker diese Speisen zu einer gesunden, kräftigen Blutbildung viel zuträglicher sind als Fleisch. Auch ist auf die weniger bekannten einfachen vegetarischen Mehl- und Obstspeisen viel Rücksicht genommen, um zu beweisen, auch mit wenig oder keinem Fleisch ein gutes Mittagsmahl herstellen zu können.

Da ich bei meinen Rezepten bestrebt war, immer gleich das Notwendige zu sagen, so kann ich mich kurz fassen und nur auf einige allgemeine Vorausschickungen beschränken.

Das erste Erfordernis der Kochkunst ist Reinlichkeit; vor allem soll sich die Köchin der größten Reinlichkeit an Händen und Kleidung befleißen, ebenso sollen alle Küchengeräte, besonders aber die Kochgeschirre, mit der sorgfältigsten Pünktlichkeit rein gehalten werden. In einer guten bürgerlichen Küche sollen auch die nötigen messingenen und eisernen Pfannen, emaillierte Töpfe und Kasserollen, irdene Tiegel, Seiher, Formen, Backblech und -brett, und sonstige kleinere nötige Gegenstände nicht fehlen.

Ein gutes Holz (Buchenholz) oder Steinkohle ist Hauptbedürfnis, ebenso ein reines, weiches Wasser.

Vom Fleisch und Gemüsen.

Ochsenfleisch oder Rindfleisch sollte nie zu alt sein; man erkennt sein Alter an der Farbe, die schön rot und das Fett weiß sein soll; bei alten Tieren ist die Farbe dunkler und das Fett gelb.

Hammelfleisch ist nur junges gut, und am besten im Spätsommer und im Herbst geschlachtetes, die übrige Jahreszeit ist es nicht so gut. Kalbfleisch sollte nie unter vier bis fünf Wochen alt sein, auch das Schweinefleisch ist nur von jungen Tieren gut, ebenso Wildbret. Hasen kann man am leichtesten erkennen, ob sie jung sind, wenn man leicht, ohne Anstrengung die Löffel (Ohren) mit der Hand auseinanderschlitzen kann. Geflügel, wie Gänse, Enten, Indian, Kapaunen, sollte vier bis sechs Monate alt sein; die letztern beiden sind auch noch mit einem Jahr gut; junge Hennen und Tauben werden natürlich viel bälder genommen.

Fische sind nur außer der Laichzeit gut, überhaupt in der heißesten Jahreszeit sind nur Forellen zu empfehlen. Krebse vom Mai bis September; sobald die Monate ein r haben, sind die Scheren und Schweife der Krebse nicht mehr voll.

Nun ist noch sehr wesentlich, daß die Köchin, um gut zu kochen, auch die richtige Zeit dazu verwendet, damit alles zur rechten Zeit, nie zu spät, wenn es pünktlich fertig sein soll, aufs Feuer kommt. Eine pünktliche Köchin wird stets zur präzisen Zeit ein gutes Mahl zu Tische bringen; freilich sollte man sich auch merken: wer gut seine Mahlzeit will, hat auch pünktlich zu erscheinen. Dann soll die Köchin, auch als gute Köchin, sparsam sein; man soll die einzelnen Zuthaten in nicht zu großer Menge verwenden, aber auch nie so, daß durch zu wenig die ganze Speise verdorben würde. Bei zweckmäßiger Verwendung von Speisenresten läßt sich viel ersparen, z. B.: aus kleinen Gemüseresten läßt sich mit Nachhilfe von Wasser oder vegetarischem Sud, vielleicht auch einem Restchen Bratensauce, eine gute Suppe herstellen; ebenso sind Abschöpffette, Fleischreste gut zu verwenden. — Auch beim Einkaufen von größern Qantitäten kann gespart werden, wenn man's richtig einzuteilen und aufzubewahren versteht.

Dann soll jede Köchin, bevor sie zu kochen beginnt, Geschirr und Zuthaten herbeiholen, dadurch wird sie während des Kochens weniger Arbeit haben und den einzelnen Speisen mehr Aufmerksamkeit schenken können, ohne zu hetzen. Ich lasse z. B. bei zeitraubenden Gemüseputzereien, Kartoffelschälen usw., tags vorher, besonders im Winter bei kurzen Tagen. dieses thun, und befinde mich gut dabei.

Was gerade in der Kochkunst so häufig der Fall ist, die Anwendung vieler Fremdwörter, habe ich mich bemüht, soweit es geht, zu vermeiden, und nur die bekanntesten benützt, die wohl keiner weitern Erörterung bedürfen.

Hiermit glaube ich alles Nötige gesagt zu haben und wünsche nur, daß mit dem einfachen, bescheidenen Buch, das sich ja auch seines billigen Preises wegen die meisten Hausfrauen beschaffen können, vielen in entsprechender Weise gedient sein möge, und daß die meist sehr einfach gehaltene Kocherei ihnen genügt. Ich schließe mit den Worten Goethes:

O Freund, das wahre Glück
Ist die Genügsamkeit,
Und die Genügsamkeit
Hat überall genug.

München, im November 1892.

Die Verfasserin.

Vorwort zur zweiten Auflage.

Es ist erfreulich für mich, schon nach zwei Jahren zur zweiten Auflage meines Kochbuches schreiten zu können und sehe ich es als Beweis an, daß es mir gelungen, die Zufriedenheit meiner Leser und Benützerinnen erworben zu haben.

Somit möge es mit seiner Verbesserung, die hauptsächlich das Ziel einer echt Kneipp'schen Lebensweise im Auge hat, und mit seiner Vermehrung durch viele neue Rezepte, abermals hinauswandern in den Kreis meiner geehrten Leserinnen und beifällige Aufnahme finden, bei alten und neuen Freunden.

München, 1. Februar 1895.

Die Verfasserin.

Speisezettel.

Nr. 1.

Sonntag: Suppe mit Semmelklößchen, Hasenbraten mit Aepfelmus, Kartoffelpudding mit Weinsauce.

Montag: Einlaufsuppe, gedämpfter Hammelschlegel mit Kartoffeln, Rahmauflauf.

Dienstag: Kartoffelsuppe, Schinken mit Maccaroni, Aepfelstrudel.

Mittwoch: Hagebuttensuppe, Boeuf à la mode mit Spätzle, Mohrenkopf, Vanillesauce.

Donnerstag: Linsensuppe, geräuchertes Fleisch mit Erbsenpüree, Kartoffelpudding.

Freitag: Reissuppe, Karpfen in polnischer Sauce mit Salzkartoffeln, Mehlpudding mit Pflaumenmus-Sauce.

Samstag: Selleriesuppe, Rindfleisch mit Roterübensalat, Kartoffeln, Reis mit getrockneten Pflaumen.

Nr. 2.

Sonntag: Suppe mit Schwammklößchen, Gansbraten mit Blaukrautsalat, Semmelknödel, Birnenklöße.

Montag: Suppe mit Griesnocken, Schweinsbraten mit Sauerkraut, Reispudding mit Hagebuttensauce.

Dienstag: Nudelsuppe, Fleischpolster mit gedämpftem Kraut und Kartoffeln, Mandelauflauf.

Mittwoch: Kraftsuppe, Beefsteak mit Schmorkartoffeln, Hafergrütze (gekocht), und Aepfelkompott.

Donnerstag: Nudelsuppe mit alter Henne, Schokoladepudding, Vanillesauce.

Freitag: Einbrennsuppe, gebackene Fische mit Endivien- und Kartoffelsalat, Hafermehlpfannenkuchen mit gekochtem Obst.

Samstag: Grünkernsuppe, Rindfleisch, Zwiebelsauce, geröstete Kartoffeln, Griesbrei mit eingekochten Himbeeren.

Nr. 3.

Sonntag: Suppe mit Leberknödeln, Hasenbraten, Blaukraut, gebackene Kartoffeln, Aepfelcharlotte.

Montag: Kraftsuppe, Bohnengemüse (getrocknete), gebackene Kalbsmilchlein, Käsekuchen.

Dienstag: Juliennesuppe, Hasenragout, Kartoffelklöße, Dampfnudeln mit gebranntem Zucker.

Mittwoch: Linsenmehlsuppe, Rindsrouladen, Karottengemüse, Griesauflauf.

Donnerstag: Suppe mit Schwarzwurzeln und gebähten Schnitten, gebratenes Hirschfilet mit Salat, und Kompott, Reismehlspeise mit Caramelsauce.

Freitag: Weinsuppe, Schellfische mit Kartoffeln und zerlassener Butter, Mais mit Datteln.

Samstag: Suppe mit Buchweizengrütze, Rindfleisch mit Tomatensauce, Schmorkartoffeln, Zimtstrudeln.

Nr. 4.

Sonntag: Biskuitsuppe, Entenbraten, Kastaniengemüse, Salat, Schwarzbrotpudding.

Montag: Suppe mit Fleischklößchen, Rauchfleisch mit Erbsenbrei, wahrer Jakob.

Dienstag: Hirnsuppe, Rindszunge in Sardellensauce, Grahamklöße, Aepfelpfannenkuchen.

Mittwoch: Heidelbeersuppe, gefüllter Krautskopf, Schwammpudding mit Fruchtsauce.

Donnerstag: Kraftsuppe, eingemachtes Kalbfleisch mit Dampfnudeln, Griesmus mit Zwetschenkompott.

Freitag: Schokoladesuppe, Stockfisch mit Erbsenbrei und Sauerkraut, Aepfelmeringue.

Samstag: Schwarzbrotsuppe, Rindfleisch mit Wirsinggemüse, geröstete Kartoffeln, Krautnudeln.

Nr. 5.

Sonntag: Reissuppe, gebratene Tauben mit Salat und Kompott, Aepfelauflauf.

Montag: Gelberübensuppe, gebratene Kalbsleber mit Spinat (getrocknetem), gefüllte Omeletten.

Dienstag: Wirsingsuppe, Sauerbraten (fränkischer), Kartoffelklöße, gebackene Quarknudeln.

Mittwoch: Kraftsuppe, Kalbskoteletten mit Rosenkohl, Aepfelklöße.

Donnerstag: Sagosuppe, Bratwürste mit Linsenpüree, Grahambrotpudding mit Fruchtsauce.

Freitag: Beuschelsuppe, Karpfen in schwarzer Sauce, Semmelklöße, Karthäuserklöße, Vanillesauce.

Samstag: Gerstenschleimsuppe, Rindfleisch mit sauren Kartoffeln, Reisklößchen mit Fruchtsauce.

Nr. 6.

Sonntag: Wurzelsuppe, gebratener Kalbsschlegel, Wassernudeln, Salat, Grahamkuchen.

Montag: Milzsuppe, Rauchfleisch mit eingebrennten, gekochten Birnschnitzen und Semmelknödeln, gebackene Igel mit Himbeersauce.

Dienstag: Hafermehlsuppe, Pickelsteinerfleisch, Mandelauflauf mit Johannisbeerensauce.

Mittwoch: Milchsuppe, Grahamschmarren mit Kompott, Aepfelkuchen.

Donnerstag: Panadensuppe, Schweinsbraten, Sauerkraut und Salzkartoffeln, Rahmstrudel.

Freitag: Geröstete Griessuppe, gebackener Hecht mit bayrischen Rüben, Reismehlpudding mit Zitronensauce.

Samstag: Kraftsuppe, Kalbsgekröse, gebackene Kartoffeln, Hefenschnecken.

Nr. 7.

Sonntag: Pfannenkuchensuppe, Hammelschlegel, Maccaroni, Hafermehltorte.

Montag: Kraftsuppe, Kalbsbraten in Tomatensauce, Salat, gebackene Reisklößchen mit Kompott.

Dienstag: Bohnensuppe, saure Lunge, Salzkartoffeln, Nigerln.

Mittwoch: Hafermehlsuppe, Erbsenkoteletten mit Kürbisgemüse, Semmelpudding mit Fruchtsauce.

Donnerstag: Brotsuppe, gebratene Tauben, Rosenkohl, Eierkuchen.

Freitag: Linsensuppe, Heringsauflauf, Hefenklöße mit gekochtem Obst.

Samstag: Nudelsuppe, Rindfleisch, Roterübensalat, Artischockensalat und Salzkartoffeln, Sagobrei, Kompott.

Nr. 8.

Sonntag: Leberknödelsuppe, Hackbraten, Endiviensalat, geschmorte Kartoffeln, Sauerrahmauflauf, Weinsauce.

Montag: Hafergrützensuppe, Beefsteak mit Kräuterbutter, Kartoffelschnitze.

Dienstag: Gerstenschleimsuppe, Kalbsschlegelbraten, Selleriesalat, gestürzte Kartoffeln, Kirschen mit Reis.

Mittwoch: Kraftsuppe, aufgewärmter Kalbsbraten, Kartoffelsalat, Aepfelkuchen.

Donnerstag: Gelberübensuppe, Rauchfleisch mit Kartoffelbrei, Griespudding.

Freitag: Biersuppe, blaugesottener Hecht mit Kartöffelchen und zerlassener Butter, Griesschmarren, Pflaumenkompott.

Samstag: Reissuppe, geräucherte Zunge, Erbsenbrei, Sauerkraut, Maccaroni in Milch.

Nr. 9.

Sonntag: Milzsuppe, Hirschragout mit gebrühten Griesknödeln, Reispudding mit Johannisbeersauce.

Montag: Blumenkohlsuppe, Rindfleisch mit Petersilien-Kartoffeln, Griestorte.

Dienstag: Kraftsuppe, Wienerschnitzeln, gedünstetes Blaukraut, Aepfel-Eierkuchen.

Mittwoch: Wurzelsuppe, Schinkennudeln, Salzkartoffeln, Kartoffeltorte mit Fruchtsaft-Tunke.

Donnerstag: Grahambrotsuppe, gebackenes Kitz, Bohnengemüse, Auflauf von saurem Rahm.

Freitag: Sauerkrautsuppe, Schleien in holländischer Sauce, Salzkartoffeln, Quarkkuchen.

Samstag: Reissuppe, Kalbfleischscheiben, Wirsinggemüse, Aepfelpudding mit Weinsauce.

Nr. 10.

Sonntag: Suppe mit gebackenen Leberbrötchen, gebratene Schnepfen mit Sauerkraut, Pudding à la Humbold.

Montag: Kräutersuppe, gefüllte Kalbsscheiben, Brockelerbsen, Salzkartoffeln.

Dienstag: Griessuppe, gefüllter Schweinsmagen, Weißkrautgemüse, Käskuchen.

Mittwoch: Weinsuppe, Schweinsbraten, Spinatpudding, Natrongugelhopf, Chaudeausauce.

Donnerstag: Geriebene Teigsuppe, Hammelskoteletten, Kohlrabigemüse, Charlotte russe.

Freitag: Brennsuppe, gebackener Stockfisch, Schwarzbrotpudding, Weinsauce.

Samstag: Juliennesuppe, eingemachtes Kalbfleisch, Pilaf, rote Grütze.

Nr. 11.

Sonntag: Geigenknödelsuppe, gefüllte Kalbsbrust, Spinat, Weinsbergertorte.

Montag: Selleriesuppe, Maccaroni mit Schinken, gefüllte Omeletten.

Dienstag: Tapiokasuppe, Schweinsbraten mit Sauerkraut und Spätzle, Blitzkuchen mit Fruchtsaft.

Mittwoch: Käsesuppe, Filetbraten, Blaukrautsalat, Makronentorte.

Donnerstag: Grünkernsuppe, frikassierte Tauben, Wassernudeln, Schokoladetorte.

Freitag: Kartoffelsuppe, gebratener Hecht mit gebackenen Kartöffelchen, Linsenkoteletten, Salat oder Kompott.

Samstag: Milzklößchensuppe, Rindfleisch, Zwiebelsauce, geröstete Kartoffeln, Toppennudeln.

Nr. 12.

Sonntag: Kräutersuppe, Kalbsfricandeau mit Reisrand, Creme brulé.

Montag: Hafermehlsuppe, Rühreier mit Schinken und Kartoffeln in der Schale, Dampfnudeln mit Vanillesauce.

Dienstag: Einlaufsuppe, Fleischkuchen mit Sardellensauce, Salzkartoffeln, Milchreis mit gekochtem Obst.

Mittwoch: Buchweizengrützesuppe, saure Kalbsleber mit Kartoffeln, Kartoffelpudding mit Weinschaum.

Donnerstag: Schwemmklößchensuppe, Boef à la mode, geröstete Spätzchen, Hirsebrei, Aepfelkompott.

Freitag: Panadensuppe, gebackene Forellen mit Salat, Reispudding mit Hagebuttensauce.

Samstag: Hirnsuppe, gebackener Kalbskopf, Semmelschmarren, Kompott.

Nr. 13.

Sonntag: Butterklößchensuppe, gebratene Hühner, Salat und Kompott, Kartoffeltorte.

Montag: Nudelsuppe, eingepöckelter Schweinsbraten, Semmel-Knödel, kalter Reispudding.

Dienstag: Erbsensuppe, gebratene Tauben, Schwarzwurzelsalat, Schwarzbrotpudding mit Rotweinüberguß.

Mittwoch: Kraftsuppe, Surfleisch (siehe Anhang) mit Erbsenbrei und Sauerkraut, Grahamschmarren, gekochte (getrocknete) Aprikosen.

Donnerstag: Hafermehlsuppe, frikassierte Tauben, Kartoffelbrei, französische Brandteigkrapfen.

Freitag: Schokoladesuppe, Spinatpudding, Buttersauce, Rahmstrudel.

Samstag: Lebersuppe, gesottenes Schweinefleisch mit weißen Rüben, Grahambrotpudding.

Nr. 14.

Sonntag: Amerikanische Reissuppe, gebackene Hühner, grüner Salat, Haferpudding.

Montag: Grünkohlsuppe, Rostbraten, Grünkohl mit Rahm, Haselnußtorte.

Dienstag: Zwiebelsuppe, gebackenes Beefsteaks, Blaukraut, Gleichschwertorte.

Mittwoch: Sagosuppe, Karotten, gebackenes Kalbsbries, Schokoladepudding mit Rahmsauce.

Donnerstag: Kraftsuppe, Schweinskoteletten, Rosenkohl, Moosbeernocken.

Freitag: Weinsuppe, geröstete Spätzchen, Nisselsalat, Mehlpudding mit Zitronensauce.

Samstag: Milzsuppe, Rindfleisch mit Meerrettich und Mehlkößen, Grützenbrei mit gekochtem Obst.

Nr. 15.

Sonntag: Maccaronisuppe, Spanferkel, Salat von Gartenkresse, Auflauf mit Vanillesauce.

Montag: Wirsingsuppe, gedämpfte Hammelskeule, Serviettenklöße, Griespudding, Schokoladesauce.

Dienstag: Baumwollsuppe, geräucherte Leberwürste, Linsengemüse, Mehlspeise.

Mittwoch: Butterklößchensuppe, Kartoffelbrei mit gebackener Leber, Griesbrei mit Obst.

Donnerstag: Braune Fleischbrühe mit Grahamzwieback, Rindsbraten mit Salat, Omeletten.

Freitag: Biersuppe, Blumenkohl mit holländischer Sauce, Kartoffel-Croquetten.

Samstag: Fleischklößchensuppe, Hammelfleisch mit Rüben, Griesschmarren mit Kompott.

Nr. 16.

Sonntag: Eierkäsesuppe, Kalbsschlegel mit Rahmsauce, Wandeln von Kartoffeln, Brottorte.

Montag: Hirnsuppe, Rindfleisch, gefüllte Tomaten, Käsekeulchen.

Dienstag: Tapioka mit Zuckererbsen, gebackenes Kalbsgekröse, Wirsing (schweizerisch), Kartoffelkuchen.

Mittwoch: Holdersuppe, Kartoffelpudding mit Hering, Nigerln.

Donnertag: Kraftsuppe, Schweinsbraten, Blaukraut, Kartoffeln, Nudelpudding.

Freitag: Brotsuppe mit Milch, gebackene Fische mit Salat, Erbsenauflauf mit Sauerkraut, Flachsreusten.

Samstag: Abgeschmälzte Einlaufsuppe, Omeletten mit Schinken, Zwiebelkuchen.

Nr. 17.

Sonntag: Juliennesuppe, gebratener Kapaun, Spargel in Buttersauce, Himbeerbavesen.

Montag: Leberknödelsuppe, Ochsenzunge in Kapernsauce, Kartoffelbrei, Karthäuserklöße, Vanillesauce.

Dienstag: Graupensuppe, gebratene Tauben, Rhabarberkompott, Rhabarberkuchen.

Mittwoch: Nudelsuppe mit alter Henne, Aepfelstrudel.

Donnerstag: Buchweizengrützesuppe, bayrische Leberknödel mit Sauerkraut oder grünem Salat, Mehlspeise.

Freitag: Kraftsuppe, Kaiserschmarren, Spargel in Buttersauce, Erbsenpudding mit Fruchtsauce.

Samstag: Frühlingssuppe, Rindfleisch, Gartenkresse, Niedernauer Kartoffeln, Rohrnudeln, gekochtes Obst.

Nr. 18.

Sonntag: Krebssuppe, gebratene Bekassinnen, Salat, Kompott, Goldschnitten, Fruchtsauce.

Montag: Spargelsuppe, Beefsteaks mit Sardellenbutter, gebackene Kartoffeln, Rosinenstrudel.

Dienstag: Brotsuppe, gespickte gebratene Kalbsleber, grüner Salat, Mehlspeise mit Vanillesauce.

Mittwoch: Einlaufsuppe, gedünstetes Rindfleisch mit Tomatensauce, Hefenklöße mit gedämpften Kirschen.

Donnerstag: Weinsuppe, Wildente mit Salat, Salzkartoffeln, Windbeutel mit Kirschensauce.

Freitag: Hafermehlsuppe, Hafermehlkompott, Fruchtsauce, Kirschenkuchen.

Samstag: Kerbelsuppe, Kalbsschnitzeln, Spargelsalat, Kirschen-Pfannenkuchen.

Nr. 19.

Sonntag: Kraftsuppe, gefüllte Kalbsbrust, grüner Salat, Kompott, Griespudding mit Orangensauce.

Montag: Gemüsesuppe, Schweinsbraten mit Sauerkraut und Spätzchen, gebackene Semmelschnitten, gekochte Zwetschgen.

Dienstag: Reissuppe, Rindfleisch mit Brennesselkohl (Zubereitung wie Spinat), Linsenkoteletten, Brunnenkresse, Kartoffelsalat.

Mittwoch: Linsensuppe, Rosenkohl mit Salzkartoffeln, Grahampudding mit Vanillesauce.

Donnerstag: Maismehlsuppe, geräuchertes Schweinefleisch mit Kartoffelbrei, Maccaroni mit Tomatensauce.

Freitag: Erbsensuppe, Schellfische mit Kartoffeln und zerlassener Butter, Aepfelauflauf.

Samstag: Nudelsuppe, Rindfleisch mit Schwarzwurzeln, Windbeutel mit gekochten, getrockneten Birnen.

Nr. 20.

Sonntag: Gerstenschleimsuppe, Sauerbraten mit Semmelknödeln, Aepfelmeringue.

Montag: Karfiolsuppe, Schweinskoteletten mit Wirsinggemüse, gebackene Griesknödel mit Aepfelmus.

Dienstag: Brotsuppe, Rindfleisch mit Kartoffelschnitze und Löwenzahnsalat, gefüllte Omeletten.

Mittwoch: Hafergrützensuppe, Karfiol, Salzkartoffeln, Grahamschmarren mit grünem Salat.

Donnerstag: Kartoffelsuppe, gebackene Leber mit Gelberüben, Reisbrei und getrocknete Zwetschgen (gekocht).

Freitag: Brennsuppe, Türkischer Reis, Griespudding mit Hagebuttensauce.

Samstag: Flädchensuppe, Rindfleisch mit Roterüben, Preiselbeeren, Kartoffelkoteletten mit gekochtem Obst.

Nr. 21.

Sonntag: Hirnsuppe, gefüllte, junge Tauben, Salat, Brockelerbsen, süße Sulz von Reismehl mit Himbeersauce.

Montag: Einlaufsuppe, Ochsenfleisch mit Gurkensauce und Radieschen, Kirschenauflauf.

Dienstag: Eierkäsesuppe, Nierenbraten, Spargel mit holländischer Sauce, gerollte dünne Pfannenkuchen.

Mittwoch: Biersuppe, junge, gebratene Enten mit grünen Bohnen, süße Weinschnitten.

Donnerstag: Durchgetriebene Brotsuppe mit Rahm abgezogen, Kalbsfricandeau mit Spätzchen (schwäbisches Gericht) und Speckkartoffeln, Kirschenpfannenkuchen.

Freitag: Biersuppe, blau abgesottener Hecht mit Sauce und Kartoffeln, Aepfelnudeln.

Samstag: Grüne Erbsensuppe mit geröstetem Brot, deutsches Beefsteak mit jungen, gefüllten Kohlrabi, Setzeier.

Nr. 22.

Sonntag: Omelettensuppe, gebratene Tauben und grüner Salat, bayrische Rüben, Gofiopudding mit Fruchtsauce.

Montag: Brotsuppe, Kalbslunge, Wassernudeln, Karthäuserklöße und gekochtes Obst.

Dienstag: Kraftsuppe, bayrische Leberknödel mit gemischtem Salat oder Sauerkraut, Schokolade-Auflauf.

Mittwoch: Kartoffelsuppe, Erbsenkoteletten mit Salat, Rahmstrudeln.

Donnerstag: Reismehlsuppe, Rindfleisch, Gartenkresse und Heringssalat, und geröstete Kartoffeln, Griesbrei mit Zucker.

Freitag: Geröstete Griessuppe, Stockfisch mit Erbsen und Kraut und Kartoffelschnitze, Dampfnudeln mit gebranntem Zucker, Vanillesauce.

Samstag: Grünkernsuppe, Rindfleisch, Winterkohl, Brunnenkresse, Griesküchlein mit Zitronensauce.

Nr. 23.

Sonntag: Baumwollsuppe, Hackbraten, Salat, Maccaroni mit Parmesankäse, Schwarzbrotpudding mit Wein- oder Fruchtsauce.

Montag: Selleriesuppe, gebackenes Kitz, Wirsinggemüse, Ackersalat, Käsekuchen.

Dienstag: Hirnsuppe, Rindfleisch, warmer Meerrettich, Kartoffeln in der Schale, Pudding (rheinischer).

Mittwoch: Wirsingsuppe, saure Eier und Semmelknödel, Crême brulé.

Donnerstag: Kräutersuppe, geräucherte Schweinsrippchen mit Erbsenbrei, Reiskuchen mit Vanillesauce.

Freitag: Linsenmehlsuppe, gebratener Hecht mit saurem Rahm und Kartöffelchen, Sagopudding mit Himbeersauce.

Samstag: Panadensuppe, Kalbsfricandeau mit Gugurelen und Salat, Erbsenpudding mit Obstsauce.

Nr. 24.

Sonntag: Markklößchensuppe, Filetbraten mit Spargeln und Kompott, Hafermehltorte.

Montag: Kraftmehlsuppe, gespickte Kalbsleber mit gerösteten Kartoffeln, Nudeln in der Milch.

Dienstag: Gerstenmehlsuppe, Taubenragout mit Kartoffelklößchen, Polenta, gekochtes Obst.

Mittwoch: Einlaufsuppe, Schinkenknödel mit gedünstetem Kraut, Zwiebelkuchen.

Donnerstag: Milzsuppe, Schweinsbraten mit Spinatpudding und Salat, Karthäuserklöße, Mandelsauce.

Freitag: Hafermehlsuppe mit Schokolade, gebackene Froschschenkel mit grünem Salat, Hefenschnecken mit gekochten Zwetschgen.

Samstag: Hafermehlsuppe mit Tomaten, Rindfleisch mit Hopfengemüse, Salzkartoffeln, Semmelnudeln mit Zitronensauce.

Nr. 25.

Sonntag: Lebersuppe, gefüllter Kalbsmagen mit Spinat, gebackene Reisküchle, Kompott.

Montag: Einlaufsuppe, Rindfleisch mit Blaukraut und Schnittlauchsalat mit Eiern, gefüllter Eierkuchen mit Hafermehl.

Dienstag: Gerstensuppe, Rissolon von Kalbsmilchlein mit Endiviengemüse (mit saurem Rahm gekocht), Aepfel mit Roggenbrot.

Mittwoch: Bohnenmehlsuppe, Beefsteak mit Kartoffelpüree, Hefenklöße mit gekochtem Obst.

Donnerstag: Griessuppe, Schinkennudeln und Salzkartoffeln, Moosbeernocken.

Freitag: Braune Fischsuppe, Fischkoteletten mit Karfiol, Semmelpudding mit Mandelsauce.

Samstag: Spätzchensuppe, Rindfleisch mit Brunnenkresse und aufgezogenem Spinat in Flädlein, Toppennudeln mit Hafermehl zubereitet.

Nr. 26.

Sonntag: Grünkernsuppe, Nierenbraten mit Maccaroni und grünem Salat, Kartoffelkuchen aus Hafermehl.

Montag: Kraftsuppe, Rindfleisch mit Roterüben und Kartoffelstückchen, Eierhaber mit Spargeln in Buttersauce.

Dienstag: Kartoffelsuppe, gedämpfte Kutteln mit Erbsenpüree und geröstete Kartoffeln, Reisschnitten mit Obst.

Mittwoch: Braune Griessuppe, gebackene Kartoffelknödel mit Zwiebelsauce, Semmelpudding mit Erdbeersauce.

Donnerstag: Erbsensuppe, gebratene Tauben mit Salat und Kompott, Sagobrei mit Fruchtsauce.

Freitag: Linsensuppe, Kartoffelpudding (gesalzen), mit Buttersauce, gebackene Fische mit grünem Salat.

Samstag: Nudelsuppe, Rindfleisch mit Tomatensauce und Kartoffeln, Hafergrütze mit Milch.

Nr. 27.

Sonntag: Suppe mit Suppen-Biskuit, Lammsbraten mit jungen Karotten und Erbsen, Kopfsalat, Träubchenkuchen.

Montag: Suppe mit Fladen, gebackene Kalbsfüße und Tomatensauce, Stachelbeerkompott mit Zwieback.

Dienstag: Graupensuppe, Kaninchen auf Wildbretart, aufgezogene Pfannenkuchen, Weincreme.

Mittwoch: Spargelsuppe, Hackbraten mit Blumenkohl, Reisbrei mit Zimt.

Donnerstag: Grünkernsuppe, Kalbsroulade und Champignonsauce, Hefenklöße mit Kirschenkompott.

Freitag: Reisschleimsuppe, Kräuteromeletten mit Gurkensalat, süßer Kartoffelauflauf mit Kompott von Frühbirnen.

Samstag: Suppe mit Hirnschnitten, gesottenes Ochsenfleisch mit Bohnensalat, jungen Kartoffeln und süßer Butter.

Nr. 28.

Sonntag: Leberknödelsuppe, Sauerbraten mit Kartoffelknödeln, Schokoladepudding mit Vanillesauce.

Montag: Kraftsuppe, gebackener Kalbskopf mit Wirsinggemüse oder Kopfsalat.

Dienstag: Buchweizengrützesuppe, Rindfleisch mit Meerrettich oder Salzkartoffeln, Rahmpudding mit Himbeersauce.

Mittwoch: Brotsuppe, eingemachtes Kalbfleisch mit abgetriebenen Griesknödeln, Schwarzbrotpudding mit Weinsauce.

Donnerstag: Bohnensuppe, Schweinsbraten mit Sauerkraut und Semmelknödeln, Mehlmus mit Zucker und Zimt.

Freitag: Brennsuppe, Spinat mit Ochsenaugen, Aepfelküchlein.

Samstag: Spätzchensuppe, Rindfleisch mit Petersilien-Kartoffeln, Zwetschenbavesen.

Nr. 29.

Sonntag: Geriebene Gerstensuppe, gespickte Kalbsschnitzchen in Rahmsauce mit gedämpftem Reis.

Montag: Spargelsuppe, Rindfleisch mit Artischocken, gedämpfte Morcheln in Butterteigpastetchen.

Dienstag: Kartoffelsuppe mit Aepfeln, englischer Braten mit Wassernudeln, aufgezogene Schwammknödel mit gekochten Zwetschen.

Mittwoch: Selleriesuppe, gebeizter Schweinsbraten mit Geigenknödeln, Reisklößchen mit Aepfelkompott.

Donnerstag: Kraftsuppe, Kalbsgekröse mit gerösteten Kartoffeln, Rahmpudding mit Vanillesauce.

Freitag: Erbsensuppe mit feingeschnittenen Nudeln, Kartoffelpudding von Hafermehl mit Orangensauce.

Samstag: Grünkernsuppe, Rindfleisch mit Kapernsauce und Salzkartoffeln, Maccaroni mit Tomaten.

Nr. 30.

Sonntag: Markklößchensuppe, Kalbsbraten mit Kopfsalat und geröstetem Brot, gebrühte Nocken mit Milchsauce.

Montag: Reissuppe, Lendenschnitten mit gerösteten Spätzchen und grünem Salat, aufgezogenes Mandelmus.

Dienstag: Griesnockensuppe, gedünstetes Kalbsherz, Spargeln, Grünkernkoteletten mit Kopfsalat oder gekochtem Obst.

Mittwoch: Biskuitsuppe, Rindfleisch mit Sardellensauce und gebackenen Kartoffeln.

Donnerstag: Brotsuppe, Koteletten mit Schwarzwurzeln, Reismus.

Freitag: Kraftsuppe, Karpfen in brauner Sauce mit Semmelknödeln, Rahmstrudel.

Samstag: Juliennesuppe, Rindfleisch mit Spinat und Spiegeleiern, aufgezogene Flädlein mit Fülle.

Nr. 31.

Sonntag: Krebssuppe, gebratene Hahnen mit Kopfsalat und Spargeln, Schwammpudding mit Fruchtsauce.

Montag: Leberknödelsuppe, gespickte, gedämpfte Kalbsbrust mit Reis, Rohrnudeln mit Milchsauce.

Dienstag: Frühlingssuppe, Rindfleisch mit Rettichsalat, neue Kartoffeln mit Butter.

Mittwoch: Hafergrützensuppe, Schweinsbratwürstchen mit Spargeln in der Buttersauce und neuen Kartoffeln, Windnudeln mit Kirschen gefüllt.

Donnerstag: Kraftsuppe, gedünstete Schweinskoteletten mit Spinat, Erbsenpudding mit Vanillesauce.

Freitag: Kartoffelsuppe, Pilaf mit Sardellensauce, Kirschenauflauf mit Kirschensauce.

Samstag: Spargelsuppe, Rindfleisch mit Zwiebelsauce und gerösteten Kartoffeln, Maccaroni mit Käse.

Nr. 32.

Sonntag: Hafermehlsuppe, mit Sellerie gefüllter Filetbraten mit Salzkartoffeln und Kopfsalat, Maismehlpudding mit Fruchtsauce.

Montag: Reismehlsuppe, Rindfleisch, Karottensalat und neue Kartoffeln, Hafermehlomeletten mit Kompott.

Dienstag: Grünkernsuppe, Kalbsschnitze mit Reisgemüse, Plinzen vom Buchweizenmehl (siehe Hafermehl).

Mittwoch: Kraftsuppe, saure Lunge mit gerösteten Spätzchen, Eierkuchen mit Schnittlauch.

Donnerstag: Sagosuppe, Kalbshirn in Frikasseesauce mit gebackenen Semmelschnitten, Italienischer Pudding.

Freitag: Arrowrootsuppe mit Wein, Forellen mit Butter und Kartoffeln, Buchweizengrützebrei mit Milch.

Samstag: Geriebene Teigsuppe, Rindfleisch mit jungen Kohlrabi und gebackenen Semmelnudeln, gefüllte Faschingskrapfen mit Weinsauce.

Nr. 33.

Sonntag: Kerbelsuppe, Gansbraten, neue Kartoffeln, Kopfsalat und Kompott, Schwammknödel mit gekochten Kirschen.

Montag: Kraftsuppe, Rindfleisch mit jungen Gelberüben, mit Kartoffeln darunter gekocht, gesottene Hefenklöße mit Obst.

Dienstag: Wurzelsuppe, Rindsrouladen mit Bohnengemüse, Nudelkuchen mit Milchsauce.

Mittwoch: Hafermehlsuppe, Brotpudding mit Weinsauce, verlorene oder poschierte Eier mit Spinat.
Donnerstag: Reisjuliennesuppe, Rehragout mit gebrühten Griesknödeln, Hafermehlpudding mit Vanillesauce.
Freitag: Erbsensuppe, Grünkernkoteletten mit Kopfsalat oder Kompott, Reismehlauflauf mit Zitronensauce.
Samstag: Nudelsuppe, Rindfleisch mit jungen Kohlrabi und Kartoffeln in der Schale, Kirschenküchlein.

Nr. 34.

Sonntag: Nudelsuppe mit Parmesankäse (der geriebene Käse wird auf einem Tellerchen besonders herumgereicht), Rostbraten mit Schwarzwurzeln in Buttersauce, Salat von Roterüben, geriebener Apfelkuchen.
Montag: Kartoffelsuppe mit Sellerie gewürzt (die Fleischbrühe zu derselben wird aus den Knochen des Bratens vom Tage vorher gewonnen), gedämpftes Hammelfleisch, Kartoffelschnitze, Reis-Küchlein mit gekochten, dürren Zwetschgen.
Dienstag: Kraftsuppe, gekochtes Ochsenfleisch mit eingemachten Weichseln, Kartoffeln in einer Rahmsauce, Griesschmarren.
Mittwoch: Reissuppe mit Petersilie gewürzt, Sauerkraut und Rauchfleisch, Kartoffeln in der Schale, Käsekeulchen.
Donnerstag: Geröstete Brotsuppe, gebratene Hühner mit Ackersalat, Wirsingkohl, gebackene Aepfelküchlein.
Freitag: Suppe von Kerbel mit etwas Sauerampfer, dazu geröstete Brot-Croutons (Schnitten), gebackener Karpfen und Kartoffelsalat, rote Grütze.
Samstag: Griessuppe (zur Brühe für dieselbe: Absud der Hühnergerippe vom Donnerstag); Boeuf à la mode, mit Weckklößchen, Aepfelpüree.

Nr. 35.

Herbst und Winter.

Sonntag: Juliennesuppe (kann mit gedörrten Gemüsen gemacht werden), Sauerkraut mit Stockfisch, Fleisch-Croquetten aus übrigem Fleisch, süßer Käsekuchen.
Montag: Nudelsuppe mit Hühnerfleisch, geräucherte Würstchen mit Blaukraut.

Dienstag: Milchsuppe, Lendenbraten mit verschiedenen Gemüsen garniert, Karthäuserklöße mit Weinsauce.

Mittwoch: Einbrennsuppe, Gänsebraten mit saurem Aepfelmus und Salat, Reisauflauf.

Donnerstag: Maccaronisuppe, Schweinebraten, weiße Bohnen, Kartoffelwürstchen (aus rohen Kartoffeln).

Freitag: Weinsuppe, Schellfisch mit Bratkartoffeln, Mohrenkopf mit Vanillesauce.

Samstag: Fischsuppe (von dem übrigen Fisch), Kalbsschnitzel mit Linsenkoteletten, Aepfelstrudel.

Nr. 36.

Sonntag: Suppe mit Butterklößen, gebratene junge Gans mit Kastanien, Endiviensalat, Rühreier mit Sardellen, Plumpudding.

Montag: Erbsensuppe, Ochsengaumen mit Champignons, Flädlein mit Schinkenfülle.

Dienstag: Briesleinsuppe, geröstetes Ochsenfleisch, Kartoffeln mit Bechamalsauce, Salzgurken, Rahmauflauf.

Mittwoch: Gehirnsuppe, Wildbretwurst, Winterkohl, Weckeierhaber.

Donnerstag: Weiße-Zwiebelsuppe, glasierte Schweinskoteletten mit Kartoffelwürstchen, Brotpudding.

Freitag: Krebssuppe mit gerösteten Weckschnitten, italienischer Reis mit Käse und verlornen Eiern, Dampfnudeln mit Backobst.

Samstag: Gebackene Flecklesuppe, reformierter Eierhaber, Winterkohl.

Nr. 37.

Sonntag: Leberknödelsuppe, Rehbraten mit Maccaroni, Kirschenstrudel.

Montag: Gerstenmehlsuppe, gebackene Leber mit Gelberüben und Brockelerbsen, Erdbeerbavesen.

Dienstag: Juliennesuppe, Kalbsbraten mit Kopfsalat und gebackenen Kartoffelbrötchen aus Hafermehl.

Mittwoch: Pfannenkuchensuppe, Rindfleisch mit Tomatensauce, Kartoffeln in der Schale, Semmelknödel mit gekochten Birnschnitzen.

Donnerstag: Griesnockerlsuppe, Fleischpolster, Spargeln mit Buttersauce, Waffeln, gekochte Kirschen.

Freitag: Kartoffelsuppe, Forellen (blau), mit Kartoffeln und holländischer Sauce, Butterteig-Pudding von Hafermehl mit Kirschensauce.

Samstag: Eiersuppe, eingemachtes Kalbfleisch mit Dampfnudeln, Griesschmarren mit Kompott.

Nr. 38.

Sonntag: Petersiliensuppe, gefüllte Kalbsbrust, neue, in Butter gedünstete Kartoffeln, Spargelsalat, Fruchtpudding.

Montag: Kraftsuppe, Hammelskoteletten mit Bohnengemüse und neue Kartoffeln, Rhabarberkuchen.

Dienstag: Lebersuppe, Rindfleisch mit Schnittlauchsauce, Kohlrabigemüse, Windnudeln mit Kirschen gefüllt.

Mittwoch: Suppe mit gebackenem Karfiol, Beefsteak mit Gelberüben und grünen Erbsen, Holunderküchlein mit Kompott.

Donnerstag: Suppe mit Maultaschen, Schweinsbraten mit Blaukraut und Kartoffeln, Reisspeise.

Freitag: Spargelsuppe, gebackene Fische mit Kopfsalat, Kirschenspeise mit Kirschensauce.

Samstag: Blumenkohlsuppe, Rindfleisch mit Rettichsalat, Schäfen, neue Kartoffeln, Kirschenschmarren.

Nr. 39.

Sonntag: Hirnsuppe, Hammelsschlegel mit Rahmsauce, Maccaroni und Kopfsalat, Johannisbeerkuchen.

Montag: Kartoffeljuliennesuppe, gebackenes Bries, Spargeln in Buttersauce, Erdbeerbavesen.

Dienstag: Milzsuppe, Rindfleisch mit Tomatensauce, Kartoffeln und Gurkensalat, Holunderschmarren.

Mittwoch: Kraftsuppe, Hafermehlomeletten mit Kompott, neue Kohlrabi, Gemüse mit Spätzchen.

Donnerstag: Suppe mit gebackenen Leberschnitten, Schweinskoteletten mit Spinat und Kopfsalat, Reis mit Kirschen.

Freitag: Kraftsuppe, gebackene Dampfnudeln mit gedämpften Kirschen, Bohnengemüse mit gerösteten Kartoffeln, oder gebackene Semmelschnitten.

Samstag: Hafergrützensuppe, Rindfleisch mit Meerrettichsauce, Karotten und neue Kartoffeln, Omeletten, mit frischen, gut eingezuckerten Erdbeeren gefüllt.

Nr. 40.

Sonntag: Eierkäse-Suppe, Rehbraten mit geröstetem Brot, Salat, Kompott, Kirschenkuchen mit Creme.

Montag: Kraftsuppe, Rindfleisch, Kapernsauce, neue Kartoffeln, Nudelküchlein, Erdbeerkompott.

Dienstag: Braune Reissuppe, Fleischstrudeln, Grahamschmarren mit Kirschen gefüllt.

Mittwoch: Kartoffelsuppe, Nudelpudding mit Kalbsmilchlein, Sago-Auflauf mit Fruchtsauce.

Donnerstag: Wirsingsuppe, Schweinsbraten mit Spätzchen und Bohnengemüse, Mais mit Datteln.

Freitag: Zwiebelsuppe, Karpfen in schwarzer Sauce, Semmelknödel, Erdbeerkuchen.

Samstag: Kräutersuppe, Rindszunge mit Paradiesäpfelsauce, geröstete Kartoffeln, Erdbeeren mit Schlagrahm.

Nr. 41.

Sonntag: Suppe mit Milchklößchen, Entenbraten, gedünsteter, mit Salat und Kompott, Geigenknödel mit Gelberüben und mit Karfiol garniert, Weichselkuchen.

Montag: Suppe mit Strauben, Rindfleisch mit Senfsauce, Gurkensalat, Bratkartoffeln.

Dienstag: Hafermehlsuppe mit Paradiesäpfeln, Kalbskopf in Frikassee, Butterteig oder gebratene Kartoffeln, Pflaumenkuchen.

Mittwoch: Hafergrützensuppe, Spinatpudding mit Buttersauce, Omeletten mit Kirschenkompott.

Donnerstag: Kraftsuppe, Kalbsbries mit italienisch gedünstetem Reis, Erdbeerauflauf.

Freitag: Krebssuppe, junge Gemüse mit Schwammknödeln, Schokoladepudding mit Vanillesauce.

Samstag: Schinkenjuliennesuppe, Rindfleisch, Remuladesauce, Kohlrabi, neue Kartoffeln in der Schale, Milchreis mit Kirschen gekocht.

Nr. 42.

Sonntag: Brotsuppe mit Ei, Hammelsbraten mit Kartoffeln und Bohnengemüse, Kirschenkuchen.

Montag: Braune Griessuppe, Bratwürstchen mit Kohlrabigemüse, süßer Kartoffelpudding mit gedämpften Weichseln.

Dienstag: Briessuppe, Rindfleisch mit Tomatensalat, Gurkensalat und Kartoffeln, Reis in Milch mit Erdbeeren.

Mittwoch: Kraftsuppe, saure Eier mit Spätzchen, Kirschenstrudeln mit Milchsauce.

Donnerstag: Grünkernsuppe, Gansjung mit Dampfnudeln, Heidelbeerkuchen.

Freitag: Erbsensuppe, Rohrnudeln, Heidelbeerkuchen.

Samstag: Reismehlsuppe, Rindfleisch mit geschmorten Gurken, ganze Kartoffeln, gebackene Griesknödel mit Tomatensauce.

Nr. 43.

Sonntag: Hafermehlsuppe mit Kräutern, Schweinsbraten mit bayrischem Kraut und Kartoffeln, Weichselkuchen.

Montag: Nudelsuppe mit alter Henne, Hefenkrapfen mit Erdbeeren gefüllt.

Dienstag: Gerstenschleimsuppe, Rindfleisch mit Rettichsalat, gedünstete Bohnen und Kartoffeln, Kartoffelklöße mit Hafermehl, Salat.

Mittwoch: Heidelbeersuppe, Rohrnudeln mit Erdbeerkompott, Vanillesauce, Kohlrabigemüse mit gebackenen Semmelschnitten.

Donnerstag: Wirsingsuppe, Koteletten mit Gelberüben und Brockelerbsen, Semmelauflauf mit Kirschen.

Freitag: Kraftsuppe, Pfifferlinge mit Knödeln, Hafergrützenbrei, gekochtes Obst, Schwammpudding mit Weichselsauce.

Samstag: Hafermehlsuppe mit Sellerie, gebackene Leber mit Wirsinggemüse, Reiskuchen mit Erdbeerkompott.

Nr. 44.

Sonntag: Gelberübensuppe, Entenbraten, Blumenkohl und Salat, Schokoladestrudeln, Vanillesauce.

Montag: Kraftsuppe, Rindfleisch, Petersiliengemüse, Rettichsalat, Kartoffeln, gefüllte Omeletten.

Dienstag: Griesspätzchensuppe, gefüllter Kalbsmagen, grüner Salat, Kartoffeln, Rahmstrudeln mit Milchsauce.

Mittwoch: Hafergrützensuppe, Spätzchen und gedünstete Bohnen, Reismus mit Pflaumen.

Donnerstag: Suppe mit Schmarollenklößchen, gedämpftes Rindfleisch mit saurem Rahm, geröstete Kartoffeln, aufgezogene Schwammknödel, gekochte Kirschen.

Freitag: Kartoffelsuppe, Schmarren und Bohnengemüse, blaugesottene Forellen mit gebratenen Kartoffeln.

Samstag: Reissuppe, Rindfleisch, Zwiebelsauce und Kartoffeln, Semmelklöße, gekochte Heidelbeeren.

Nr. 45.

Sonntag: Nudelsuppe, Kalbsbrust mit grüner Fülle, Wirsingpüree, Kopfsalat, Griesstrudeln mit Orangensauce.

Montag: Tomatensuppe, Rindszunge in Sardellensauce und Spätzchen, Reispudding mit frischen Heidelbeeren.

Dienstag: Milchspätzchensuppe, gebackene Kalbsfüße, Selleriegemüse, Reismehlauflauf mit Fruchtsauce.

Mittwoch: Kraftsuppe, grüne Erbsen mit Salat und gerösteten Spätzchen, Himbeerkuchen.

Donnerstag: Gerstensuppe, Rindfleisch, Zuckererbsen, gebackene Schnitten, Reiskuchen, gekochte Johannisbeeren.

Freitag: Brennsuppe, Spinatklöße mit Buttersauce, bayrischer Kuchen, Kompott.

Samstag: Braune Griessuppe, eingemachte Schweinsrippchen, gebackener Blumenkohl, aufgezogene Flädlein.

Nr. 46.

Sonntag: Nudelsuppe, Schweinsbraten, bayrisches Kraut und Salzkartoffeln, Pflaumenkuchen.

Montag: Kraftsuppe, Rindfleisch, aufgeschmälzte Bohnen, Hirse in Milch.

Dienstag: Wurzelsuppe, von übrig gebliebenem Fleisch Haschee, Kartoffeln, Graupen mit Obst.

Mittwoch: Kartoffelsuppe, Spätzchen, Bohnen, Rahmstrudeln.

Donnerstag: Griesnockerlsuppe, Rindfleisch mit Gurken und Rettichsalat, Maisgries mit Datteln.

Freitag: Erbsensuppe, geröstete Spätzchen mit Obst oder Salat, Heidelbeerkuchen.

Samstag: Suppe mit Kartoffelklößchen, eingemachtes Kalbfleisch, Wassernudeln, Obst.

Nr. 47.

Sonntag: Sagosuppe, Kalbsbraten, Salat, Blumenkohl, Brotpudding mit Himbeerbeiguß.

Montag: Spätzchensuppe, Rindfleisch mit Kartoffeln, Hirse mit Butter.

Dienstag: Fleckchensuppe, Schweinskoteletten, Wirsinggemüse und Kartoffeln, gebackene Nudeln mit Milchsauce.

Mittwoch: Kraftsuppe, Semmelklöße mit gekochten Heidelbeeren, Griesauflauf mit Himbeersauce.

Donnerstag: Hafermehlsuppe mit Tomaten, Rostbraten mit Kartoffeln, gebackene Semmelnudeln.

Freitag: Zwiebelsuppe, gebackene Fische, Salat, gebackener Reis mit gekochten Erdbeeren.

Samstag: Nudelsuppe mit alter Henne, Zwiebelkuchen.

Nr. 48.

Sonntag: Tapiokasuppe, Gansbraten mit warmem Krautsalat, Kartoffeln, Aprikosenkuchen.

Montag: Suppe mit Griesknödeln, Rindfleisch mit Niedernauer Kartoffeln, Tomatensauce, Aepfelklöße.

Dienstag: Taubensuppe mit Nudeln und Taubenfleisch, italienischer Pudding, Kompott.

Mittwoch: Kraftsuppe, Kartoffelbrei mit gebackener Leber, Hafergrützenbrei mit Milch.

Donnerstag: Schwarzbrotsuppe, Blumenkohl mit gebackenen Kalbsfüßen, Wiener-Pudding mit Vanillesauce.

Freitag: Weinsuppe mit Gries, Karpfen, Kartoffeln, Zwetschgenknödel.

Samstag: Kraftsuppe, saure Linsen mit Frikandellen, Fruchtpudding.

Nr. 49.

Sonntag: Suppe mit Markklößchen, Hasenbraten, Kompott von Dunstobst, Kartoffelpüree, Griestorte.

Montag: Schwarzwurzelnsuppe (von den übrigen Hasenknochen bereitet), Kalbskoteletten, Spinat mit Setzeiern und gebratenen Würstchen.

Dienstag: Hafergrützensuppe, gekochtes Ochsenfleisch, daneben braune Kapernsauce und Meerrettich in der Milch, Maccaroni mit Käse.

Mittwoch: Gerstenschleim, Beefsteak mit Salzkartoffeln und Winterkohl, Kirschenkompott (Dünstobst) mit Sago.

Donnerstag: Suppe mit Leberklößchen, Ochsenzunge in Sauce, Spinatknopf, geröstete Kartoffeln, Milchreis mit Zucker und Zimmt.

Freitag: Bettelmannssuppe, geräucherte Heringe, Kartoffelauflauf mit Buttersauce, Aepfelcreme.

Samstag: Geröstete Griessuppe, gebratene Leber, Kartoffelklößchen, Schokolade-Pudding.

Nr. 50.

Sonntag: Minestrasuppe, gebratene Rebhühner mit Sauerkraut, Schokoladestrudeln.

Montag: Reissuppe, mit Reis und klein geschnittenem Kalbfleisch, Hefenklöße mit gedämpften Birnen.

Dienstag: Kraftsuppe, Rindfleisch mit Wirsing und gerösteten Kartoffeln, Aepfelstrudeln mit Chaudeau.

Mittwoch: Aepfelsuppe, Bratwürste mit gedämpftem Kraut, Salzkartoffeln, Maultaschen.

Donnerstag: Hafermehlsuppe, Bohnengemüse mit Hammelskoteletten, gestutzte Nudeln.

Freitag: Kürbissuppe, saure Eier mit Semmelknödeln, Mandelauflauf mit Obstsauce.

Samstag: Bohnenmehlsuppe, gefüllter Krautskopf mit Salzkartoffeln, Milchreis, gekochte Aepfel.

Nr. 51.

Sonntag: Weißkrautsuppe, Rehbraten mit Endivien und Selleriesalat, Salzkartoffeln, Zwetschgenknödel.

Montag: Spätzchensuppe, Ochsenzunge in Sardellensauce, Windnudeln, Schokoladestrudeln mit Rahmsauce.

Dienstag: Kraftsuppe, Kalbsbraten, Wassernudeln und Salat, Hafermehlomeletten mit Zwetschgenmus.

Mittwoch: Erbsensuppe, Kalbfleischkuchen mit Zwiebelsauce, Pfannenkuchen mit Vanillecreme.

Donnerstag: Kohlsuppe, fränkischer Sauerbraten mit rohen Kartoffelklößen, Aepfel mit Roggenbrot.

Freitag: Feigensuppe, Rohrnudeln mit Zwetschenmus, Brombeerkuchen.

Samstag: Maisgriessuppe, Rindfleisch mit Petersilienkartoffeln, armer Ritter mit Obst.

Nr. 52.

Sonntag: Markklößchensuppe, gebratene Hühner, Salat und Kompott, Aepfelauflauf.

Montag: Linsensuppe, gebackene Schweinszunge mit Rosenkohl, Strauben mit Vanillesauce.

Dienstag: Sagosuppe, Gansjung mit gebackenen Kartoffelklößchen, Omeletten mit Preißelbeeren.

Mittwoch: Kraftsuppe, geröstete Spätzchen mit Salat und Kompott, Erbsenpudding mit Fruchtsauce.

Donnerstag: Selleriesuppe, Rehragout mit Hefenknopf, gebackene Schnitten mit Brombeerkompott.

Freitag: Brotsuppe mit Milch, Hafermehlbrötchen mit Aepfelmus, gebackene Forellen mit Salat.

Samstag: Karfiolsuppe, Rindfleisch mit Tomatensauce, geröstete Kartoffeln, Milch-Sago mit Obst.

Speisezettel für Fasttage.

Nr. 1.

Suppe mit Fischklößchen; blaugesottener Fisch mit Essig und Oel; Spinat mit Rühreiern oder Ochsenaugen; schwarzer Karpfen mit abgeschmälzten Nudeln; Mandelpudding mit Chaudeausauce; gebackene Froschschenkel oder gebackener Fisch mit Salat; gekochte Krebse; Hafermehltorte; Kleinkonfekt; Obst.

Nr. 2 (einfacher).

Erbsensuppe; Hecht in Buttersauce mit gerösteten Kartoffeln; Dampfnudeln mit Vanillesauce; gebratene Heringe mit Bohnengemüse; Waffeln und Obst.

Nr. 3.

Panadensuppe; Fischkoteletten mit Salat; Kaiserschmarren, gekochte Zwetschgen.

Vegetarischer Küchenzettel

für eine Sommer- und eine Winterwoche,

zusammengestellt von Frau Direktor C. Malten in Baden-Baden.

a) Sommer.

Sonntag, früh: Schokolade in Milch gekocht mit Grahambrot, Weißbrot und Butter. — Mittags: Vegetarisches Ragout; gebratene Kartoffeln (in Scheiben); grüne, junge Erbsen; Reispastetchen mit Kapernsauce; kalter, gestürzter Maizenapudding mit Johannisbeerkompott.

Montag, früh: Kakao in Wasser gekocht, Kraftbrot, Weißbrot, Honig oder Butter. — Mittags: Grünkernsuppe; gekochte Kartoffeln; Flagolets; Griespastetchen mit Sojasauce; rote Grütze mit Schlagsahne.

Dienstag, früh: Milch mit Grahambrot, Weißbrot und Konfitüren. — Mittags: Roterübensalat; Salzkartoffeln; grüne Bohnen; Hafergrützepastetchen mit Tomatensauce; kalter Reispudding mit Himbeerkompott.

Mitttwoch, früh: Schokolade in Wasser gekocht mit Milchbrot, Kraftbrot und Butter. — Mittags: Rheinischer Salat; eingarnierte Kartoffeln; Spinat mit Spiegeleier; böhmische Klöße mit Heidelbeerkompott.

Donnerstag, früh: Kneippkaffee mit Grahambrot, Weißbrot und Honig. — Mittags: Kartoffelsuppe; Reis mit Erbsen (Risi-Bisi); gefüllte Tomaten; kalter Schokolade-Pudding mit Vanillesauce.

Freitag, früh: Kakao, in Milch gekocht, mit Kraftbrot, Weißbrot und Konfitüren oder Butter. — Mittags: Gurkensalat; Kartoffelmus; Grünkernpastetchen mit Zwiebeln; kalter Polentapudding (italienisches Maiskorn) mit Erdbeerkompott.

Samstag, früh: Saure Milch mit Grahambrot, Zwieback und Honig. — Mittags: Mehlsuppe; gebratene Kartoffeln (in Ei und Mehl gekehrt); Kohlrabi; Gräupchenpastetchen (Gerstel) mit Schnittlauchsauce; kalter Griespudding mit Pflaumenkompott.

b) Winter.

Sonntag: Linsensuppe; Salzkartoffeln; Blumenkohl; Reispastetchen mit Petersiliensauce; warmer Schokolade-Pudding mit Vanillesauce.

Montag: Kerbelsuppe; gebratene Kartoffeln; grüner Kohl; weiße Bohnenpastetchen mit Zwiebeln; arme Ritter; Aepfelmus.

Dienstag: Gelbe Erbsensuppe; Kartoffelschmarren; Schneidebohnen; Käsekeulchen; Nudeln mit Zwetschgenkompott.

Mittwoch: Milchsagosuppe; kleine gebratene Kartoffelklöße; Schwarzwurzeln; Linsenpastetchen mit Morchelsauce; gefüllte Pfannenkuchen.

Donnerstag: Gemüsesuppe; gekochte Kartoffeln; Rosenkohl; Rühreier; warmer Reispudding mit Preißelbeerkompott.

Freitag: Kraftsuppe; Kartoffelklöße; Sauerkraut; Gelbeerbsenpüree mit Zwiebeln; Milchreis mit Zucker und Zimt.

Samstag: Kartoffelsuppe; Wirsingkohl; Griespastetchen mit Kapernsauce; gekochte Kastanien; Maccaroni mit Prünellen-Kompott.

Suppen.

Gewöhnliche Fleischbrühe.

Man nimmt 2 Pfd. Rindfleisch, wäscht es und setzt es mit 3 bis 4 Liter kaltem Wasser zu, gibt Petersilie, Sellerie, Gelberüben, Lauch, ein Stückchen Kohlrabi, Kohlblätter, Zwiebeln und Salz dazu, und läßt es 3 Stunden kochen; dann wird das Fleisch weich sein; nach anderthalb bis zwei Stunden nehme ich etwas Fleischbrühe ab, um sie für Mittag einzukochen, und gieße dann noch etwas kochendes Wasser nach, damit ich für den zweiten Tag nochmal eine Fleischbrühe habe, da man ja im kleinen Haushalt nicht jeden Tag Rindfleisch siedet; ich gebe dann meistens noch 1 bis 2 rohe Kartoffeln hinein, oder einige Erbsen, oder von den Brockelerbsen die Schoten, die jede Hausfrau im Frühjahr aufheben und trocknen sollte, da sie die Fleischbrühe kräftig machen; somit bekommt man dann für 6 Personen für 2 Tage gute Fleischbrühe.

Schwarzbrotsuppe.

Feingeschnittenes schwarzes Roggenbrot wird im Ofen etwas braun gebäht, in Fleischbrühe einige Mal aufgekocht, in der Suppenschüssel 1 Ei verklopft und die Suppe darüber gegeben.

Grahambrotsuppe.

Grahambrot wird in Fleischbrühe weichgekocht, dann durch den Seiher getrieben und die Suppe über 1 Ei, welches man in der Schüssel mit 1 Eßlöffel saurem Rahm verklopft hat, angerichtet.

Kraftsuppe.

Man läßt das Kraftsuppenmehl 20 Minuten in Fleischbrühe oder vegetarischem Sud kochen und richtet es über einem verquirlten Ei an.

Geriebene oder gewiegte Gerstensuppe.

In einer Schüssel werden 3 Eier gut verklopft; man rührt soviel feines Mehl, daß es einen festen Teig gibt; nimmt denselben dann und knetet ihn fest zusammen, wiegt ihn mit dem Wiegmesser recht fein oder reibt ihn auf dem Reibeisen; läßt dann die dadurch gewonnene Gerste trocknen, gibt dieselbe in siedende Fleischbrühe, und läßt sie 5 Minuten kochen.

Reissuppe.

Man nimmt den Reis und schüttet kochendes Wasser darüber, läßt ihn zugedeckt eine Viertelstunde stehen, gießt das Wasser ab, nimmt ein Stückchen frische Butter und etwas kochendes Wasser, läßt ihn in demselben weich dünsten, gibt dann siedende Fleischbrühe daran und kocht ihn in derselben vollends weich; Wasser zum Dünsten darf nicht zuviel genommen werden, weil sonst die Suppe an Kraft verliert; man kann ihn auch gleich in der Fleischbrühe weichkochen, braucht dann aber sehr viel Fleischbrühe, weil der Reis viel anzieht.

Hafermehlsuppe mit Tomaten.

Man dünstet 4 Tomaten in Butter weich, fügt dann 2 Eßlöffel Hafermehl dazu, läßt es noch einige Minuten dünsten, füllt es mit Fleischbrühe auf, läßt es noch 20 Minuten kochen und gibt es dann zu Tisch; man kann gebähte Schnitten oder Suppenbiskuit darein geben. (Kann auch nur mit Wasser gemacht werden, statt mit Fleischbrühe. Siehe vegetarische Suppen.)

Hafermehlsuppe mit Sellerie.

Sellerie wird würfelartig geschnitten, in Fleischbrühe weich gekocht; unterdessen röstet man feines Hafermehl in Butter gelb, rührt es mit dem Sellerie-Sud an, verklopft 1 Ei in der Suppenschüssel und, nachdem die Suppe noch 10 Minuten gekocht hat, richtet man sie darüber an. Kann auch mit Kräutern zubereitet werden.

Gelberübensuppe.

Gelberüben werden geputzt, in kleine Teile geschnitten und nebst etwas feingeschnittener Zwiebel und Petersilie in Butter weich gedämpft; nachdem sie bald weich sind, wird etwas Mehl darein gestäubt, noch einige Minuten dünsten lassen, mit Fleischbrühe aufgefüllt, noch 20 Minuten gekocht und dann angerichtet.

Weißkraut- und Petersiliensuppe.

Bereitet man wie obige. Man schneidet das Kraut fein und dämpft es. Ebenso von Grünkohl kann diese Suppe zubereitet werden.

Kräutersuppe.

Kerbelkraut, Sauerampfer, Petersilie und etwas Zwiebel wird fein gewiegt, in Butter mit etwas Mehl weich gedämpft, mit Fleischbrühe aufgefüllt, aufkochen lassen und über 1 verklopften Ei und gebähte Schnitten angerichtet. Man kann auch zum Ei 1 Eßlöffel sauren Rahm nehmen.

Spargelsuppe.

Dünne Spargeln werden geputzt, in Stücke geschnitten und in Salzwasser weich gekocht, etwas Mehl wird in Butter nur einige Minuten geröstet; es muß wie zur Buttersauce sein; mit dem Spargelsud angerührt und samt den Spargeln dann in kochende Fleischbrühe gegeben, nochmal aufkochen lassen und dann angerichtet. (Kann auch nur mit dem Sud ohne Fleischbrühe bereitet werden.)

Karfiol- oder Blumenkohlsuppe.

Dieselbe bereitet man ganz wie die Spargelsuppe. Zu all diesen Suppen kann man gebähte Schnitten oder beliebige Klößchen geben.

Wurzelsuppe oder Gemüsesuppe.

Gelberüben, Petersilienwurzeln, Sellerie, Schwarzwurzeln, rohe Kartoffeln, Zwiebeln, ein Stückchen Kohlrabi und Lauch werden fein gewiegt, in Butter mit etwas Mehl weich gedämpft, mit Fleischbrühe aufgefüllt, noch etwas gekocht und dann angerichtet. (Im Winter, wo man keine guten Wurzeln usw. mehr hat, kauft man sich die Sachen getrocknet aus einer Präservenfabrik, da selbe gerade so gut sind.)

Endiviensuppe.

Endivien wird fein geschnitten, in Butter und etwas Mehl weich gedämpft, mit Fleischbrühe aufgefüllt, noch etwas kochen lassen, 1 Ei verklopft und darüber angerichtet.

Wirsingsuppe.

Wird geradeso wie die Endiviensuppe bereitet.

Leberknödelsuppe.

Man nimmt ein Stückchen Butter, rührt es schaumig mit 3 ganzen Eiern; 1/2 Pfd. Leber wird fein geschabt, etwas feingewiegte Pertersilie und Zitronenschale dazu gegeben, die Masse gut durcheinander gerührt und gesalzen, etwas Muskatblüten und so viel geriebenes Semmelmehl darunter gemischt, daß man glaubt, sie halten; aber ja nicht zu viel, denn die Klößchen sollen wie Schwamm sein. Am besten macht man die Masse 2 Stunden, bevor man sie braucht, wie einen dicken Brei; durch das Stehen zieht er an; sie halten dann beim Sieden und werden sehr locker. Eine Viertelstunde vor dem Anrichten gibt man sie mit einem Eßlöffel in die kochende Fleischbrühe und läßt sie 10 bis 15 Minuten sieden. Man kann die Masse auch auf Semmelschnitten streichen und in Butter backen als Leberbrötchen. Die Klößchen und Schnitten können auch mit geschabter Milz zubereitet werden, wie oben.

Kartoffelklößchensuppe.

Gekochte, kalte Kartoffeln reibt man, macht etwas Schmalz kochend heiß, gibt es darüber, schlägt 2 bis 3 Eier daran und soviel feines Mehl oder geriebenes Semmelmehl, als die Masse verträgt, ballt mit der Hand kleine Klößchen daraus und kocht sie 10 Minuten in Fleischbrühe.

Geigenklößchensuppe oder Semmelklößchen.

Es wird Butter leicht gerührt, bis sie schaumig ist, dann Eier dazu genommen je nach Bedürfnis (auf 6 Eier rechne ich 1/4 Pfd. Butter), zu jedem Ei eine Handvoll Geigenmehl, etwas Salz und Muskatnuß, formt Klößchen daraus und siedet sie 10 Minuten in Fleischbrühe. Statt Geigenmehl können Semmelbröseln genommen werden; Geigenmehl ist aber feiner und sehr leicht verdaulich.

Butterklößchonsuppe.

Zu 1/4 Pfd. leicht gerührter Butter nimmt man 5 Eier, 200 Gramm feines Mehl, etwas Salz und Muskatnuß, und macht von der Masse gleich ein Probeklößchen in kochender Fleischbrühe. Man läßt dann die Masse 1 Stunde stehen, sticht mit dem Eßlöffel die übrigen Klößchen ab und kocht sie ungefähr 6 bis 8 Minuten in Fleischbrühe.

Schmarollenklößchensuppe.

Man rührt 7 gute Eßlöffel feines Mehl mit einem schwachen Viertelliter Milch glatt an (50 Gramm Butter, Salz und Muskatnuß dazu) und läßt es bei fortwährendem Rühren auf dem Feuer ganz dick einkochen. Ist der Teig etwas erkaltet, gibt man 4 Eier daran, macht längliche Klößchen daraus und siedet sie einige Minuten in Fleischbrühe.

Cremeklößchensuppe oder Schwammklößchen.

70 Gramm Butter, 6 Eßlöffel Mehl wird mit 1/8 Liter Milch glatt angerührt, etwas Salz, 1 Kaffeelöffel Zucker, 2 Eier dazu gegeben und unter beständigem Rühren auf dem Feuer dick gekocht; man gibt dann noch 3 Eier daran, sticht Klößchen ab, oder treibt die Masse durch ein Spatzenmodel in siedende Fleischbrühe und läßt sie einige Minuten aufkochen.

Markklößchensuppe.

1/4 Pfd. Ochsenmark wird fein verwiegt, daran 6 Eier gethan, etwas Salz und Muskatnuß und soviel geriebene Semmeln, als nötig, daß dieselben halten, dann in kochender Fleischbrühe eine Viertelstunde gekocht.

Gebackene Markklößchen.

Wie in voriger Nummer; nur statt gekocht in Schmalz schön gelb gebacken.

Suppe mit gebackenen Fleischklößchen.

Man legt 4 altgebackene Dreipfennigbrote, nachdem sie abgerieben, in kaltes Wasser, wiegt ungefähr 1/2 Pfd. übriggebliebenes, gesottenes oder gebratenes Fleisch mit Zwiebeln und Petersilie fein; nach einigem Erweichtsein drückt man das Brot fest aus und überwiegt es mit dem Fleisch noch einige Male, gibt es dann in eine Schüssel, rührt 3 Eier daran, etwas Salz und Pfeffer, macht mit der Hand, die man zuvor immer ins Wasser taucht, Klößchen, bäckt sie in Schmalz schön gelb und läßt sie dann noch eine Viertelstunde in Fleischbrühe kochen.

Suppe mit Brätklößchen.

Man nimmt 1/2 Pfd. Kalbs- oder Rindsbrät, rührt es mit 50 Gramm heißem Fett gut ab, gibt etwas Milch, 2 Eigelb, 4 bis 6 Eßlöffel Semmelmehl, Salz und Mußkatnuß daran, läßt es eine Zeitlang stehen und macht kleine Klößchen, die man 10 bis 12 Minuten in Fleischbrühe kocht.

Gebackene Brätklößchen.

Werden wie in voriger Nummer zubereitet, aber statt gekocht in heißem Schmalz gebacken.

Reissuppe (amerikanische Art).

Man bricht 1/4 Pfd. Reis und kocht denselben in Fleischbrühe oder Wasser weich. 8 Stück Tomaten, eine halbe Zwiebel und etwas Wurzelwerk wird in Butter gedünstet; man gießt dann Fleischbrühe nach und läßt es noch eine halbe Stunde kochen, streicht es durchs Sieb und läßt es mit ungefähr 2 Liter guter Fleischbrühe aufkochen und richtet es dann über den Reis an.

Reissuppe (französische Art).

Der Reis wird mit 4 Liter Kalbsbrühe, 1 alten Henne oder 2 alten Tauben zugesetzt und langsam 2 Stunden gekocht, das Fett abgeschöpft, durchs Haarsieb getrieben, wenn nötig, mit Fleischbrühe verdünnt, gesalzen, mit 1/4 Liter saurem Rahm abgequirlt und über Klößchen oder gebähte Schnitten angerichtet.

Reissuppe (italienische Art).

1/4 Pfd. gebrochener Reis wird zu 2, vorher in Butter geschwitzten, fein geschnittenen Zwiebeln gethan, etwas Salz dazu gegeben und ungefähr 5 Minuten über gelindem Feuer verrührt, mit 1 1/2 Liter Wasser aufgefüllt und der Reis darin aufquellen, sozusagen kochen gelassen, ohne daß er ganz weich ist; man gibt ihn dann in die Suppenschüssel, übergießt ihn mit heißer Fleischbrühe und gibt geriebene Parmesankäse dazu.

Bemerkung: Der Reis, mag er irgendwie verwendet werden, soll immer mit heißem Wasser gebrüht (blanchiert), etwas stehen gelassen und dann abgegossen werden, weil er dann das sogenannte Wilde verliert und feiner schmeckt. Bei gewöhnlicher Reissuppe brüht man ihn und kocht ihn erst, oder läßt ihn vielmehr dann, wenn er abgegossen, im Wasser auf dem Feuer mit einem Stückchen Butter quellen, und gibt ihn danach in die Fleischbrühe, um ihn vollends weich zu kochen.

Grünkernsuppe.

Guten, frisch gemahlenen Grünkern läßt man in Fleischbrühe gut schleimig weich kochen, quirlt 1 Ei mit etwas Wasser ab, treibt die Suppe durch einen Seiher und gibt sie zu Tisch.

Griessuppe.

Man läßt den Gries in kochende Fleischbrühe einlaufen, einige Male aufkochen und richtet denselben dann über 1 verquirltes Ei an.

Gerstensuppe.

Man gibt die Gerste in kochende Fleischbrühe, läßt sie eine Stunde kochen, wonach sie dann schleimig und weich ist; man kann dieselbe durchtreiben und nur den Schleim über 1 verquirlten Ei anrichten, oder gleich mit der Gerste, ganz nach Geschmack.

Sagosuppe, oder Tapioka.

Den Sago läßt man in kochende Fleischbrühe einlaufen und so lange kochen, bis er ganz glasig ist (den ostindischen, bis er vollständig zu Schleim verkocht ist), richtet ihn dann über ein verquirltes Eigelb an; beim Sago läßt man das Eiweiß weg.

Nudelsuppe.

Von 2 gut verrührten Eiern und etwas Salz und Mehl wird ein fester Teig gemacht, daraus 2 Laibchen gewirkt, auf dem Nudelbrett davon zwei dünne Flecke ausgewirkt, diese auf ein Tuch gelegt, abtrocknen lassen, zusammengerollt und feine Nudeln daraus geschnitten, auseinandergestreut und, wenn es Zeit ist, in die kochende Fleischbrühe gegeben.

Maccaronisuppe.

Man kauft dieselben (die besten sind die italienischen), bricht sie in Stückchen, kocht sie in Salzwasser eine Viertelstunde, schüttet sie dann in einen Seiher, gießt kaltes Wasser darüber, gibt sie, wenn sie abgelaufen sind, in kochende Fleischbrühe, läßt sie einige Male aufkochen und gibt sie dann zu Tisch. Man stellt geriebenen Parmesankäs dazu auf.

Kräpfchensuppe.

Man macht, wie bei der Nudelsuppe, einen Nudelfleck, bestreicht die eine Hälfte desselben mit einem dicken, ziemlich trockenen Haschee, das man von übriggebliebenem Fleisch bereitet hat, schlägt die andere Hälfte herüber, drückt mit dem Kochlöffelstiel der Länge und Breite nach Einschnitte, so daß es Vierecke gibt, schneidet diese Vierecke herunter, kocht sie 10 Minuten in Fleischbrühe und gibt sie dann zu Tisch. (So ist's viel einfacher, als das Ausstechen.)

Krebssuppe.

10 bis 15 Krebse werden im Salzwasser abgekocht, bei großen die Scheren und Schweife herausgenommen und zurückgelegt, das andere alles fein gestoßen und dann mit einem Stückchen Zwiebel in Butter geröstet, 2 Kochlöffel Mehl darein gegeben und noch etwas rösten lassen, sodann mit Fleischbrühe aufgefüllt, und aufkochen lassen. Ein Ei wird mit etwas saurem Rahm abgerührt, die kochende Suppe durch einen feinen Seiher darüber gegossen und gibt man dann die Schweife und Scheren (natürlich die Schale nicht mit), sowie gebähte Schnitten oder Butterklößchen hinein und so zu Tisch.

Hirnsuppe.

Man legt ein Kalbshirn ins Wasser, damit das Blut herauszieht, wiegt es dann nebst 1 Zwiebel fein, röstet es in Butter ab, stäubt einige Kochlöffel Mehl daran, läßt es noch etwas rösten, rührt es mit Fleischbrühe an, läßt alles aufkochen und richtet die Suppe über verklopften Eidottern und gebähten Schnitten an.

Lebersuppe.

Wird wie die vorige bereitet, nur läßt man dieselbe durch den Seiher passieren.

Milzsuppe.

Ein Kalbsmilz wird mittels eines scharfen Blechlöffels ausgeschabt, dann fein gewiegt und wie die Hirnsuppe zubereitet.

Kartoffelgriesmehlsuppe.

Man rechnet für den Teller Suppe 1 Eßlöffel Kartoffelgriesmehl, rührt es mit kaltem Wasser glatt an, läßt es in die kochende Fleischbrühe laufen und eine halbe Stunde kochen, verrührt 1 Eigelb mit 1 Eßlöffel saurem Rahm und richtet die Suppe darüber an. Ebenso bereitet man die folgenden Suppen:

Grünkernmehlsuppe.

Grünkerngriessuppe.

Gerstenschleimmehlsuppe.

Reismehl- und Reisgriessuppe.

Grünerbsenmehlsuppe.

Bohnenmehl- und Linsenmehlsuppe.

Maismehlsuppe und Maisgriessuppe.

Buchweizengrützensuppe.

Hafergrützensuppe.

Gute (am besten ist die amerikanische) Hafergrütze läßt man in kochende Fleischbrühe einlaufen und so lange kochen, bis dieselbe recht schleimig ist; je länger die Hafergrütze kocht, desto besser ist sie.

Eierkässuppe.

4 ganze Eier und 4 Eigelb werden mit 1/2 Liter kalter Fleischbrühe gut verklopft und durch ein Sieb in eine gut mit Butter bestrichene Auflaufform gegossen, diese dann in eine Kasserolle gestellt, in welche man soviel kochendes Wasser thut, daß die Form zur Hälfte darin steht, bedeckt das Ganze mit einem Deckel, stellt es in den heißen Ofen und läßt es eine halbe Stunde dämpfen, bis es sozusagen gestockt ist; dann wird es umgestürzt, in Scheiben geschnitten und in heller Fleischbrühe zu Tisch gegeben.

Einlaufsuppe.

Man nimmt so viel Kochlöffel Mehl, als Personen sind: zu jedem 1 Ei, verrührt es gut und gibt zuletzt 1 Eßlöffel Wasser dazu, so daß es einen flüssigen Teig gibt, den man bei fortwährendem Rühren in die kochende Fleischbrühe laufen läßt.

Baumwollsuppe.

Man rührt 1/4 Pfd. Butter schaumig, schlägt 4 Eier darein und gibt, wenn es gut verrührt ist, 4 Kochlöffel Mehl, 4 Eßlöffel Rahm oder Milch dazu und läßt es unter fortwährendem Umrühren in kochende Fleischbrühe laufen und einige Male aufsieden.

Spätzchensuppe (siehe Spätzchen).

Es werden Spätzchen gemacht, dieselben, nachdem sie abgelaufen, in die Suppenschüssel gegeben und kochende Fleischbrühe darüber gegossen.

Biskuitsuppe.

6 Eigelb und 1/4 Pd. Butter werden abgerührt, diese mit 6 Eßlöffeln Mehl, etwas Salz, Muskatnuß und dem steifen Schnee der 6 Eiweiß gut vermischt. Man gibt die Masse auf ein butterbestrichenes Blech und bäckt sie in nicht zu heißem Ofen. Ist sie etwas erkaltet, schneidet man sie in verschobene Vierecke, gibt dieselben in die Suppenschüssel, übergießt sie mit heißer, kräftiger Fleischbrühe und gibt die Suppe gleich zu Tisch.

Austernsuppe (amerikanische).

2 Dutzend Austern löst man aus, zerteilt sie in Hälften, schneidet die Bärte ab; letztere thut man in einen Topf mit Fleischbrühe, Salz, etwas Kerbelkraut und gehackte Petersilie dazu, läßt es eine Viertelstunde dämpfen, gibt dann die Austern darein, und sind dieselben gut warm, so richtet man die Suppe über einige, vorher mit 1/4 Liter süßem Rahm verklopfte Eidotter an.

Hammelfleischsuppe.

Mageres Hammelfleisch wird mit Wasser, Salz und allem möglichen Wurzelwerk zum Feuer gesetzt und 3 Stunden gekocht; man verkocht in dieser Brühe gewöhnlich Reis oder Graupen.

Eiernudelsuppe.

4 hartgekochte Eier werden mit 50 Gramm Butter in einem Mörser gestoßen, dann durch einen groblöcherigen Seiher mit der kochenden Fleischbrühe in die Suppenschüssel durchgetrieben.

Entensuppe (pommerische).

Eine Ente setzt man mit 2 bis 3 Liter Wasser, dem nötigen Wurzelwerk und Salz zu, kocht sie weich, seiht die Brühe durch und gibt noch, soviel als nötig, Fleischbrühe dazu, verdickt dieselbe mit einer hellen Mehlschwitze, gibt feingehacktes Kerbel-, Petersilien- und Selleriekraut, nebst in Scheiben geschnittenen und in Wasser nur halb weich gekochten Kartoffeln dazu, läßt es noch einige Zeit kochen, und gibt die Suppe dann mit dem klein verschnittenen Entenfleisch zu Tisch.

Grüne Erbsensuppe (englische).

Man nimmt 2 Liter grüne, frisch ausgeschälte Erbsen, wäscht sie, nimmt die Hälfte davon und gibt sie nebst 30 Gramm Butter, einem halben, fein geschnittenen Salatkopf, einigen Blättchen Pfefferminzkraut, einer kleinen Zwiebel, einigen Spinatblättern und etwas Salz in eine Kasserolle, dämpft alles ganz weich, treibt es durch, gibt 2 Liter Fleischbrühe, ein Stückchen Zucker und etwas Salz dazu, und kocht es eine Weile. Die übrigen Erbsen werden unterdessen in siedendes Wasser gegeben, nebst etwas Salz und Zucker, und weich gekocht, so aber, daß sie ganz bleiben, hierauf abgegossen und ablaufen lassen, dann in die Suppe gegeben und sofort aufgetragen.

Spinatsuppe.

Man nimmt einige Handvoll frischen Spinat; derselbe wird gelesen, gewaschen, in siedendem Salzwasser 8 Minuten gekocht, abgegossen, mit kaltem Wasser abgeschwenkt, gut abgetropft, gröblich geschnitten und mit etwas Petersilie und Zwiebel in Butter durchgeschwitzt, mit etwas Mehl gestäubt, dann mit der nötigen Fleischbrühe oder Wurzelsud angerührt, eine halbe Stunde gekocht. Man streicht sie nun durchs Sieb, kocht sie mit einem Stückchen Butter, etwas Salz, Zucker und Muskatnuß nochmals auf und richtet sie über Graham-Zwieback-Schnitten an.

Brennsuppe.

Man läßt ein Stück Butter oder Fett gut heiß werden, gibt etwas fein geschnittene Zwiebeln hinein und feines Mehl, läßt dasselbe gut braun rösten, rührt es mit Wasser an, gibt Salz und etwas Muskatnuß hinein, und richtet die Suppe über einem mit etwas Wasser verklopften Ei und gebähten Schnitten an.

Geröstete Griessuppe.

Butter oder Fett läßt man gut heiß werden, gibt den Gries hinein und röstetet denselben, salzt und würzt, verklopft 1 Ei mit einem Eßlöffel saurem Rahm oder etwas Wasser und richtet die kochende Suppe darüber an.

Brotsuppe.

Sellerie, Möhren, Petersilienwurzel, Kohlrabi, Porree wird im Wasser eine Zeitlang gekocht, dann ein Teller voll geriebenes Schwarzbrot und ein Stück Butter darein gegeben, zu einer sämigen Suppe gekocht, mit 2 Eidotter verquirlt und zu Tisch gegeben.

Erbsensuppe mit Semmelknödeln (bayrische Art).

Eine Zeitlang vorher eingeweichte Erbsen werden so weich gekocht, daß sie sich ganz leicht verrühren lassen; zu gleicher Zeit wird ein Selleriekopf und anderes Suppengrünzeug ebenfalls ganz weich gesotten, dann das Wasser abgeseiht und zur Verdünnung der Erbsensuppe hergenommen. Will man sie besonders pikant und kräftig schmeckend machen, so passiert man den abgeschälten Selleriekopf und das Grünzeug (Gelberüben, Petersilie, Pastinak usw.) durch ein feines Sieb, überdünstet es leicht in heißer Butter, staubt ein klein wenig und gießt es mit der Erbsensuppe an. In diese Suppe gibt man sogenannte Fastenknödel: je nach Bedarf 6 oder mehr Semmeln, klein würfelig geschnitten, 2 ganze Eier, mit Milch verrührt und daran geschüttet, so viel als die Semmeln aufsaugen, ein Büschelchen Petersilienblätter, fein gewiegt, darunter und 1 bis 2 schöne Zwiebeln, fein aufgeschnitten und in Butter goldgelb geröstet, und samt der Butter darangeschüttet. Dann je nach der Brotmenge 5 bis 6 Kochlöffel — auf 6 Semmeln circa 6 mittlere Kochlöffel, — Mehl, am besten feines sogenanntes 0-Mehl, an den Teig gearbeitet und daraus schöne, mittelgroße Klöße geformt, die man 10 bis 15 Minuten in wallendem Salzwasser gar siedet und dann beim Servieren in die Erbsensuppe gibt.

Kartoffelsuppe (bayrisch).

Die nötige Menge guter, mehliger Kartoffeln wird roh abgeschält, in Stücke geschnitten und mit einem Stück frischer Butter und dem nötigen Salz und soviel Wasser, daß selbe bedeckt sind, zugesetzt. Gleichzeitig gibt man dazu, in Scheibchen geschnitten, Gelberüben, etwas aufgeschnittene Zwiebeln, feine Scheibchen von Pastinak, Sellerie und Petersilie; man läßt das Ganze so lang durchdünsten, bei häufigem Nachsehen, bis die Kartoffeln sich zerrühren lassen, verdünnt mit siedendem Wasser bis zur gewünschten Dicke und richtet über gebähte oder in Butter geröstete Schwarz- oder Weißbrotschnittchen an.

Kopfsalatsuppe (süddeutsch).

Man darf hierzu eine ziemliche Menge Kopfsalat rechnen, wovon das Schlechtere und die stärksten Rippen weggeputzt werden, und welcher dann in kochendem Salzwasser etwa 5 Minuten gesotten wird. Hierauf wird er gut durchgeseiht, ganz fein gewiegt, und währenddem in einem Tiegel ein Stück Butter heiß gemacht, worein soviel Mehl gerührt wird, als es selber aufsaugt; dann wird das Mehl, welches aber kaum gelb werden darf, langsam durch Zugießen von Wasser abgelöscht bis zu einem ganz dünnflüssigen Brei, der gewiegte Salat dazugegeben und alles eine kurze Zeit noch kochen lassen. Man richtet über Semmelschnitten an oder gibt kleine abgetriebene Knödel hinein, letztere auf diese Art bereitet: Ein Stück Butter schaumig gerührt, 3 ganze Eier, eines nach dem andern, darunter gerührt, etwas Salz und geriebene Muskatnuß, nach Belieben auch etwas Petersiliengrünes, fein gewiegt, und so viel Semmelbröſel darunter, daß sich kleine, welschnußgroße Knödelchen formen lassen, die in siedendem Wasser schnell gar gekocht sind.

Sauerkrautsuppe (russisch).

Sauerkraut wird etwas verwiegt und in guter Butter weich gedünstet; sodann wird eine helle Einbrenn gemacht und mit so viel Wasser verdünnt, daß es einen dünnflüssigen

Brei ergibt, hierzu das Sauerkraut und eine Handvoll geriebenes, in Butter geröstetes Schwarzbrot, und alles noch eine Viertelstunde aufkochen lassen und dann über Schwarzbrotschnitten anrichten. Manche geben auch noch gesottene, in Scheibchen oder Würfel geschnittene Kartoffeln darunter.

Schwarzbrotsuppe mit Rahm (oberösterreichisch).

Echtes Roggenbrot, in feinen Schnitten, wird in heißer Butter, unter langsamem Zugießen von gesalzenem Wasser, ganz weich gedünstet, fein zerrührt und mit der nötigen Menge Wasser zu dünnflüssigem Brei eingekocht. Das Gelbe von 3 Eiern wird mit 1/4 Liter gutem saurem Rahm abgerührt und darüber die Suppe angerichtet, welche man mit Muskatnuß oder Schnittlauch würzt.

Minestra (Mailänder Art).

Gelberüben, Petersilienwurz und Grünes, Pastinak, etwas Zwiebeln, Porree und einige Kartoffeln werden roh geputzt und in feine Scheibchen und Stiftchen geschnitten, sodann zugedeckt in Butter weich gedünstet und dann mit etwas Wasser nachgefüllt. Hat man es, je nach Jahreszeit, zur Hand, so gibt man gleichzeitig gesottene Karfiolsträußchen und Spargelköpfe, gedünstete Zuckererbsen und Champignons, auch etwas grob geschnittenen Wirsing und junge, aufgeschnittene und gedünstete Kohlrabi dazu. Gleichzeitig gibt man in heiße Butter, je nach Erfordernis der Personenzahl, 1/4 bis 1/2 Kilo guten Reis (am besten Karolinen-Reis), läßt ihn kurze Zeit in Butter anziehen, gießt ihn dann nach und nach mit Wasser an, bis es die erforderliche Suppendicke erreicht. Der Reis soll aber zugedeckt, erst dünsten, die Körner sollen ja nicht verkochen, sondern schön ganz und eher etwas hart bleiben. In die Reissuppe mischt man sämtliche gedünstete Gemüse, richtet über in Butter gelb geröstete Semmelwürfel an und bestreut reichlich mit Parmesankäse. Im Notfalle läßt sich auch ganz gut Schweizerkäse hierzu verwenden.

Brotsuppe mit Zwiebeln (münchnerisch).

Gutes, echtes Roggenbrot wird fein aufgeblättelt in einer Schüssel. Die nötige Quantität Wasser wird mit dem üblichen Wurzel- und Grünzeug und etwas Salz abgesotten und über das Brot (durchgeseiht) gebrüht. Währenddem 2 bis 3 schöne Zwiebeln, fein aufgeschnitten, in süßer Butter hellbraun rösten und mit dem Ganzen die Brotsuppe überschmälzen.

Gerste mit Fisolen (tirolisch).

Auf 6 bis 8 Personen 1 1/2 Kilo mittelfeine Rollgerste mit kaltem Wasser zusetzen, unter gleichzeitiger Beigabe von circa 1/4 Kilo sogenannter roter Fisolen und eines eigroßen Stückes frischer Butter. Will man die Schmackhaftigkeit erhöhen, so läßt man einen halben Selleriekopf und ein Büschelchen Petersilie mitkochen. Man läßt Gerste und Fisolen bis zum völligen Weichwerden kochen und sorgt für die richtige Dicke dieser nahrhaften Schleimsuppe durch gelegentliches Nachgießen von Wasser, hüte sie aber sehr vor dem Anbrennen. Man kann sie beim Anrichten nach Geschmack auch mit 2 Eidotter frikassieren oder auch etwas sauren Rahm darüberschütten. Im Pusterthal schmälzt man sie noch mit heißer brauner Butter ab. (Salzen soll man die Suppe erst vor dem Anrichten, da Hülsenfrüchte, ohne Salz gekocht, schneller weich werden.)

Champignonsuppe (französisch).

Geschlossene, mittelgroße Champignons werden geputzt und fein aufgeblättelt, sodann in Butter mit etwas gewiegter Petersilie, fein zerschnittenen Schalottenzwiebeln und etwas Salz weich gedünstet. Einstweilen rührt man einige Löffel Mehl in heiße Butter, läßt es gelb anziehen und verdünnt nach und nach zu Suppendicke mit leicht gesalzenem Wasser, worin Suppenwurzeln gesotten wurden; dann werden die Champignons dareingegeben, 10 Minuten noch langsam alles kochen lassen und dann über fein geschnittenes, gebähtes Weißbrot angerichtet.

Rahm-Panade (französisch).

Fein geschnittene Weißbrötchen (für jede Person 1 Stück) werden mit Wasser und einem Stück süßer Butter, sowie etwas Salz, weich gekocht und fein zerrührt. Vor dem Anrichten wird so viel dicker, guter, süßer Rahm daruntergerührt

— aber ja nicht mitgekocht — um die nötige Suppendicke (dünnflüssiger Brei) zu erzielen.

Abgeschmälzte Einlaufsuppe (bayrisch).

Von 3 Eiern wird unter Zugabe von Mehl und Milch, sowie dem nötigen Salz unter fleißigem Rühren ein Teig gemacht, der vom Löffel tropft. Man läßt denselben vermittelst des Löffels oder eines Schnabelkännchens in leicht gesalzenes, siedendes Wasser tropfen, 5 Minuten aufwallen, worauf man das Ganze anrichtet und reichlich mit in süßer Butter goldgelb gerösteten Zwiebeln abschmälzt.

Tapioka mit Zuckererbsen (süddeutsch).

1/4 Kilo Tapioka (auf 5 bis 6 Personen) wird in siedendem Wasser weich gekocht, in welchem zuvor Suppenwurzeln einige Zeit gesotten wurden. Gleichzeitig werden 1/4 Liter ausgelesene Zuckererbsen in Butter weich gedünstet und vor dem Anrichten in die Tapiokasuppe gegeben, welche man auch mit 2 Eidotter abziehen kann. Auf die gleiche Art lassen sich Zuckererbsen auch bei Sagosuppe verwenden.

Schwarzwurzelsuppe (süddeutsch, besonders kräftig für Kranke und Rekonvalescenten).

Schwarzwurzeln werden geputzt und in feine Stiftchen geschnitten, hierauf in Wasser gelegt, unter das etwas Milch geschüttet wurde, damit sie weiß bleiben. Gute Butter wird heiß gemacht und so viel Mehl darein gerührt, als sie aufsaugt; unter fleißigem Rühren wird nach und nach so viel Wasser zugegossen, bis es ein dünnflüssiger Brei ist, den man leicht salzt, und nun die Schwarzwurzeln hineingibt, welche man darin bis zum völligen Weichwerden kochen läßt, wobei die Stückchen jedoch ganz bleiben müssen und beachtet werden muß, daß es ja nicht anbrennt. Beim Anrichten wird mit 1 Eidotter frikassiert und gebähte Semmelschnitten hineingegeben; auch würzt man gern mit etwas Muskatnuß.

Käsesuppe (englisch).

Man reibt 300 Gramm Schweizerkäse, davon streut man eine dünne Schichte in die Suppenschüssel, legt dünne geröstete

Brotschnitten darüber und fährt so fort, bis die Schüssel ungefähr ein Viertel voll ist. Eine braune Mehlschwitze mit feingehackten Zwiebeln wird bereitet, diese dann mit 1½ Liter Wasser angerührt, gesalzen, gewürzt und aufgekocht, dann über den Käse gegossen und mit der Suppenschüssel eine kurze Zeit noch in den Ofen gestellt und anziehen lassen, sodann zu Tisch gegeben.

Spargelsuppe oder Schwarzwurzelsuppe.

Dünne Spargeln werden weich gekocht im Salzwasser, eine helle Mehlschwitze gemacht, diese mit dem Spargelsud angerichtet, die Spargeln darein gegeben, mit Muskatnuß gewürzt, aufkochen lassen, mit 1 Eidotter legiert und dann aufgetragen.

Brotsuppe mit Bier.

Man nimmt 1 Liter braunes, oder halb braunes, halb weißes Bier, 90 Gramm Zucker, etwas Zitronenschale, ein Stückchen Butter, etwas Salz, einige Kümmelkörner, einen Teller voll geriebenes Schwarzbrot, kocht eine dickliche Suppe davon, treibt sie durch und zieht sie mit 2 Eidotter ab.

Brotsuppe mit Milch.

Ein Stück Schwarzbrot kocht man mit Wasser zu einem ziemlich dicken Brei, vermischt denselben mit 1 Liter kochender Milch, fügt eine Prise Salz und ein Stückchen Butter dazu, legiert dies nach 15 Minuten mit 2 Eidotter ab und gibt es zu Tisch.

Brotsuppe mit Wein.

Altgebackenes Brot wird nebst der Schale einer halben Zitrone, etwas Salz, 70 Gramm Zucker und etwas Zimt in 1 Liter Wasser weich gekocht, durchgetrieben, nochmals zum Kochen gebracht und dann mit ¼ Liter Wein und 1 Eidotter abgezogen.

Kartoffelsuppe.

Rohe Kartoffeln werden geschält, in feine Scheiben geschnitten, etwas Gelberüben, Sellerie und Lauch darunter, in Wasser mit etwas Salz weich gekocht, dann etwas Mehl mit Zwiebeln in Butter gelb geröstet, mit dem Kartoffelsud angerührt, aufkochen lassen, etwas geriebene Muskatnuß beigegeben und so die Suppe zu Tisch gebracht, vorher durchgetrieben, je nach Belieben.

Erbsensuppe.

Gerändelte gelbe Erbsen setzt man mit kaltem Wasser zu, kocht sie weich, treibt sie durch, schwitzt etwas Mehl in Butter und Zwiebeln gelb, rührt es mit der Suppe an, salzt und würzt es und gibt es mit gerösteten Brotwürfeln zu Tisch.

Linsensuppe.

Bereitet man wie vorige Nummer, läßt aber die Brotwürfeln weg und gibt sie so zu Tisch.

Grüne Erbsensuppe.

Wird ebenfalls so zubereitet, aber nicht durchgetrieben, weil die grünen Erbsen zarter sind, gut so gegessen werden können und auch viel kräftiger schmecken.

Aepfelsuppe.

Aepfel werden geschält und in Scheiben geschnitten. Rohe Kartoffeln schält man, schneidet sie in Scheiben und setzt sie mit Wasser und ein klein wenig Salz zu; sind sie halb weich, gibt man die Aepfel darein, etwas Zucker, und kocht es zusammen weich, schwitzt etwas Mehl in Butter hellgelb, rührt es mit der Suppe an, laßt es noch einmal aufkochen und gibt sie dann zu Tisch.

Heidelbeersuppe.

Frische Heidelbeeren (2 Liter) setzt man mit 1 Liter Wasser, Zucker, einem Stückchen Zitrone und einigen Stücken Zwieback zu, kocht es und treibt es dann durch, gibt danach 2 mit Rotwein verquirlte Eidotter daran; ein wenig Salz, Zwieback, in Stücken zerbrochen, gibt man in die Suppenschüssel und richtet die Suppe darüber an. Bei getrockneten Heidelbeeren nimmt man mehr Zucker.

Hagebuttensuppe.

Ungefähr 1/2 Liter getrocknete Hagebutten setzt man, nachdem sie sauber gewaschen sind, mit 2 Liter Wasser zu, fügt 2 bis 3 Stück altgebackenen Zwieback oder 1 altgebackene harte Semmel, Zitronenschale und ganzen Zimt hinzu und kocht es 2 Stunden, rührt es durch ein Sieb, gibt 100 Gramm Zucker, 1/4 Liter Weißwein und, wenn es noch zu dick, etwas Wasser dazu, legiert die Suppe mit 1 oder 2 Eidotter und richtet sie über geröstete Semmelwürfel an.

Hafergrützensuppe.

In 3 Liter Wasser läßt man 130 Gramm Hafergrütze mit Zitronenschale und 5 Gramm gestoßenen bittern Mandeln 1 Stunde kochen, streicht es durch ein Sieb, läßt es mit 1 Eßlöffel Zucker, einer Prise Salz und einem Stück Butter nochmals aufkochen, legiert sie mit 2 in Milch zerrührten Eidotter und richtet sie über geröstete Semmelwürfel an; man kann auch noch eine Handvoll vorher in Wasser aufgequellter Korinthen darein geben.

Hafergrützensuppe mit Aepfeln.

Man quirlt eine Obertasse Hafergrütze in Wasser ab, gibt 10 Stück Borsdorfer Aepfel (ungeschält, in Stücke geschnitten), Zitronenschale und 130 Gramm Zucker dazu und setzt solches mit 3 Liter Wasser zu, läßt es zu Brei kochen, treibt es durch, gibt 130 Gramm Butter und ebensoviel Korinthen dazu, läßt es nochmal aufkochen und richtet die Suppe über geröstete Semmelwürfel an.

Hafergrützensuppe mit Milch.

Man läßt 130 Gramm Hafergrütze in 1 Liter Wasser weich und dick aufquellen, aber nicht am offenen Feuer, treibt es dann durch und läßt es mit 1 1/2 bis 2 Liter Milch und etwas Salz eine Viertelstunde kochen, aber recht langsam, und gibt es dann zu Tisch.

Weinsuppe.

Ein Stückchen Butter wird mit 1 Eßlöffel Mehl hellbraun geröstet; man rührt es mit 1/2 Liter siedendem Wasser an, fügt den Saft einer halben Zitrone, etwas Schale, 130 Gramm Zucker und 2 Liter Weißwein dazu, läßt es 15 Minuten kochen, legiert die Suppe mit 3 Eidotter und richtet sie über geröstete Semmelwürfel an.

Weinsuppe mit Graupen oder Gries.

In 1 Liter Wasser kocht man 100 Gramm Graupen weich, mit einem Stückchen Butter dazu; sind sie weich, gießt man ungefähr 1/2 Liter Weißwein hinzu, etwas Zucker, Zitronenschale, ebenso einige Korinthen, läßt alles noch eine Viertelstunde kochen, nimmt Zitrone und Zimt heraus, legiert die Suppe mit 1 bis 2 Eidotter und gibt sie zu Tisch.

Schokoladesuppe.

Man kocht 130 Gramm geriebene Schokolade in 1 Liter Milch auf, zieht sie mit 2 Eidotter und einer Prise Salz ab und richtet sie über zerbrochenen Zwieback an; kann auch mit 1 Eßlöffel Hafermehl verdickt werden.

Nudelsuppe.

Feingeschnittene Nudeln werden in einer Kasserolle, in der man ein Stück Butter heiß werden läßt, abgeröstet, mit Wasser aufgefüllt, gesalzen, mit Muskatnuß gewürzt, einmal aufgekocht und dann zu Tisch gegeben.

Reissuppe.

Nachdem der Reis abgebrüht, läßt man ihn eine Viertelstunde stehen; währenddem setzt man Sellerie, Petersilienwurzeln, Gelberüben, Kohlrabi, Lauch, Zwiebeln und Kohlblätter mit Wasser und etwas Salz zu, läßt es tüchtig kochen (1/2—3/4 Stunden), gießt die Brühe ab, kocht in derselben den abgebrühten, von dem Wasser abgegossenen Reis weich, nebst einem Stück Butter, rührt 1 Kochlöffel Mehl mit Milch an, gibt es hinein und läßt es nochmal aufkochen, legiert es mit 1 Ei und gibt es zu Tisch.

Graupensuppe. — Grünkernsuppe.

Koche man ebenfalls so, nur bleibt Mehl und Milch weg. Ueberhaupt zu allen vegetarischen, nicht süßen, sondern gesalzenen Suppen, verwende man diesen Sud von Wurzeln, wie bei der Reissuppe angegeben; er ersetzt die Fleischbrühe und schmeckt kräftig und gut.

Zwiebelsuppe.

In 100 Gramm Butter werden 2 Kochlöffel Mehl nebst 3 Eßlöffel feingeschnittenen Zwiebeln gelb geröstet, das Ganze mit so viel Wasser, als erforderlich, aufgefüllt, mit Salz, Pfeffer und Muskatnuß aufgekocht, mit 1 Eigelb legiert und über gebähtes Brot angerichtet.

Geriebene Kartoffelsuppe (Bettelmannssuppe).

Geriebene gekochte Kartoffeln (5 bis 6 Stück), ein Stückchen Schwarzbrot, ein Stück Butter, Salz und Muskatnuß wird mit Wasser oder dem bei der Grünkernsuppe erwähnten Sud zugesetzt, gut verkocht, 1 Ei verrührt und über dasselbe die kochende Suppe angerichtet.

Panadensuppe.

3 altgebackene, abgeriebene Semmeln werden in feine Scheiben geschnitten, mit dem Sud oder kochendem Wasser zugesetzt, weich gekocht und durchgetrieben; das Durchgetriebene setzt man, nachdem es gehörig verdünnt, mit einem Stück Butter, Salz und Muskatnuß wieder aufs Feuer, schwingt die Suppe, während sie kochend heiß gemacht wird, mit dem hölzernen Schneebesen und richtet sie über zwei verrührte Eigelb an.

Selleriesuppe.

In 100 Gramm Butter werden 2 große, rein geputzte, in Scheiben geschnittene Sellerieköpfe und einige Scheiben Gelberüben gegeben, dies bedeckt, gelb und weich eingedämpft, mit 2 Kochlöffel Mehl eingestäubt und mit 3 Schöpflöffel Wasser angerührt, vollends weich gekocht, durchgetrieben, wieder in die Kasserolle gegeben, ein Stückchen Butter, Salz, Muskatnuß und das nötige Wasser beigefügt, kochend heiß gemacht, unter fortwährendem Rühren, und über gebähte Schnitten dann angerichtet.

Beuschelsuppe.

125 Gramm Butter oder Schmalz wird zerlassen, vier Kochlöffel Mehl darin geröstet, nebst 2 Kochlöffel fein-

geschnittenen Zwiebeln; dann gibt man 1 gewaschenen Karpfenrogen hinein, rührt ihn damit ab, füllt es mit dem bei der Reissuppe angegebenen Sud auf, gibt einige Eßlöffel Essig, 1 Glas Rotwein, Salz und Muskatnuß dazu, läßt es gut durchkochen und richtet es über gebähtes oder geröstetes Brot an.

Fischsuppe.

2 bis 3 Pfd. gewöhnliche Weißfische werden geputzt, zerschnitten, gewaschen und mit einem Stück Butter, Zwiebeln, Gelberüben, Sellerie und Salz zugedeckt, so lange gedünstet, bis sie goldgelb sind, dann mit Wasser aufgefüllt und einige vorher in Schmalz geröstete Schwarzbrotschnitten dazu gegeben, anderthalb bis zwei Stunden gekocht, dann durchgetrieben, nochmal aufs Feuer gestellt, noch ein Stückchen Butter beigegeben, unter fleißigem Umrühren kochend heiß gemacht und über in Schmalz gebackene Brotschnitten angerichtet.

Griessuppe mit Milch.

Man quirlt 100 Gramm Gries in 1/2 Liter Milch, schüttet dieses in 2 Liter siedender Milch, salzt es, kann auch nach Belieben zuckern, und läßt sie unter beständigem Rühren noch 10 Minuten kochen.

Griessuppe mit Wein.

1 Liter Wasser, 60 Gramm Butter, 120 Gramm Zucker, etwas Zimt und Zitronenschale wird zum Kochen gebracht; man gibt dann 120 Gramm Gries hinein und läßt denselben unter beständigem Umrühren 10 Minuten kochen, gießt dann 3/4 Liter Wein hinzu und verrührt die Suppe vor dem Anrichten mit 2 gequirlten Eidotter.

Zitronensuppe.

Einige abgeschälte Semmeln schneidet man in Scheiben und kocht sie in 1/2 Liter Wasser mit einem Stückchen Zimt weich, treibt sie durch, füllt es mit Weißwein auf, gibt ein Stück an einer Zitrone abgeriebenen Zucker, den Saft einer Zitrone, einige Körnchen Salz dazu, läßt alles aufkochen, legiert die Suppe mit 2 Eidotter und richtet sie an.

Holundersuppe.

In 1/2 Liter Wasser wird 1/2 Liter abgestreifte Holunderbeeren mit Zucker und etwas Zimt eine halbe Stunde langsam gekocht. Ein Kochlöffel Mehl wird mit einem Schoppen Milch angerührt, gibt es zu dem Holunder, läßt es eine Viertelstunde kochen, gibt dann kleine Semmelwürfel, vorher in Schmalz gelb geröstet, hinein, läßt es einmal aufkochen und richtet es an.

Zwetschensuppe.

Dieselben werden ausgesteint, mit etwas geriebenen Semmeln, Zucker und Zimt mit Wasser zugesetzt; wenn sie weich, durchgetrieben und über Zwieback angerichtet. Soll die Suppe feiner sein, nimmt man statt Wasser etwas Wein dazu.

Kirschensuppe.

Wird ganz wie die vorhergehende bereitet.

Arrowrootsuppe.

2 Eßlöffel Arrowroot wird mit Wasser glatt angerührt; 1/2 Liter Wasser mit einem Stück Zimt, etwas Zitronenschale und 100 Gramm Zucker zum Kochen gebracht; dann gießt man 1/2 Liter Weißwein dazu und das angerührte Arrowroot, läßt es zusammen einige Minuten kochen und gibt die Suppe dann zu Tisch.

Biersuppe.

Ein Stück Butter wird mit 1 Eßlöffel Zucker aufs Feuer gestellt; fängt derselbe an, braun zu werden, gibt man 2 Kochlöffel Mehl hinein, röstet es braun, gießt 1 Liter Bier, den man mit Zucker und Zimt zum Kochen gebracht hat, daran, gibt eine Prise Salz dazu, kocht es nochmal auf und gibt es über gerösteten Semmelschnitten zu Tisch.

Biersuppe (schwedische).

1 Liter Bier, 50 bis 60 Gramm Zucker und etwas Zimt wird zum Kochen gebracht, 1/4 Liter kochende Milch, 2 Eßlöffel Mehl und 3 Eidotter, die man gut zusammen verrührt hat, wird nun durch öfteres Hin- und Hergießen

in zwei Gefäßen mit dem Bier vermischt und sodann rasch aufgetragen.

Bohnensuppe.

1 Pfd. weiße Bohnen weicht man tags vorher in Wasser ein, gießt sie dann ab und kocht die Bohnen in Wasser mit einem Stückchen Butter weich, treibt sie durchs Sieb, verdünnt sie mit dem bekannten Wurzelsud, zu dem man auch etwas Majoran und Thymian gethan hat, verdickt sie dann etwas mit in Butter geröstetem Mehl, salzt, wenn noch nötig (da ja der Sud immer gesalzen ist), läßt alles zusammen nochmals kochen und richtet die Suppe über geröstetem Brot an.

Brotsuppe für Kranke.

Ein Stück Schwarz- und ein Stück Weißbrot schneidet man in einen Topf mit Wasser, läßt es verkochen, treibt es durch, fügt 2 Zitronenscheiben, eine Handvoll Korinthen, 1 Eßlöffel Zucker und eine Prise Salz hinzu, kocht es eine Viertelstunde, verrührt 1 Eidotter mit 2 Eßlöffel Weißwein und gießt die Suppe darüber.

Brombeersuppe.

Die Beeren werden in Wasser weich gekocht, die Suppe durchgetrieben, dann mit Zimt, Zucker und Zitronenschale nochmals eine halbe Stunde gekocht, mit 1 Löffel Kartoffelmehl abgezogen und über Zwieback oder Semmelwürfel angerichtet.

H. O. oder Herkulo-Suppe.

Von diesem amerikanischen Hafermehl nimmt man 100 Gramm auf $1^1/_2$ Liter Wasser, gibt 1 Stück Butter und etwas Salz dazu, läßt es eine halbe Stunde kochen, verquirlt 1 Ei und richtet es darüber an.

Buchweizengrützesuppe.

Ungefähr 100 Gramm Grütze quirlt man in 2 Liter kochender Milch, salzt sie, läßt sie eine halbe Stunde kochen und trägt sie dann auf.

Buchweizengrützesuppe mit Buttermilch.

Man kocht die Grütze mit etwas Wasser und Butter, quirlt 1 Löffel Mehl mit etwas kalter Buttermilch, gibt dieses in 2 Liter Buttermilch, die auf dem Feuer steht, mischt es, sobald es kocht, mit der Grütze, rührt es fleißig um, salzt es, läßt es einmal aufkochen und richtet es an.

Buttermilchsuppe mit Mehl.

30 Gramm Mehl verrührt man mit etwas kalter Buttermilch, gibt dieses in 1 Liter kalte Buttermilch, salzt es, gibt eine Prise Zucker dazu und läßt es unter fortwährendem Umrühren eine kurze Weile kochen, zieht sie mit 1 Ei ab und gibt sie über Semmelwürfel zu Tisch.

Kastaniensuppe.

Von den Kastanien wird die äußere Schale entfernt, die Kastanien dann in siedendem Wasser abgebrüht und abgehäutet; man dünstet dieselben dann in Butter mit etwas Fleischbrühe weich, zerdrückt sie und streicht sie durchs Sieb, verdünnt sie mit Fleischbrühe und läßt sie nochmals aufkochen. Richtet sie über einer Anzahl ganzer weichgedünsteter Kastanien nebst gerösteten Brotschnitten an.

Feigensuppe.

130 Gramm schöne, getrocknete Feigen schneidet man in kleine Stücke, kocht sie in 1 Liter siedendem Wasser eine Viertelstunde lang, quirlt 60 Gramm feinen Gries in kaltem Wasser glatt an, rührt ihn zu der Feigensuppe, fügt eine Prise Salz und etwas Zucker bei, läßt es unter fleißigem Umrühren eine Viertelstunde kochen, gibt einen Kaffeelöffel Orangenblütenwasser dazu und gibt die Suppe auf den Tisch. (Soll als sanft eröffnendes Mittel für Kranke gute Dienste thun.)

Hirsesuppe.

In 1/2 Liter halb Wasser, halb Milch läßt man, wenn es kocht, unter Umrühren 1 Eßlöffel voll Hirse nebst etwas Zucker und einer Prise Salz einlaufen, kocht davon eine sämige Suppe, läßt dieselbe noch eine halbe Stunde ziehen und richtet sie dann an.

Kartoffelsuppe (Thalysia).

Abgekochte, geriebene Kartoffeln werden nebst 1 Theelöffel feingehackter Kapern und einer fein geschnittenen Pfeffergurke in siedendes Wasser geschüttet, gesalzen, eine Stunde gedünstet, durchs Sieb getrieben und mit zerlassener Butter vermischt.

Suppe à la Flamande.

Einige rohe Kartoffeln und einige Rüben werden geschält, gewaschen, in Scheiben geschnitten und nebst einigen gerösteten Brotschnitten in Wasser mit etwas Salz und Muskatnuß weich gekocht, durchgetrieben, mit einem Stück frischer Butter nochmals aufgekocht, etwas feingehackter Kerbel dazu gethan und dann angerichtet.

Eiersuppe.

30 Gramm zerlassene Butter, 3 ganze Eier, 3 Eßlöffel Semmelmehl wird mit etwas Salz- und Muskatnuß gut verquirlt, dann läßt man es unter fortwährendem Umrühren in die siedende Fleischbrühe laufen.

Entensuppe (pommerische).

Eine nicht ganz junge Ente wird mit Salz und verschiedenen Wurzeln in Wasser weich gekocht, die Brühe dann durchgeseiht und wenn nötig, noch Fleischbrühe dazu genommen, diese dann mit heller Mehlschwitze verdickt, mit fein gehackten grünen Kräutern als: Kerbel, Sellerie, Petersilie und Majoran, nebst kleinen, roh geschälten, in Wasser halb weichgekochten Kartoffeln; nochmals kochen gelassen, dann das Entenfleisch in klein geschnittenen Stückchen darein gegeben und so die Suppe zu Tisch gebracht.

Cichoriensuppe.

Die Blätter werden geputzt, gewaschen, in Wasser weich gekocht, in Streifen geschnitten, in Butter geschwitzt, etwas gestäubt mit Mehl, dann mit Wasser angerührt, gesalzen, mit Muskatnuß gewürzt und so eine halbe Stunde gekocht, dann über verquirlte Eidotter und geröstetem Brot oder Graham-Zwiebackschnitten angerichtet.

Chantillysuppe.

$^1/_2$ Pfd. junge grüne Erbsen mit 2 Zwiebeln und einem Zweig Pfefferminzkraut, wird in wenig Wasser so lange gekocht, bis sie gut weich sind, dann durchgetrieben, nachdem man zuvor Zwiebel und Pfefferminzkraut herausgenommen hat; kocht nun diesen Brei in 2 Liter kräftiger Fleischbrühe und richtet die Suppe über Semmelschnitten an.

Condésuppe.

Man kocht 1 Liter Linsen nebst feingeschnittenem Wurzelwerk und feinen Kräutern in Fleischbrühe weich, worauf man $1^1/_2$ Pfd. gekochtes Hirsch- und Rehfleisch in Stücke zerschneidet, fein wiegt und mit der Brühe, in der es gekocht hat, zu den Linsen gibt, damit verrührt, einige Male aufkocht, salzt, durch einen Seiher treibt und über Semmelschnitten anrichtet.

Nudelsuppe mit Erbsen.

Man kocht eine Erbsensuppe vollständig fertig, läßt dann darin fein geschnittene Nudeln einen Wall thun, wie man Nudeln in Fleischbrühe siedet. Ist eine sehr kräftige, nahrhafte Suppe.

Gofiosuppe.

Gofio ist ein Präparat, das aus einer Frucht bereitet sein soll, die den kanarischen Inseln entstammt. Wie dem auch sein mag: Gofio ist wohlschmeckend, nahrhaft und leicht verdaulich, und wird zu Pudding, Suppen usw. gerne verwendet von solchen, die einmal einen Versuch damit gemacht haben. Zur Suppe streut man hiervon in die kochende Fleischbrühe und läßt das Gofio 10 Minuten mitkochen. Die zu verwendende Quantität hängt davon ab, ob man Suppen dick oder dünn liebt.

Bettelmannssuppe.

Eine kleine Tasse voll Linsen, ebenso viele Erbsen, zwei große rohe Kartoffeln, ein großes Stück Schwarzbrotrinde (die in der Röhre hart geworden) kocht man mit Wasser, bis sie vollkommen weich ist, treibt dann alles durch und läßt mit einem Stückchen Butter die Suppe noch 10 Minuten aufkochen.

Griesnockerlsuppe.

200 Gramm Butter werden abgerührt, nach und nach 6 Eier darein gerührt und 280 Gramm Gries darunter gegeben nebst etwas Salz, die Masse eine Stunde stehen gelassen, dann Klößchen mit dem Eßlöffel abgestochen und in siedender Fleischbrühe eine halbe Stunde langsam kochen lassen.

Pfannenkuchensuppe (siehe gefüllte Flädlein oder Omeletten).

Milzklößchensuppe.

Wird wie die Leberknödel bereitet, statt Leber jedoch Milz genommen.

Suppe mit Hirnschnitten.

Hirn wird ausgewässert, fein verwiegt, mit Ei, Semmelbröseln und Salz angerührt, auf Semmelschnitten gestrichen und gebacken; dann in die Suppenschüssel gegeben und helle Fleischbrühe daran gegossen.

Briesleinsuppe.

Kalbsbries wird in Fleischbrühe oder Salzwasser einige Male aufgekocht, herausgenommen, in kaltes Wasser gelegt, dann mit Zwiebeln fein verwiegt, in Butter gedämpft, mit Mehl eingestäubt, mit Fleischbrühe angerührt und aufkochen lassen, über einem verklopften Ei und gebähten Semmelschnitten angerichtet.

Kürbissuppe.

Die Kürbis werden geschält, vom Mark gereinigt, das Fleisch in Stücke geschnitten, mit Wasser und Zucker, nach Belieben auch mit etwas Wein zugesetzt und weich gekocht, eine Semmel mitgekocht, damit die Suppe sämig wird, 1 Eidotter mit Wasser verklopft, die Suppe durchgeseiht und darüber angerichtet.

Saucen.

Einbrenne.

Zum Grundbestandteil aller braunen Saucen gehört die Einbrenne. Sie wird wie folgt bereitet: Man läßt in einer Kasserolle, je nach der Speise, Butter, Rindsschmalz oder Fett gut heiß werden, gibt dann ungefähr auf 2 Eßlöffel voll Fett 4 Eßlöffel voll Mehl hinein und läßt selbes unter beständigem Rühren braun rösten.

Weiße Einbrenne.

Behandelt man ebenso, nur darf sie keine Farbe bekommen und man darf deshalb das Mehl nur so lange rösten, bis es aufsteigt. (Diese Einbrenne, gut zugebunden, lassen sich wochenlang aufheben.)

Weiße Rahmsauce (Bechamelle).

Ungefähr 1/10 Pfund Butter, etwas Gelberüben, Sellerie, Zwiebeln (geschnitten) und ein kleines Stückchen Zitronenschale gibt man zusammen in eine Kasserolle. 1/2 Pfund Kalbfleisch und ein Stückchen rohen Schinken schneidet man in Würfeln, gibt es auch dazu und läßt es ein wenig ziehen, gießt etwas Fleischbrühe nach und läßt es ganz dick einkochen, stäubt einen Kochlöffel Mehl daran und, nachdem es ein wenig geröstet, gießt man 1/2 Liter süßen Rahm dazu, läßt es dicklich kochen und treibt es durchs Sieb. (Diese Sauce verwendet man zu feinen Gemüsen, oder Ragout und Fischen.)

Vegetarische Bechamelle.

Zwiebeln läßt man in Butter dünsten, bis sie weich sind, gießt dann Milch oder Rahm hinzu, salzt es, läßt es eine halbe Stunde kochen, treibt es durch und läßt es dann noch dicklich einkochen; man verwendet es namentlich zu Eierspeisen.

Frikasseesauce.

1 Eßlöffel zerlassene Butter und 2 Eigelb verrührt man mit 1 Eßlöffel kaltem Wasser, gibt einige Schöpflöffel, mit etwas Zitronensaft abgeschärfte, heiße, weiße Einmachsauce dazu, rührt das Ganze gut durcheinander, treibt es durch und verwendet die Sauce zu jungen Hühnern, Kalbfleisch, Spargeln und Blumenkohl, oder dergleichen.

Frikassierte Krebssauce.

Wird wie vorige bereitet, nur gibt man 1 Eßlöffel Krebsbutter und klein geschnittene Krebsschweifchen hinzu, und läßt sie, ohne zu kochen, nochmals auf dem Feuer heiß werden. Kann man zu allen feinen Ragouts verwenden.

Holländische Sauce zu Fischen.

Man nimmt Petersilienwurzeln, schneidet sie und kocht sie samt dem Kraut in schwach gesalzenem Wasser weich, nimmt es heraus und läßt es abtropfen; rührt einen Eßlöffel Mehl mit kaltem Wasser glatt an, gibt etwas Fischsud und ein Stück frische Butter darein und rührt es auf dem Feuer, bis es kocht; fügt dann die Wurzeln bei, läßt alles aufkochen, gibt noch ein Stückchen Butter dazu, und gibt die Sauce zu gesottenen Fischen sofort zu Tisch.

Fischsauce.

2 Eigelb und 1 Kochlöffel Mehl werden mit kaltem Wasser glatt angerührt, ein Stück frische Butter und einige Schöpflöffel Fischsud dazu gegeben, und so auf dem Feuer zu einer dicklichen Sauce angerührt.

Buttersauce.

Man knetet ein Stück Butter (vielleicht 100 Gramm) mit 1 Kochlöffel Mehl tüchtig ab, rührt es dann mit 1 Tasse kaltem Wasser an, salzt es und läßt es unter beständigem Rühren heiß werden; es darf aber nicht kochen; je nach Belieben macht man es mit etwas Zitronensaft pikant. Dient auch zu Spargeln, Blumenkohl, Fischen usw.

Zwiebelsauce.

Man macht eine braune Einbrenne, rührt sie mit Fleischbrühe oder Wasser an, gibt etwas Essig oder Zitronensaft dazu, salzt sie und gibt einige Handvoll feingewiegte Zwiebeln darein, läßt dieselben darin weich kochen und gibt auch noch ein Stückchen Zucker bei. Die Hauptsache ist, daß die Sauce nicht zu dünn wird; da die Zwiebeln noch viel Saft lassen, muß man dieselbe vorher nicht zu dünn anrühren.

Weiße Zwiebelsauce.

Bereitet man gerade so, nur nimmt man weiße Einbrenne statt brauner.

Gurkensauce.

Das Fleisch von mittelgroßen Gurken schneidet man in kleine Würfel. 1 Kochlöffel Mehl wird mit Zwiebeln in Fett gelb geröstet und mit Fleischbrühe angerührt, die Gurken mit etwas Bratensauce, 1 Löffel Essig, Gurkenkraut und Salz so lange zusammen gekocht, bis die Gurken weich sind, dann durchgetrieben.

Kerbelsauce.

Man schwitzt einen Kochlöffel Mehl in Butter ganz hell, rührt ihn mit Fleischbrühe an und läßt es dicklich kochen, gibt einige Eßlöffel feingewiegtes Kerbelkraut hinein, salzt die Sauce und kocht sie nochmals auf.

Petersiliensauce.

1 Kochlöffel Mehl wird in Butter geröstet, bis es aufsteigt; dann gibt man einige Eßlöffel feingewiegte Petersilie, etwas Zwiebeln hinein und röstet es noch, rührt es dann mit Fleischbrühe an, salzt und würzt es, läßt es eine Viertelstunde kochen, verklopft 1 Eidotter mit Wasser und richtet es darüber an. Man kann es auch mit Zitronensaft abschärfen.

Sardellensauce.

Nachdem man eine braune Einbrenne gemacht, dämpft man darin noch etwas feingewiegte Zwiebeln und Petersilie (vielleicht 10 Stück feingewiegte Sardellen kommen dazu).

Es wird mit Fleischbrühe angerührt, mit Essig und Zitronensaft abgeschärft, kochen lassen und dann aufgetragen.

Heringssauce.

Wird geradeso zubereitet, nur kann man da noch etwas feingewiegte Zitronenschale beifügen.

Kapernsauce.

Man macht zu derselben eine braune Zwiebelsauce, gibt in dieselbe 2 Eßlöffel Kapern, läßt es damit aufkochen und richtet die Sauce dann an.

Trüffelsauce.

Eine gelbbraune Einbrenne rührt man mit Fleischbrühe und 1 Glas Rotwein an, salzt und würzt sie, gibt ungefähr 4—5 Trüffeln, ganz fein geschnitten, darein, nebst 2 Löffel Jus oder Bratenbrühe, etwas Zitronensaft, läßt es kochen und verwendet die Sauce.

Champignonsauce.

Champignon, ungefähr eine Handvoll, werden gewaschen, fein geschnitten und mit Zwiebeln in Butter gedünstet, etwas Mehl eingestäubt, mit Fleischbrühe angerührt, gesalzen und eine halbe Stunde gekocht, mit Zitronensaft abgeschärft und dann angerichtet.

Maderasauce.

Sellerie, Gelberüben, Petersilienwurzeln und Zwiebeln, ein Stückchen Speck, alles klein verschnitten, legt man in eine Kasserolle mit einem Stück Butter, gibt etwas Fleischbrühe daran und läßt es einkochen, bis es gelb geworden, gibt dazu 1 Schöpflöffel braune Einmachsauce und 1 Schöpflöffel Fleischbrühe und läßt es noch eine Viertelstunde kochen, fettet es ab und seiht es durch, gibt 1 Glas Madera und den Saft einer halben Zitrone daran, und macht es unter fortwährendem Aufziehen mit dem Schöpflöffel heiß.

Paradiesäpfel-(Tomaten-)Sauce.

Man nimmt 4 bis 5 Stück Tomaten, drückt den Saft und Samen aus, schneidet sie in Stücke und dämpft sie in Butter weich. Nachdem sie eine Zeitlang gedämpft, stäubt man etwas Mehl daran; gleich wenn man sie in die Butter gibt, schneidet man etwas Zwiebel dazu hinein. Wenn nun alles gut weich ist und man von Zeit zu Zeit etwas Fleischbrühe oder Wasser nachgegossen hat, treibt man sie durch, gibt dann noch ein Stückchen Butter, ein Stückchen Zucker, das nötige Salz und etwas Zitronensaft dazu, und läßt es nochmal gehörig heiß werden. Man kann auch, wer's pikanter liebt, ein Stückchen magern Schinken mitkochen lassen.

Gurkensauce (österreichisch).

1 bis 2 schöne, große Gurken werden geschält, fein geschnitten oder gehobelt, leicht mit Wasser übergossen und dann abtropfen lassen. In ein zerlassenes Stück Butter wird Mehl gerührt, über dem Feuer, soviel die Butter einsaugt, und dasselbe langsam mit Wasser zu leichter Breidicke angerührt, auch etwas gesalzen und dann, nachdem die Gurken hineingegeben, bis zum Weichwerden derselben, langsam gekocht, zuletzt 1 bis 2 Eßlöffel Estragonessig und etwas kleingeschnittener Schnittlauch vor dem Auftragen daran gerührt. Nach Geschmack kann man auch zuletzt ein paar Löffel dicken, sauren Rahm darangeben.

Estragonsauce.

Man schwitzt zwei Kochlöffel Mehl in 50 Gramm Butter ganz hell, füllt es mit 1/2 Liter recht kräftiger Feischbrühe auf und läßt es 1 Stunde während öfterm Umrühren kochen, verdünnt es mit einer Tasse süßem Rahm, gibt einen Eßlöffel feingewiegte Estragonblätter dazu und läßt es dann nochmals aufkochen.

Süße Mostsauce.

Man röstet 1 bis 2 Kochlöffel Mehl in Butter gelb, rührt es mit 1/4 Liter süßen Most an, gibt etwas Zitronenschale, etwas Salz, 1 Eßlöffel Essig und ein Stückchen Zucker dazu, läßt alles gut durchkochen und seiht die Sauce durch. Zu Rindsbraten, gekochtem Rind- und Schweinefleisch oder Zunge schmeckt sie sehr gut.

Meerrettich in Fleischbrühe.

1 Stange Meerrettich wird gewaschen, abgeschabt und dann gerieben; man gibt ihn dann in einen Tiegel, stäubt 1 Kochlöffel Mehl daran, rührt es dann mit etwas fetter Fleischbrühe an, salzt ein wenig, gibt ein Stückchen Zucker bei und läßt es nur einmal aufkochen. Gibt man zu Rindfleisch.

Meerrettich in Milch.

Bereitet man wie den vorhergehenden, nur nimmt man statt Fleischbrühe Milch; will man ihn feiner haben, verklopft man 1 Eigelb mit Milch, und gibt es vor dem Anrichten nebst ungefähr 10 bis 12 Stück gestoßener Mandeln dazu.

Kalte Saucen.

Magnonaisesauce.

In einer Porzellanschüssel verklopft man 3 Eigelb; in diese rührt man ganz langsam 1/8 Liter feines Olivenöl. Nach drei Viertelstunden soll erst das letzte Oel darin sein, so daß es dann wie weich abgerührte Butter aussieht. Man gibt dann 6 Eßlöffel Aspik, Salz und 3 Eßlöffel Essig darein. An einem kühlen Ort aufbewahren. Ist gut zu Fisch und kaltem Fleisch.

Florentinersauce.

In schwachgesalzenem Wasser kocht man Kerbel, Petersilienkraut, Estragon, Selleriekraut und Schnittlauch, je eine Handvoll, weich. Gießt es ab, gibt kaltes Wasser darüber, drückt es dann fest aus, stößt es fein, gibt zwei vorher in Wein eingeweichte Löffelbiskuits dazu, treibt das Ganze durch, verdünnt es mit 2 Eßlöffel Oel, Zitronensaft und kalter Fleischbrühe und salzt es etwas. Ist gut zu gebratenem Rindfleisch oder blaugesottenen Fischen.

Anchovissauce.

3 bis 4 Anchovis werden gut ausgewässert, ausgegrätet, in feine Stückchen geschnitten und in Butter mit etwas Mehl bestäubt, in einer Kasserolle einige Minuten geschwitzt, mit etwas Zitronensaft geschärft und einige Kapern beigegeben.

Heringssauce.

Ein Milchner-Hering wird gewaschen, gehäutet, ausgegrätet, mit Zwiebeln und 3 hart gekochten Eidotter fein gewiegt, dann mit etwas Essig (oder Zitronensaft, der stets besser zu verdauen ist), Oel, Salz und feingewiegtem Schnittlauch zur gehörigen Saucendicke angerührt.

Heringssauce mit Kartoffeln.

Bereitet man ebenso, gibt aber noch einige geriebene gekochte Kartoffeln dazu, ungefähr 3 Eßlöffel voll, und etwas kalte Fleischbrühe.

Sardellensauce.

Wird ebenfalls so bereitet wie die letzte; nur nimmt man statt Heringen Sardellen.

Meerrettich mit Zucker.

Derselbe wird gewaschen, abgeschabt, gerieben und mit Essig oder Zitronensaft und 1 Löffel Zucker angemacht.

Meerrettich mit Essig und Oel.

Der Meerrettich wird wie oben behandelt, dann mit Essig oder Zitronensaft, Oel und Salz angemacht.

Geriebener Rettich.

Nachdem der Rettich geschält ist, reibt man ihn, gießt, wenn er zu viel Saft gezogen, davon ab, macht ihn mit Essig (Zitronensaft), Oel und Salz an.

Remouladesauce.

Hartgesottenes Eigelb und etwas Kapern wird fein verwiegt, mit Essig (Zitronensaft), Oel und Salz angemacht.

Schnittlauchsauce.

Man wiegt eine tüchtige Handvoll Schnittlauch, hackt das Weiße von 3 hartgekochten Eiern fein, verrührt das Gelbe mit Oel und Essig (Zitronensaft), salzt es und mischt alles gut durcheinander.

Italienische Sauce.

Feingehackte Schalotten, Champignons, Trüffeln, Petersilie, je 1 Eßlöffel voll, werden in einem Stück Butter und 1 Glas Weißwein, weich gedämpft, dann mit 2 Schöpflöffel brauner Kraftbrühe aufgefüllt und noch eine Viertelstunde gekocht.

Spanische Sauce (für die Fastenzeit).

In eine gut gebutterte Kasserolle gibt man in Scheiben geschnittene Zwiebeln, 1 Pfd. gut gesäuberten Weißfisch, in Stücken geschnitten, läßt ihn mit 1 Glas Weißwein geleeartig einkochen, gießt etwas Fischsud oder Wasser hinzu, nebst 1 Gelberübe und Kräutern, läßt es kochen, seiht alles durch, gibt eine gelbe Mehlschwitze daran, salzt und würzt es und kocht es nochmals auf.

Herzoginsauce.

Ein Schöpflöffel Bechamellesauce, ebensoviel Geflügel-Kraftbrühe, 1 Glas Weißwein, etwas roher Schinken, Champignon- und Trüffelabfälle werden dicklich eingekocht, durchgeseiht, ein Stück Butter und ein Stückchen gekochter magerer, in kleine Würfel geschnittener Schinken dazu gefügt und nochmals aufgekocht.

Marschallsauce.

Wird gewöhnlich zu braisiertem Huhn oder Kapaun gegeben. Man nimmt einige Schöpflöffel Fleischbrühe und 1 Schöpflöffel Braisebrühe, kocht beides, zieht es dann mit 2 Eidotter, mit Weißwein verquirlt, ab, gibt noch 1 Eßlöffel in Butter gedämpfte Champignon und gewiegte Zitronenschale nebst etwas Saft dazu und salzt es.

Bordeauxsauce.

Man läßt ein Stück Butter in einer Kasserolle hellbraun werden, gibt einen Kochlöffel Mehl und feingehackte Schalotten hinein, röstet es nebst einem Stückchen klein geschnittenen rohen Schinken, gießt nach einer Viertelstunde gute Fleischbrühe nach, kocht es nochmals solange, gießt 1 Glas Bordeaux nach, etwas Salz, den Saft einer halben Zitrone und 1 Löffel feingehackte Petersilie, läßt es noch gut heiß werden und gibt es so zu Tisch. Zu gedämpftem Rindfleisch, Fisch usw.

Süße Saucen.

Vanillesauce.

1/4 Liter Milch wird mit einem Stückchen Vanille und Zucker gekocht, 3 Eigelb mit kalter Milch verklopft, die kochende Vanillemilch darüber gegeben, noch eine Zeit lang mit dem Schneebesen am Feuer geschlagen, bis zum Kochen, dann angerichtet.

Zitronensauce.

1 Eßlöffel Mehl wird mit kalter Milch angerührt (ungefähr 1/4 Liter); am besten Stärkmehl oder Reismehl nebst 2 Eigelb in der Pfanne aufs Feuer gesetzt, 100 Gramm Zucker, ein Stück Zitronenschale, dieses zusammen unter fortwährendem Rühren mit dem Schneebesen heiß gemacht, aber ja nicht zum Kochen kommen gelassen, einige Körnchen Salz auch beigegeben und dann durchs Sieb angerichtet.

Mandelsauce.

Man stößt 50 Gramm süße und 6 Stück bittere, abgezogene Mandeln, kocht dieselben in 1/4 Liter Milch eine Viertelstunde, seiht sie durch, gibt dann einige Körnchen Salz, Zucker nach Belieben, je wie süß man's will, 3 verklopfte Eidotter dazu, schlägt es noch mit dem Schneebesen auf dem Feuer bis zum Kochen und richtet die Sauce dann an.

Zimtsauce.

Dieselbe Bereitung; nur statt Mandeln ein fingerlanges Stück Zimt.

Moosbeersauce.

Frische Moosbeeren werden mit etwas Wasser zugesetzt und weich gekocht, dann durchgetrieben, mit etwas Wein verdünnt, gezuckert, mit Zitronenschale gewürzt, noch einmal aufgekocht.

Sauce von Thee und Orangenblüten.

1/4 Liter wird mit einem Theelöffel Thee, 3 Orangenblüten gekocht und dann im übrigen so verfahren, wie bei der Vanillesauce.

Schokoladesauce.

Ein Täfelchen Schokolade wird gerieben, in 1/4 Liter Milch gekocht, ein Theelöffel Reismehl, 1 Eigelb mit kalter Milch angerührt, darunter gegeben, noch bis zum Kochen heiß gemacht, dann verwendet. Kann auch statt mit Milch mit Wein gemacht werden.

Weinsauce.

2 Eigelb und 1 Kochlöffel Mehl werden mit etwas Wasser angerührt, dieses nun mit 1/4 Liter Weißwein, etwas Zitronenschale, gehörig Zucker, welschnußgroßer Butter und einem Stückchen Zimt aufs Feuer gesetzt und unter fortwährendem Rühren aufgekocht.

Weinsauce (englisch).

50 Gramm Zucker, 50 Gramm Butter, 2 Eßlöffel Mehl rührt man mit einem Glas kaltem Wasser an, gibt ebensoviel Madeira dazu und rührt dasselbe nebst etwas Muskatnuß und einigen Körnchen Salz auf dem Feuer zu einer dicken Sauce ab, läßt es aber nicht zum Kochen kommen.

Weinschaum (Chaudeau).

100 Gramm gestoßener, an Zitronen abgeriebener Zucker, der Saft einer halben Zitrone, 3 Eidotter, 1 ganzes Ei, etwas Salz und 1/4 Liter Wein wird gut durcheinander gemischt, aufs Feuer gesetzt und mit dem Schneebesen geschlagen bis zu dickem Schaum, dann verwendet.

Rosinensauce.

Man röstet einen Kochlöffel Mehl in Butter dunkelbraun, rührt es mit einem Glas Wasser an, gibt 1/4 Liter Wein daran und 100 Gramm gewaschene kleine Weinbeeren, etwas Zimt und Zitronenschale und zur Genüge Zucker, läßt die Sauce aufkochen und gibt sie dann zu Tisch.

Hagebuttensauce.

Frische oder getrocknete Hagebutten, ungefähr 1/4 Pfd., werden mit 3/4 Liter Wasser, einer altgebackenen Semmel, oder statt dessen 1 Eßlöffel Perlsago, etwas Zimt und Zitronenschale, anderthalb Stunden gekocht, dann durchgetrieben, mit Wein oder Wasser verdünnt, gehörig gezuckert, ein Stückchen Butter beigegeben, kochend heiß gemacht und dann zu Tisch gebracht.

Berberitzensauce.

Die Berberitzen werden abgepflückt und mit viel Zucker, etwas Vanille und etwas Wasser zugesetzt, durchgetrieben, sobald sie weich sind, dann ein Kaffeelöffel Mehl mit 1 Glas Wein angerührt, dazugegeben, nochmals aufgekocht und noch versüßt.

Kirschensauce.

1 Pfd. frische oder getrocknete Kirschen werden ausgesteint, die Steine gestoßen und nun samt den gestoßenen Steinen in eine Kasserolle gethan, nebst Zimt, Zitronenschale, 1 Semmel und 1/2 Liter Wasser gekocht, durchgetrieben, mit 1 Glas Wein oder Wasser verdünnt, ein Stückchen Butter beigegeben, gehörig gezuckert, bis zum Kochen gebracht und dann verwendet. Nach Belieben kann zuletzt 1 Eßlöffel Kirschwasser beigegeben werden.

Aprikosensauce.

Wird geradeso bereitet, nur läßt man die Steine weg; statt dessen verklopft man dieselben, nimmt die innern Kerne heraus, schält und schneidet sie länglich und gibt sie in die Sauce.

Pfirsichsauce.

Bereitet man geradeso; nur läßt man die Kerne ganz weg.

Stachelbeersauce.

Zu 1/2 Liter reifer Stachelbeeren nimmt man 15 bis 20 Gramm Butter, 1 Eßlöffel geriebenes Weißbrot, ein Gläschen Wasser, dämpft sie weich, treibt sie durch, verdünnt sie mit Wein oder Wasser, zuckert sie gut, kocht sie nochmals auf und verwendet sie dann. Kann man auch zu Kalbs- oder Schweinebraten geben.

Aepfelsauce.

Die Aepfel werden geschält, geschnitten, mit einigen Zwiebackschnitten und Wasser weich gekocht, durchgetrieben, mit Wein oder Wasser verdünnt, gezuckert, ein Stückchen Butter beigegeben und dann tüchtig heiß, aber nicht kochend gemacht.

Zwetschgensauce.

Wird ganz wie die vorige bereitet.

Bemerkung. Alle diese Saucen können kalt oder warm verwendet werden.

Ananassauce.

Die Schale von dem vierten Teil einer Ananas reibt man auf Zucker ab, zerschneidet dann das übrige in kleine Stücke, kocht es in 1/4 Liter Wasser und 1/4 Liter Weißwein mit etwas Zucker weich und treibt es durchs Sieb; den von der Ananas abgeriebenen Zucker stößt man fein, verrührt ihn mit 6 Eidotter, 1/2 Liter Weißwein und einem Eßlöffel Zucker, schlägt ihn über gelindem Feuer schaumig und rührt dann die durchgetriebene Ananas mit Saft dazu.

Fruchtsauce im allgemeinen.

Im Winter, wo keine frischen Früchte zu haben sind, nimmt man eingemachte ganze Früchte oder Marmeladen, läßt sie warm werden, damit sie flüssiger werden, verdünnt sie mit Wein oder Zuckerwasser, seiht sie durch und gibt dieselben kalt zu Pudding usw.

Kalte Rahmsauce.

1/4 Liter süßer Rahm wird mit 30 Gramm Zucker und etwas Vanille aufgekocht, zugedeckt und etwas beiseite gestellt. 1 Eigelb, 1 Theelöffel Mehl mit etwas kalter Milch verrührt, die Vanillemilch darangegossen, mit Zucker versüßt und unter beständigem Schlagen mit dem Schneebesen noch heiß gemacht, zurückgestellt zum Erkalten und, wenn dieses geschehen, ein kleiner Teller Schlagrahm darunter gemischt.

Bemerkung. Diese hier angegebenen warmen Saucen, welche man aus Mangel an Raum auf dem Herde früher bereitet, als man sie braucht, erhält man am besten warm, ohne ihnen zu schaden, wenn man eine Kasserolle zur Hälfte mit heißem Wasser füllt, einen Deckel darauf gibt, selbe auf den heißen Herd und darauf die Sauce stellt; so bleiben sie gut und schön.

Gemüse.

Gesottene Kartoffeln.

Schöne, gleichmäßig große Kartoffeln werden mit so viel Wasser und etwas Salz zugesetzt, daß das Wasser zur Hälfte über die Kartoffeln reicht, und schnell weich gekocht, dann abgegossen, fest zugedeckt und noch im Dampf etwas stehen gelassen. Können auch im Dampf gekocht werden, wozu man ja die Dampftöpfe mit Seiher hat.

Gebratene Kartoffeln.

Die Kartoffeln werden sehr sorgfältig gewaschen, abgetrocknet und so ins Bratrohr gelegt und gar gebraten; sind wohl so am nahrhaftesten und wohlschmeckendsten, da sie gar nicht verlieren.

Vegetarische Kartoffelstückchen.

Rohe Kartoffeln schält man, schneidet sie in Stücke, kocht sie mit etwas Salz, Sellerie und Lauch in Wasser weich. Beim Anrichten vermischt man sie mit Butter und feingewiegter Petersilie.

Kartoffeln in Einmachsauce.

Rohe Kartoffeln werden geschält und in kleine Stücke geschnitten. Man zerläßt ein Stück Butter, gibt fein geschnittene Zwiebeln, 2 Kochlöffel Mehl nebst den Kartoffeln hinein, läßt es ein wenig dämpfen, füllt mit Fleischbrühe oder Wasser auf, läßt es dann weich kochen, und gibt noch zuletzt etwas fein gewiegte Petersilie dazu.

Saure Kartoffeln.

Man röstet in einem Stück Butter und Zwiebeln zwei Kochlöffel Mehl braun, rührt es mit Fleischbrühe und etwas Essig an; Salz und ein Stückchen Zitronenschale gibt man dazu, kocht dann gesottene in Scheiben geschnittene Kartoffeln darin auf, weil man oft übrige hat, oder rohe, in Scheiben geschnittene, die natürlich dann in der Sauce kochen müssen, bis sie weich sind.

Niedernauer Kartoffeln.

Kalte, gesottene Kartoffeln schneidet man in viereckige Würfel, gibt sie in eine Kasserolle mit Butter, Zwiebel, Petersilie und Salz, deckt sie zu, schwingt sie von Zeit zu Zeit und gibt kurz vor dem Anrichten noch 2 Eßlöffel sauren Rahm dazu.

Straßburger Kartoffeln.

Eine Zwiebel wird fein gehackt, in 100 Gramm Butter mit 1 starken Kochlöffel Mehl geschwitzt, mit einer kleinen Tasse Rahm und ebenso viel Fleischbrühe angerührt und zu einer dicken Sauce gekocht, die man mit einer feinverwiegten Heringsmilch und etwas Salz vermischt. Gibt dann zwei Pfund weich gekochte, in Scheiben geschnittene Kartoffeln darunter, gibt einen ausgegräteten, in Würfel geschnittenen Hering dazu, füllt es in eine mit Semmeln rund ausgefüllte Schüssel, bestreut es mit Parmesankäs und Semmelbröseln, träufelt Butter darauf und bäckt es 1 Stunde im Rohr.

Geröstete Kartoffeln.

Die gesottenen Kartoffeln werden abgeschalt, fein geschnitten und in Butter mit etwas Zwiebeln und Salz geröstet. Gut ist auch etwas Kümmel daran.

Geriebene Kartoffeln geröstet.

Gesottene Kartoffeln, ganz erkaltet, werden gerieben, in einer Pfanne Fett mit Zwiebeln heiß gemacht, die Kartoffeln darein gegeben, gesalzen und mit der Backschaufel öfters umgekehrt, bis sie schön gelb sind, dann auf die Platte umgestürzt.

Kartoffeln mit Speck und Eier.

Etwas fein geschnittener Speck wird mit Zwiebeln geröstet, gesottene, in Scheiben geschnittene Kartoffeln darein gegeben, schön gelb geröstet, einige Eier verklopft, gesalzen, darüber gegeben, noch etwas anziehen lassen und dann angerichtet.

Speckkartoffeln.

Uebrige Kartoffel sind in grobe Würfel zu schneiden; roher Speck wird in kleinere Würfelchen geschnitten. Von letzterm nimmt man nur halb so viel, als es Kartoffeln sind. Dies kommt in eine Pfanne, in der ein kleines Stückchen Butter heiß gemacht wurde; nachdem Kartoffeln und Speck auf einer Seite Farbe bekommen, gießt man ein mit einigen Löffeln Milch und einer Prise Salz verklopftes Ei darüber und serviert rasch, nachdem dies fest geworden.

Gebackene Kartoffeln.

Rohe, geschälte Kartoffeln werden in lange Streifen geschnitten und dann im schwimmenden Schmalz herausgebacken, mittels des Schaumlöffels auf die Platte angerichtet und mit Salz bestreut.

Glasierte Kartoffeln.

Kleine, schöne, runde Kartoffeln werden gesotten, dann geschält, noch schön rund gemacht mit dem Messer, dann in Butter mit etwas Salz unter öfterm Umrütteln gelb gebraten, etwas Bratenbrühe daran gegeben, nochmals in der Kasserolle geschwungen und dann angerichtet.

Kartoffelbrei.

Rohe Kartoffeln werden geschält, geschnitten und in Salzwasser nebst einem Stückchen Butter weich gekocht zu einem Brei, dann durchgetrieben, mit süßer Milch verdünnt, noch ein Stück Butter beigegeben und nochmal kochen lassen. Je nach Belieben kann er vor dem Anrichten mit Semmelbröseln oder in Butter gelb gebratenen Zwiebeln aufgeschmälzt werden.

Gestürzte Kartoffeln.

Rohe Kartoffeln werden geschält, in Scheiben geschnitten, dann in eine Form, die man messerrückendick mit Butter ausgestrichen hat, schön eingefüllt, also immer übereinandergestellt, dann etwas gesalzen, ein Stück Butter darauf geschnitten und so im Rohr 1 Stunde gebacken, dann umgestürzt und zu Tisch gegeben.

Kartoffeln mit Bechamelle von saurem Rahm.

Abgekochte, geschälte Kartoffeln schneidet man in Scheiben, grätet $^1/_5$ Pfd. Sardellen aus, schneidet sie in Stückchen und gibt 5 hartgekochte Eier, in Scheiben geschnitten, dazu. Eine Form wird mit Butter ausgestrichen und immer eine Lage Kartoffeln und eine Lage Eier mit Sardellen hineingegeben. 1 Kochlöffel Mehl mit 1 Ei, 2 Dotter, etwas Salz und $^1/_4$ Liter saurem Rahm angerührt, kochend heiß gemacht, über die Kartoffeln usw. gegossen und alles im Rohr schön gelb gebacken.

Schweizer Kartoffeln.

Man schält rohe Kartoffeln, schneidet sie in Scheiben, gibt sie in die Pfanne mit heißer Butter, salzt sie und übergießt sie mit Rahm, der vorher mit geriebenem Käse und einigen Eiern verquirlt ist, und läßt sie so zugedeckt bei sehr mäßiger Hitze backen, bis sie ganz gar sind.

Gedünstete weiße Rüben.

Weiße Rüben werden geschält, in lange Streifen geschnitten und in Butter oder Fett nebst drei Stückchen Zucker unter Nachgießen von etwas Fleischbrühe oder Wasser weich gekocht. Einige Kochlöffel Mehl röstet man mit einem Stückchen Zucker hellbraun, rührt es mit Fleischbrühe oder Wasser an, gibt es an die Rüben, salzt dieselben und läßt sie noch eine Viertelstunde kochen. Sind zu Koteletten oder Hammelfleisch besonders gut. Kann auch nach Belieben Hammel- oder Schweinefleisch gleich mit den Rüben gekocht werden.

Bemerkung. Man kann auch getrocknete weiße Rüben nehmen, wie überhaupt alle getrockneten Gemüse sehr zu empfehlen sind, da man stets nur junge, frische Gemüse zum Trocknen nimmt.

Glasierte Rüben.

Man schält die Rüben, schneidet sie schön birnenförmig, blanchiert sie in kochendem Wasser, legt sie in eine gebutterte Kasserolle, bestreut sie mit Zucker, begießt sie mit etwas Jus, bedeckt sie mit butterbestrichenem Papier und dünstet sie so hellgelb und schön glänzend.

Gedünstete weiße Rüben (einfacher).

Ebenso hergerichtete Rüben werden in eine Kasserolle mit Butter und etwas Zucker, den man zuerst gelb werden läßt, gethan, etwas gedünstet, mit Mehl eingestäubt, gesalzen, mit Fleischbrühe oder Wasser nachgefüllt und so weich gedünstet.

Weiße Rüben mit Kastanien.

Die Rüben werden geputzt, in Streifen geschnitten, mit siedendem Wasser abgebrüht, dann weich gedämpft in Butter, mit Mehl gestäubt und mit etwas Fleischbrühe aufgefüllt. Kastanien werden geschält, gebrüht, von der zweiten Schale befreit, in brauner Butter mit Mehl bestäubt und mit etwas Fleischbrühe weich gedämpft. Beide Gemüse werden dann zusammen gethan, gesalzen und etwas gezuckert, und so noch kurz zusammen gekocht.

Bemerkung. Alle getrockneten Gemüse müssen zuvor in Wasser weich gekocht, dann erst, wie oben beschrieben, gedünstet und immer der Sud dazu verwendet werden, worin sie gekocht sind; nur nicht von Blaukraut und Spinat; da verwendet man denselben nicht, sondern nimmt Fleischbrühe oder Wasser, beziehungsweise den vegetarischen Sud, den man zu allen Suppen auch verwendet, weil er kräftiger ist als bloßes Wasser.

Weiße Rüben mit Kartoffeln.

Weiße Rüben richtet man wie die vorigen her, setzt sie mit siedendem Wasser und etwas Salz zu und kocht sie halb weich; schält rohe Kartoffeln, schneidet sie in Scheiben und gibt sie zu den Rüben; röstet unterdessen Mehl in Butter hellgelb, rührt es mit dem Sud an, gießt es dann wieder an die Rüben und Kartoffeln und kocht sie gar weich.

Gelberüben.

Man schabt, wäscht und schneidet die Gelberüben, dünstet sie in Fett, stäubt etwas Mehl daran, gießt Fleischbrühe oder Wasser nach, gibt ein Stückchen Zucker und Salz dazu und dünstet sie vollends weich. Man kann, statt das Mehl einzustäuben, etwas weiße Einmachsauce daran geben.

Falsche Pflückfisolen (bayrisch).

Die Stiele von Blättern der roten Rahne werden gut geputzt und die Fäden davon weggezogen. Hierauf werden sie fein in schräge Stückchen geschnitten, wie grüne Bohnen, und in Salzwasser weich gesotten, wodurch sie schön grün werden. Sie können nun als Salat oder Gemüse verwendet werden und schmecken sehr angenehm, ähnlich wie grüne Bohnen, denen sie auch im Ansehen fast gleichkommen. Man siedet auch gerne ein Büschelchen Bohnenkraut mit.

Gefüllte Kohlrabi (süddeutsch).

Die Köpfe zarter Kohlrabi werden geschält, ein Deckel abgeschnitten und dann etwas ausgehöhlt. In den dadurch gewonnenen Raum gibt man folgende Füllung: Semmelbröseln werden in Butter hellbraun geröstet, hartgesottene Eidotter fein zerhackt, Petersilie, Zitronenschale und Zwiebeln fein gewiegt und Parmesankäse gerieben; alles mit etwas Salz gut untermengt und eingefüllt, hierauf wieder mit den Deckelchen geschlossen und die Kohlrabi in Butter weich gedämpft, aber sie müssen ganz bleiben. Sind sie ganz weich, nimmt man sie heraus, stäubt den Saft etwas, verdünnt mit wenig Wasser, läßt es kurz aufkochen und frikassiert mit ein paar Eidotter, welche Brühe man, vor dem Auftragen, über die gefüllten Köpfchen gießt.

Pastinakgemüse (süddeutsch).

Schöne Pastinakwurzeln werden geputzt, gewaschen, in Stückchen geschnitten und in Butter mit etwas Salz und ganz wenig Wasser zugedeckt, so weich gedünstet, daß sie sich fein zerrühren lassen, hierauf ein wenig gestäubt und noch mit etwas Wasser zu Breidicke verdünnt, und ein wenig aufkochen lassen; man muß dabei sehr achten, daß sie nicht anbrennen.

Endivienrollen (süddeutsch).

Von den Blättern schöner Endivienstauden wird die mittlere Rippe etwas weggeputzt, aber so, daß die Blätter noch ganz bleiben; die äußern, starken, grünen Blätter werden weggelassen. Dann wird alles, auch die Herzchen, in gesalzenem Wasser einige Minuten gesotten und durchgeseiht, nachdem es mit kaltem Wasser übergossen wurde. Nun breitet man ein größeres Blatt aus und legt darauf so viel von den kleinern, daß man es zu kleinen Rollen zusammenwickeln kann, welche man, eine neben die andere, in einen Tiegel mit heißer Butter legt und zugedeckt links und rechts braun anbraten läßt. (Sehr pikante Beigabe.)

Löwenzahn als Gemüse.

Die Blättchen desselben werden, nachdem sie mehrmals gewaschen, von den harten Spitzen befreit und eine halbe Stunde in siedendem Wasser gekocht, dann durchpassiert und sehr fein gewiegt. Ein Stück Butter wird in eine Kasserolle gegeben nebst etwas Salz. Man dämpft nun das Gewiegte eine Weile darin, stäubt leicht mit etwas Mehl, gießt etwas Wasser zu und läßt alles noch eine Viertelstunde kochen.

Kürbisgemüse (ungarisch).

Je nach Bedarf wird ein ganzer oder halber, schöner jedoch nicht überreifer Kürbis geschält, von Kernen befreit und ganz fein stiftlich geschnitten; sodann in Butter weich gedünstet — ohne Zugabe von Wasser —, etwas gestäubt, und dann mit ganz wenig Wasser verdünnt und vor dem Anrichten mit einer Schale saurem Rahm untermengt. Nach Geschmack kann man beim Kochen auch Kümmel und Zwiebel beigeben.

Zuckererbsen mit Butter (englisch).

Die zarten Schoten von Zuckererbsen werden von den Fäden befreit, breit schräg geschnitten und in Salzwasser weich gesotten; dann durchgeseiht und heiß aufgetragen, wozu man frische Butter serviert, die nach Belieben darunter gemischt wird. Auf die gleiche Art bereitet, schmecken auch grüne Fisolen vorzüglich.

Weiße Bohnen (Fisolen) mit Petersilie (tirolisch).

Weiße Bohnen der kleinern Sorte werden ganz weich gesotten, dann abgeseiht und in eine tiefe Schüssel gegeben, wo man sie bergartig aufhäuft. Gute, süße Butter wird sehr heiß, aber nicht braun gemacht und ein guter Eßlöffel zerwiegte Petersilie darunter gethan, worauf man alles über die Bohnen schüttet.

Gelberüben mit Kartoffeln.

Die wie vorher hergerichteten Rüben werden in kochendes, leicht gesalzenes Wasser gethan, eine Zeit lang gekocht, dann rohe Kartoffelscheiben dazu gegeben, die man ebenso länglich schneidet wie die Rüben, alles gut weich und kurz eingekocht, 1 Kochlöffel Mehl mit Wasser oder Fleischbrühe angerührt, daran gegeben, gut durcheinander gerührt, angerichtet und mit in Butter gelb gerösteten Zwiebeln abgeschmälzt.

Bayrische Rüben.

Man schält die schwarze Haut ab, schneidet die größern einmal durch, die kleinern läßt man ganz, wäscht sie und gibt sie mit 1 Eßlöffel gestoßenem Zucker, Butter oder Fett in die Kasserolle, gießt öfter etwas Fleischbrühe oder Wasser nach, dämpft sie weich, stäubt etwas Mehl hinein, salzt und würzt sie, schwingt sie gut untereinander und gibt sie dann zu Tisch.

Schwarzwurzeln.

Die Wurzeln werden sorgfältig gereinigt und in Wasser mit etwas Milch und Zitronensaft gelegt, in Salzwasser mit Milch und Zitronensaft gar gekocht, dann abgegossen, mit gestoßenem Brot bestreut und mit zerlassener Butter begossen.

Schwarzwurzeln.

Schwarzwurzeln werden geschabt, damit sie nicht braun werden, sondern schön weiß bleiben; sogleich jede in eine Schüssel mit Mehlwasser gelegt (bereitet man aus etwas Mehl, mit Wasser und Essig angerührt), die dickern spaltet man und schneidet alle einmal entzwei, kocht sie in siedendem Wasser weich, macht eine Buttersauce, und läßt sie darin nochmals aufkochen, nachdem man sie gesalzen hat.

Gebackene Schwarzwurzeln.

Nachdem die Schwarzwurzeln wie vorige hergerichtet, nicht gespalten, in Salzwasser weich gekocht sind, taucht man sie in Backteig von Bier oder Milch und bäckt sie in heißem

Schmalz. Man gibt sie meist als eignes Gericht oder auch zu gebratenem Fleisch.

Selleriegemüse.

Dieselben werden geputzt, gewaschen, in Salzwasser halb weich gekocht, dann schön abgeschält, in Scheiben geschnitten, in eine weiße Einmachsauce gethan, 1 Eßlöffel saurer Rahm dazu, gesalzen und gewürzt, gar weich gekocht und dann angerichtet.

Selleriebrei.

Werden ebenfalls in Salzwasser gekocht; wenn sie in Scheiben geschnitten sind, in einer Kasserolle mit zwei Kochlöffel Mehl und Butter oder Fett einige Male umgeröstet, mit 3/4 Liter süßem Rahm aufgefüllt, weich gekocht, zu dickem Brei durchgetrieben, gesalzen, mit Muskatnuß gewürzt, ein Stückchen Butter beigegeben und nochmals kochend heiß gemacht.

Boretschgemüse.

Man schneidet die Blätter in Streifen, brüht sie in Fleischbrühe weich, dämpft sie mit etwas Butter, Salz und gerösteten Semmelbröseln kurz ein.

Petersiliengemüse.

Die stärksten Wurzeln und die kleinen zarten Kräuter werden gewaschen, in Stücke geschnitten, in siedender Fleischbrühe, die etwas fett sein muß, kurz und weich eingekocht, gesalzen, mit Muskatnuß gewürzt und angerichtet.

Kohlrabi.

Man schält sie, schneidet sie in Scheiben und gibt acht, daß man nichts Holziges mitschneidet; die feinen, grünen Blätter schneidet man auch fein, kocht alles zusammen in leichtem Salzwasser weich, macht eine helle Einbrenne (ganz hell), gibt die Kohlrabi darein, läßt sie noch ein wenig dämpfen, rührt sie dann mit dem Sud oder der Fleischbrühe an, salzt sie, kocht sie nochmals auf und gibt sie dann zu Tisch. Man kann sie auch statt zu sieden in Butter oder Fett weich dünsten, einstäuben, dann mit Fleischbrühe anrühren und aufkochen lassen.

Bodenkohlrabi.

Gelbe Boden-Kohlrabi werden geschält, in längliche Schnitten geteilt, gewaschen, in Butter oder Fett mit etwas Fleischbrühe oder Wasser weich gedünstet, einige Kochlöffel Mehl in Fett gelb geröstet, etwas abgerührt, mit Fleischbrühe oder Wasser an die Kohlrabi geschüttet, gesalzen, ein Stückchen Zucker beigegeben und nochmal aufkochen lassen. Können auch nur in Salzwasser weich gekocht und dann eingebrannt werden.

Wirsing.

Der Wirsing geputzt, von den Dorschen und gröbsten Rippen befreit, in Salzwasser weichgekocht, im Seiher geschüttelt, mit kaltem Wasser abgekühlt, fest ausgedrückt, eine weißgelbe Einbrenne mit Zwiebeln gemacht hineingegeben, etwas dünsten lassen, dann mit Fleischbrühe angerührt, gesalzen und mit Muskatnuß gewürzt.

Wirsing (schweizerisch).

Kleine Wirsingköpfe werden von den äußern Blättern gereinigt, die Dorsche vorsichtig ausgeschnitten, damit die Köpfe schön ganz bleiben, diese dann in Salzwasser weich gekocht. Nun macht man eine Buttersauce, richtet die Köpfe in die Gemüseschale an und gießt die Buttersauce darüber.

Gebackener gefüllter Wirsing.

Man kocht die von der Dorsche befreiten Köpfe in Salzwasser ziemlich weich und nimmt die Blätter behutsam ab, damit sie ganz bleiben. Je 1/2 Pfd. rohes Kalb- und Schweinefleisch wird fein gehackt, mit etwas Milch (vielleicht 1/8 Liter) angerührt, zwei in Milch eingeweichte Semmeln fest ausgedrückt, 4 Eier, Salz und Muskatnuß dazu gegeben, gut alles durcheinander gemischt. Hierauf eine Auflaufform mit Butter dick bestrichen, die Wirsingblätter doppelt auf den Boden gelegt, dann von der Fleischfülle, dann wieder Blätter und so fort; oben zuletzt Blätter, einige Stückchen Butter darauf geschnitten, sodann im Rohr eine Stunde gebacken.

Rouletten von Wirsing.

Man nimmt die größten, schönsten Blätter, schneidet die vorstehenden Rippen ab, wäscht sie, läßt sie im Salzwasser nur einmal überkochen und dann in kaltem Wasser abkühlen. Jedes Blatt wird behutsam aufs Brett gelegt und mit einer Fleischfülle wie vorher beim Wirsing bedeckt, hierauf zusammengerollt, in eine Kasserolle mit Butter gelegt und zugedeckt, weich gedämpft, etwas Fleischbrühe nachgegossen und sodann eine halbe Stunde kurz eingekocht.

Gedünstetes Weißkraut.

Man hobelt oder schneidet es nudelartig fein, wäscht es, gibt in eine Kasserolle Butter oder Fett, legt das Kraut hinein, sobald das Fett heiß ist, etwas fein geschnittene Zwiebeln dazu und läßt es dämpfen, stäubt es mit Mehl, gießt Fleischbrühe oder Wasser, etwas Essig oder 1 Gläschen Rotwein, nachdem es mit dem Mehl noch etwas gedünstet hat, nach, salzt es, läßt es vollends weich dämpfen und gibt auch ein Stückchen Zucker daran. Sehr gut ist es, beim Dünsten 2 Borsdorfer Aepfel dazu zu geben.

Braun gedünstetes Weißkraut.

Man bereitet das Kraut wie das vorhergehende; gibt nur eine schön braun mit Zucker geröstete Einbrenne, mit etwas Fleischbrühe oder Wasser angerührt, kurz vor dem Anrichten daran und läßt es zusammen noch einige Male aufkochen; man nimmt zum Dünsten auch 1 bis 2 Eßlöffel Zucker mehr, wie beim vorhergehenden.

Gekochtes Weißkraut.

Wenn Dorschen und Rippen ausgeschnitten und gewaschen, werden die Blätter in Salzwasser weich gekocht, dann mit fein geschnittener Zwiebel eine helle Einbrenne gemacht, das vorher im Wasser abgekühlte, gut ausgedrückte Kraut hineingegeben, einige Minuten gedünstet, mit Fleischbrühe oder dem Sud, in welchem es gekocht, angerührt, gesalzen, etwas Kümmel darein gegeben, gut aufkochen lassen und dann angerichtet.

Gefüllter Krautskopf oder Kuchen.

Wird so wie der gefüllte Wirsing bereitet, oder man siedet die ganzen Köpfe, höhlt sie dann aus, füllt sie mit der Fülle, deckt sie aber mit der dazu abgeschnittenen Dorsche zu, stellt sie in eine Kasserolle mit Butter, bedeckt sie mit einem festen, passenden Deckel, gießt etwas Fleischbrühe nach und dämpft sie im Rohr fertig.

Rouletten von Weißkraut.

Werden ebenso behandelt wie die von Wirsing.

Rot- oder Blaukraut.

Wird wie gedünstetes Weißkraut zubereitet. Sehr gut ist es, wenn man vor dem Anrichten einige gesottene Kastanien daruntermengt.

Sauerkraut.

Das Sauerkraut wird in Wasser weich gekocht; sehr gut ist es, ein Stück Schweinefleisch darin mitzukochen. Dann macht man eine helle Einbrenne mit Zwiebeln, rührt sie mit dem Krautsud an, läßt alles aufkochen und richtet es an.

Gedünstetes Sauerkraut.

Das Sauerkraut wird in Wasser nur halb weich gekocht, dann abgeseiht und in eine Kasserolle gegeben, in welcher man $1/5$ Pfd. gewürfelten Speck mit Zwiebeln gelb geröstet hat, darin vollends weich gedünstet, indem man etwas Fleischbrühe und 1 Gläschen Wein nachgießt, dann einen Kochlöffel Mehl einstäubt und noch eine Zeit lang dämpfen läßt. Mit saurem Rahm wird es ebenso zubereitet, nur daß man eine Viertelstunde vor dem Anrichten $1/4$ Liter sauren Rahm dazu gibt.

Sauerkraut mit Stockfisch.

Nachdem das Sauerkraut gekocht, eingebrannt und vollständig fertig ist, nimmt man es mit dem Schaumlöffel heraus, damit nicht so viel Brühe daran bleibt, gibt es in eine gut mit Butter ausgestrichene Blechform, eine dicke Lage, dann eine Lage Stockfisch, der vorher in Salzwasser gesotten, in Scheiben geschnittene, hartgesottene Eier, einige Löffel sauren Rahm, und so fort, bis alles verbraucht ist; obendrauf sauren Rahm und auf den Stockfisch immer etwas Butter; sodann läßt man es im Rohre eine halbe Stunde backen.

Blau- oder Winterkohl.

Derselbe wird von den Stengeln gestreift, tüchtig gewaschen, in kochendem Salzwasser weich gekocht, durch kaltes Wasser gezogen, ausgedrückt, fein gewiegt, eine lichtgelbe Einbrenne gemacht, darin einige Male umgekehrt, dann mit Fleischbrühe angerührt, gesalzen und noch eine Viertelstunde darin aufgekocht. Vor dem Anrichten einige gesottene Kastanien darunter gemengt, schmeckt gut.

Rosenkohl.

Man schneidet die einzelnen Rosen vorsichtig ab, wäscht sie, kocht sie in Salzwasser kernig weich, legt ihn dann in kaltes Wasser, läßt ihn ablaufen, gibt ihn mit zerlassener Butter in eine Kasserolle, läßt ihn noch eine Weile dünsten und richtet ihn ganz trocken an. Oder man kocht ihn in Salzwasser und gibt ihn dann in eine Buttersauce, läßt ihn darin nochmals aufkochen, aber recht vorsichtig, damit die Rosen nie verkocht zu Tisch kommen.

Blumenkohl oder Karfiol.

Der Blumenkohl wird von allen Blättern befreit, dann in eine Schüssel mit kaltem Salzwasser gelegt, damit, wenn ein Wurm oder eine Raupe darin ist, diese sich herausziehen. Nun kocht man die ganze Blume in siedendem Salzwasser weich, richtet sie in der Schale an, macht eine Buttersauce und gießt dieselbe darüber. Wer die Blume nicht ganz will, kann ihn vor dem Sieden in kleine Blumen zerteilen; ganz sieht er eben hübscher aus, und man zerteilt nur den weniger hübschen.

Blumenkohl mit Frikasseesauce.

Man bereitet denselben wie den vorhergehenden, macht dann eine Frikassee- statt Buttersauce und gießt diese darüber. Bei all diesen Saucen zum Blumenkohl verwendet man den

Sud desselben, auch schüttet man den übrigen nicht weg, sondern verwendet ihn zu Suppen, weil er kräftig und gut ist.

Blumenkohl mit Käse.

Der in Salzwasser abgekochte Blumenkohl wird, nachdem er abgelaufen ist, in eine butterbestrichene Form fest eingedrückt. Einige Kochlöffel Mehl rührt man mit 2 Eigelb, etwas Butter, 100 Gramm geriebenem Parmesankäse und mit 1/4 Liter saurem Rahm an, salzt und würzt es, und läßt es unter fortwährendem Rühren einmal aufkochen, gießt es über den Blumenkohl, streut noch geriebenen Parmesankäse darüber, gibt es ins Rohr und bäckt es gelblich.

Bemerkung. Diese Gemüse müssen meist alle mit der Form auf den Tisch kommen, da sie sich nicht herausstürzen lassen, wozu man dann die Form hübsch mit einer Serviette umwindet.

Blumenkohl in Milch.

Man reinigt den Blumenkohl, kocht denselben in Milch, die man etwas gesalzen hat, weich, schwitzt Mehl in Butter ganz hell, rührt es mit der Milch zu einer dicklichen Sauce an und läßt darin den Karfiol nochmals aufkochen.

Gebackener Blumenkohl.

Der in kleine Rosen zerteilte, weichgekochte Blumenkohl wird in Milch- oder Bierteig eingetaucht und in heißem Schmalz gebacken. Ist gut in Suppen, als eignes Gericht zu einer sauren Sauce, oder zu eingemachtem Fleisch.

Artischocken.

Dieselben werden hart am Boden von den Stengeln befreit, geputzt, gewaschen und in Salzwasser weich gekocht; dann zieht man in der Mitte das Wollige heraus, läßt sie nochmals in heißem Salzwasser bis zum Anrichten liegen, stürzt sie auf einen Seiher zum Ablaufen, richtet sie in der Schale an und gibt eine Frikasseesauce, mit etwas Zitronensaft pikant gemacht, darüber.

Endivien.

Man nimmt die grünen Blätter weg, die schönen gelben wäscht man, legt sie einige Minuten in laues Wasser, damit sie nicht bitter schmecken, kocht sie dann rasch in Salzwasser weich, gießt sie ab, gibt sie in eine weiße Einmach- oder Buttersauce, läßt sie noch einige Male aufkochen und richtet sie dann an. Können auch, nachdem sie aus dem Wasser genommen, in eine Kasserolle mit Butter kommen, mit einem Kochlöffel Mehl gestäubt und dann nur mit 1/8 Liter süßem Rahm abgerührt, hierauf gesalzen und mit Muskatnuß gewürzt werden.

Spitzwegerich und Brennesseln als Gemüse.

Dieselben werden schön ausgelesen, sehr sorgfältig gewaschen, damit kein Sand darin ist, dann in Wasser weich gekocht, mit Zwiebeln recht fein gewiegt, eine helle Einbrenne gemacht, das Gewiegte etwas darin gedünstet, mit Fleischbrühe angerührt, gesalzen und gut aufkochen gelassen. Wenn das Gemüse weichgekocht ist, muß man, wie beim Spinat, es öfter mit kaltem Wasser abwässern.

Kopfsalat als Gemüse.

Schön geputzter und gewaschener Salat wird in Salzwasser weich gekocht, dann tüchtig ausgedrückt, in einer Kasserolle mit einem Stück Butter gedämpft, mit 1 Kochlöffel Mehl eingestäubt, mit Fleischbrühe angerührt, gesalzen und nochmals aufgekocht. Auch wird er mit süßem Rahm und 1 Kaffeelöffel Zucker angerührt und aufgekocht; oder aber mit einigen Eßlöffeln saurem Rahm, nebst der Fleischbrühe, schmeckt er sehr gut.

Spinat.

Nachdem der Spinat verlesen und oft gewaschen, damit er nicht sandig ist, wird er in Salzwasser abgesotten, gut abgewässert, fein mit Zwiebeln verwiegt, dann in eine helle Einbrenne gegeben, darin gedünstet, mit Fleischbrühe oder vegetarischem Kraftsud angerührt, gesalzen und aufgekocht. Man kann denselben ebenfalls mit süßem Rahm und einem halben Kaffeelöffel Zucker abrühren, nimmt dann aber gar keinen oder wenig andern Sud.

Spinat in Omeletten.

Man bäckt Omeletten, nimmt gewiegten Spinat, vermengt ihn mit einigen Eßlöffeln zerlassener Butter, 2 Eiern, etwas Semmelbröseln und Salz, bestreicht die Omeletten damit, rollt sie zusammen, gibt sie in eine butterbestrichene Kasserolle, begießt sie mit etwas Fleischbrühe und bäckt sie zugedeckt 1/2 bis 3/4 Stunden recht langsam im Rohr.

Sauerampfer als Gemüse.

Man zupft die Blätter ab, wäscht sie, dünstet sie in Butter oder Fett weich, stäubt sie mit einem Kochlöffel Mehl ein, rührt mit saurem Rahm an, salzt und läßt es noch 10 Minuten kochen.

Mangold.

Wird von den Stengeln abgestreift, in Salzwasser gekocht, fest ausgedrückt, in einer vorher zubereiteten Buttersauce noch einige Zeit gekocht, gesalzen, mit Mnskatnuß gewürzt und angerichtet.

Spargeln.

Diese werden geschabt, das Holzige weggeschnitten, in Salzwasser abgekocht, dann herausgenommen und in einer Serviette angerichtet. Eine Buttersauce wird extra dazu gegeben, oder nach Belieben die Spargeln in der Schale angerichtet, so daß die Köpfe nach innen liegen, und die Buttersauce gleich darüber geschüttet. Auch kann man statt der Buttersauce eine Frikasseesauce dazu geben. Hopfengemüse wird ebenso zubereitet.

Grüne oder Brockelerbsen.

Diese werden in Butter weich gedünstet, mit Mehl gestäubt, öfters Fleischbrühe oder Wasser nachgegossen, damit sie nicht anliegen, gesalzen, gewürzt und zu Tisch gegeben.

Grüne Erbsen mit Stockfisch.

Die jungen grünen Erbsen werden in Butter mit Mehl gestäubt und mit etwas Fleischbrühe weich gedünstet. Ein Stück gut gewässerter Stockfisch wird in Wasser mit etwas Salz erhitzt, wenn er sich blättert, herausgenommen und mit den Erbsen in brauner Butter noch eine kurze Zeit gedünstet.

Grüne Erbsen mit Gelberüben.

Dieselben werden wie vorige bereitet. Ebenso viel Gelberüben so zubereitet, dann, miteinander gut vermischt, angerichtet.

Grüne Erbsen mit Salat.

Die beiden Gemüse werden wie vorhergehend gedünstet, dann gut miteinander vermengt und angerichtet.

Zuckererbsen.

Man nimmt nur ganz junge, zieht die Fäden schön ab, wäscht sie, dünstet sie in Butter weich, stäubt sie mit Mehl ein und rührt sie mit Fleischbrühe oder mit vegetarischem Sud an.

Bohnen.

Bei frischen Bohnen werden die beiden Enden abgekippt, die Fäden abgezogen oder abgehobelt, dann geschnitten, mit dem Messer oder Bohnenschneider (diese Maschinen sind ja jetzt alle billig und praktisch zu haben), in Salzwasser weich gekocht, eine ganz weiße Einbrenne mit Zwiebeln gemacht, darin etwas gedünstet, mit Bohnensud oder Fleischbrühe angerührt, noch gut aufgekocht, gesalzen und — nicht zu vergessen — beim Dünsten etwas Bohnenkraut beigegeben, sodann angerichtet.

Gedünstete Bohnen.

Man gibt die frischen wie vorher angegebenen hergerichteten Bohnen in eine Kasserolle; dazu feingeschnittene Zwiebeln, etwas Bohnenkraut, Salz, Pfeffer, 1 Kochlöffel Mehl und ein ziemliches Stück Butter, deckt sie gut zu und läßt sie so dünsten, gießt etwas Wasser oder Fleischbrühe nach, bis sie vollständig weich sind, und richtet dieselben dann an.

Geschmälzte Bohnen.

Dieselben werden wie schon angegeben hergerichtet, in Salzwasser weich gekocht, abgegossen, auf die Platte angerichtet und mit 1 feingeschnittenen, in Butter gelb gerösteten Zwiebel aufgeschmälzt.

Wachsbohnen.

Richtet man ebenso; kocht sie weich, röstet Mehl mit Zwiebeln und Bohnenkraut, rührt es mit etwas Sud oder Fleischbrühe an, gibt die Bohnen nebst 1/8 Liter saurem Rahm, Salz und Muskatnuß hinein und kocht sie darin auf.

Bohnen mit Birnen.

Die Bohnen werden geputzt, in Stücke gebrochen, in Fleischbrühe mit Bohnenkraut weich gekocht; ehe dieselben ganz weich sind, schält man Birnen, schneidet sie in Viertel und gibt sie zu den Bohnen nebst etwas Zucker, schwitzt Mehl in Butter, rührt es daran und läßt es nochmals aufkochen.

Saubohnen oder Holländische.

Davon benützt man nur die Kerne, die man aus den grünen Bohnen herausnimmt, in kochendes Wasser legt, die Haut abzieht, dann in eine Kasserolle mit einem Stück Butter, Zwiebel und Petersilie gibt und dünstet, mit Mehl stäubt, Wasser oder Fleischbrühe nachgießt und so gar weich dünstet. Sind gut zu gebackenen Semmelschnitten oder auch zu verschiedenen gebackenen Fleischarten.

Bohnen mit Milch

Die Bohnen werden geputzt und in Wasser halb weich gekocht, dasselbe abgegossen, ein Kochlöffel Mehl in Butter geschwitzt, mit Milch zu einer dicklichen Brühe angerührt, die Bohnen mit etwas Salz darin ganz weich gedünstet.

Bohnen mit Rahm.

Die Bohnen werden in Salzwasser weich gekocht, dann in kaltem Wasser abgekühlt, ablaufen gelassen, in eine Kasserolle geschüttet, mit etwas Zucker bestreut, mit süßem Rahm übergossen und darin nebst etwas Muskatnuß und gehackter Petersilie gekocht.

Dürre Bohnenkerne.

Weicht man gewöhnlich tags vorher in Wasser ein, kocht sie andern Tags in Wasser weich, röstet Mehl in Butter hellgelb, rührt es mit dem Sud oder der Fleischbrühe an, salzt und würzt es und kocht die Bohnenkerne darin noch eine Zeit lang.

Gelbe dürre Erbsen.

Werden mit kaltem Wasser zugesetzt, weich gekocht, durchgetrieben, mit etwas in Butter und Zwiebeln geröstetem Mehl abgebrüht, gesalzen, mit Muskatnuß gewürzt und zu Tisch gegeben.

Dürre Erbsen mit Kartoffeln.

Kocht man ebenso und wenn sie halb weich sind, gibt man 3 oder 4 rohe, geschälte Kartoffeln hinein, kocht sie mit weich und bereitet sie wie die vorhergehenden fertig.

Linsen.

Werden ganz wie Erbsen zubereitet; wer dieselben sauer wünscht, gibt etwas Essig vor dem Anrichten dazu. Man kann die Linsen, auch ohne sie durchzutreiben, zubereiten; zu Spätzchen treibt man sie nie durch.

Glasierte Zwiebeln.

Gleiche, nicht zu große Zwiebeln werden geschält, die Wurzeln abgeputzt und in Butter mit etwas Zucker schön gelb geröstet, dann etwas Fleischbrühe nachgegossen und so kurz und weich eingedünstet. Man garniert meistens Gemüse damit.

Gurkengemüse.

Große Gurken werden geschält, vom Mark befreit, das Fleisch in längliche Stücke geschnitten und in Salzwasser einige Male aufgekocht. Man röstet unterdessen 1 Eßlöffel Mehl in Schmalz hellgelb, rührt es mit süßer Milch an, gibt die Gurken aus dem Salzwasser darein, würzt es mit Salz und Muskatnuß und läßt sie langsam weich dämpfen.

Geschmorte Gurken.

Werden ebenso hergerichtet. Man schmort sie dann in Butter mit 1 Eßlöffel Essig und Fleischbrühe weich, legiert die Sauce mit 2 Eidotter, die man nebst 1 Löffel Mehl mit etwas Essig und Wasser verquirlt hat, salzt dieselben und läßt sie noch ein wenig ziehen. Man kann auch statt Eidotter eine gelbe Mehlschwitze zum Verdicken nehmen.

Gurken mit Rahmsauce.

Die Gurken werden wie die vorigen hergerichtet. Dann kocht man sie in Salzwasser mit etwas Dill und dem Saft einer halben Zitrone weich, gibt sie dann in heiße Butter, läßt sie einige Minuten darin, bestäubt sie mit Mehl, und schüttelt sie öfter um. Einige Minuten, bevor man sie anrichtet, schlägt man 1/4 Liter fetten Rahm schaumig, gibt 1 Kaffeelöffel gestoßenen Zucker dazu, gießt es an die Gurken, rührt sie fleißig um und läßt die Sauce heiß und dicklich werden, aber nicht kochen, und gibt sie dann zu Tisch. Gut ist es, wenn man die Gurken, ehe man dieselben siedet, einsalzt, eine Viertelstunde stehen läßt, mittels eines Tuches abtrocknet und dann ins siedende Salzwasser legt.

Gurken auf schwäbische Art.

Man schält Gurken, befreit sie vom Mark, schneidet sie und dünstet sie in Butter und fein geschnittenen Zwiebeln weich, salzt sie, stäubt etwas Mehl darüber, gießt 1/4 Liter sauren Rahm daran, und, wenn man's hat, einen Eßlöffel Bratensauce, und kocht sie darin noch eine Viertelstunde auf.

Roterüben-Gemüse.

Man kocht die Roterüben weich, schält und schneidet sie in Scheiben, schwitzt Mehl in Butter gelb, gibt die Rüben hinein, gießt Fleischbrühe nach, salzt und würzt mit etwas Muskatnuß, läßt es aufkochen und gibt einige Tropfen Essig dazu.

Gefüllte Tomaten.

Man schneidet, nachdem man die Früchte abgewaschen und abgetrocknet hat, einen Deckel heraus und höhlt sie aus; feingewiegte Zwiebeln, gestoßenes Brot, etwas Mehl und Eiweiß werden zu einem Teig vermengt, in die Tomaten gefüllt und mit dem ausgeschnittenen Deckel geschlossen. In eine Augeneierpfanne thut man in jedes Loch ein Stück Butter, legt die gefüllten Tomaten hinein und läßt sie langsam eine halbe Stunde braten, sodann werden sie gekehrt (daß die Seite mit dem Deckel nach unten kommt) und abermals eine halbe Stunde gebraten.

Kastaniengeümse.

Gesottene Kastanien werden in kochendes Wasser gelegt und die Schale dann abgenommen. Man siedet sie entweder in Wasser weich und verwendet sie je nach Bedürfnis, oder man dünstet sie in Butter, stäubt etwas Mehl daran, gießt Fleischbrühe nach und dämpft sie, bis sie weich sind.

Rehlinge.

Diese werden von den gröbsten Stielen befreit, gewaschen, in Butter mit feingeschnittenen Zwiebeln gedünstet, mit Mehl gestäubt, etwas Fleischbrühe oder Wasser nachgegossen und so vollständig weich gedünstet.

Morcheln

und die noch übrigen verschiedenen eßbaren Schwämme werden auch so zubereitet.

Champignon.

Man legt dieselben, wenn sie geputzt und abgehäutet sind, in mit Essig abgeschärftes Wasser, damit sie schön weiß bleiben, dämpft sie dann in Butter mit etwas Salz weich, übergießt sie mit einer Frikasseesauce, macht sie heiß, läßt sie aber nicht mehr kochen, und gibt sie meistens in einer Butterpastete als eignes Gericht zu Tisch.

Trüffeln.

Dieselben werden sorgfältig mit einer Bürste gereinigt, damit alles Sandige wegkommt, dann in Scheiben geschnitten, in Butter mit Petersilie und Zwiebeln weich gedämpft und so zu verschiedenen Speisen verwendet. In Rotwein mit etwas rohem Schinken, Zwiebeln, Petersilie und einem kleinen Gliedchen Knoblauch kocht man sie weich und richtet sie heiß mit dem Schaumlöffel auf einer mit gefalteter Serviette belegten Platte als eignes Gericht an.

Kohlrabi-Sauerkraut.

Wird gerade so behandelt, wie gewöhnliches Sauerkraut.

Vegetarisches Ragout.

Man kocht weiße Bohnen, grüne Erbsen, in Würfel geschnittene Kartoffeln, Wurzeln und Roterüben, jedes für sich, gar; läßt alles, die Roterüben ausgenommen, auf einem Sieb gut ablaufen. Saurer Rahm wird mit Mehl eben gerührt, etwas von dem Roterübenwasser dazu gethan und aufgekocht. (Es muß ein dicker Brei sein.) Zu diesem Brei schüttet man die weißen Bohnen, grünen Erbsen, Kartoffeln, Wurzeln und Roterüben, vermischt es gut miteinander und läßt es kalt werden. Etwas Zitronensaft erhöht den Geschmack. Vor dem Servieren verziert man das Ragout mit Petersilie.

Grünkohl.

Grünkohl wird von den Stielen abgestreift, gewaschen, in siedendem Wasser gekocht, abgewässert, mit Zwiebeln feingewiegt, dann eine helle Einbrenne gemacht, darin ein wenig gedämpft, mit Fleischbrühe angerührt und gesalzen.

Birnen mit Kartoffeln.

2 Pfund süße Birnen schneidet man ungeschält in Viertel, ebenso viel geschälte rohe Kartoffeln, 1 Pfd. mageres, nicht scharfes, Rauchfleisch legt man in eine Kasserolle, die Birnen und Kartoffeln durcheinander gemischt darauf, etwas Salz, Zucker und Butter darauf, übergießt es knapp mit Wasser und läßt es fest zugedeckt langsam weich dünsten.

Gesalzene Mehlspeisen.

Wandeln von Kartoffeln und Käse.

100 Gramm leicht gerührte Butter, 2 Eier und 3 Eidotter, 40 Gramm geriebener Parmesankäse, 2 Kochlöffel Mehl, etwas Salz, 3 Eßlöffel süßer Rahm, 1 Pfd. gekochte, geriebene Kartoffeln, alles gut vermengt, dann noch der Schnee der 3 Eiweiß darunter, wird in kleine, mit Butter-

und Semmelbröseln ausgestreute Förmchen gefüllt und im Rohr gebacken, die Förmchen aber nur gut zur Hälfte gefüllt. Man gibt eine Buttersauce dazu.

Kartoffelpudding mit Hering.

1 Pfd. gekochte, geriebene Kartoffeln, 5 Eier, 2 Eßlöffel Mehl, 60 Gramm Butter, Salz und Muskatnuß wird schaumig gerührt. Ein halber, abgehäuteter, gut gewaschener Hering wird in kleine Stückchen geschnitten und in etwas Butter mit Zwiebeln und Petersilie gedämpft, dann unter die Masse gerührt, das Ganze in ein butterbestrichene Puddingform gefüllt und 1 Stunde im Wasser gekocht.

Bemerkung. Alle in Formen gekochte Puddinge müssen mit dem Deckel der Form gut verschlossen werden, die Formen immer gut gebuttert und mit Semmelbröseln ausgestreut sein. In der Kasserolle oder dem Topf, wo sie gesotten werden, darf nur dreifingerbreit Wasser sein; ferner muß das Wasser kochen, wenn die Form hineingestellt wird, und bei allenfallsigem Einkochen vorsichtig nachgegossen werden. Der Topf soll auch so groß sein, daß man, wenn die Form darin steht, den Topf gut mit einem passenden Deckel zudecken kann. Gesalzene Puddinge kann man auch in einer Serviette kochen, die man dann mit Butter bestreicht. Da diese Puddinge sich etwas ungerne herausstürzen lassen, ist es gut, wenn man ein Papier schneidet, gut mit Butter bestreicht und den Boden der Form damit belegt.

Kartoffelpudding (englisch).

180 Gramm Butter werden leicht gerührt, 6 Eier und 1 Teller voll den Tag vorher gekochte, geriebene Kartoffeln damit vermengt, dann Salz, Muskatnuß und etwas saurer Rahm dazu gethan. Eine Puddingform mit Butter bestrichen, die Masse hineingegeben, 1 bis 1½ Stunden gekocht und mit Buttersauce serviert.

Blumenkohlauflauf.

Mehl wird in Butter geschwitzt, dann mit Rahm angerührt und auf dem Feuer geschlagen, weggenommen und bis zum Erkalten geschlagen, mit 5 Eidotter und den Schnee von 5 Eiweiß vermischt. Die Masse streicht man über die vorher nicht zu weich gekochten ganzen Blumenkohlrosen und bäckt es noch ½ Stunde im gut geheizten Rohr.

Erbsenauflauf mit Sauerkraut.

In 1 Liter kochendes Wasser rührt man so viel gelbes Erbsenmehl, welches man erst mit frischem Wasser glatt rührte, daß man nach 5 bis 8 Minuten einen recht steifen Brei erhält; diesen Brei rührt man, vom Feuer genommen, noch 15 Minuten tüchtig nach einer Seite hin, fügt unter dem Rühren 75 Gramm Butter, Salz, 4 Eßlöffel süßen Rahm und nach und nach 5 ganze Eier hinzu, füllt die Masse in eine gut gebutterte Form und bäckt sie, mit einem gebutterten, mit Mehl bestreuten Papier überdeckt, im Ofen 1 bis $1^1/_2$ Stunden. Man stürzt dann den Auflauf, träufelt braune Butter darüber und gibt Sauerkraut dazu.

Nudelpudding.

Man macht einen gewöhnlichen Nudelteig von 2 Eiern, wellt ihn aus, läßt ihn abtrocknen und schneidet nicht zu feine Nudeln, die man in Salzwasser kocht und dann in kaltes Wasser gibt und ablaufen läßt; 2 weichgekochte Kalbsmilchlein werden in Stücke zerschnitten, in Butter mit etwas Zwiebeln und Petersilie weich gedämpft, $^1/_5$ Pfd. Butter mit 5 Eigelb schaumig gerührt, etwas Salz und Zitronenschale darunter gemengt, dann die erkalteten Nudeln und Kalbsmilchlein, sowie der Schnee der 5 Eiweiß dazu gegeben, in eine butterbestrichene Puddingform gefüllt und eine bis anderthalb Stunden in Wasser gekocht. Fühlt sich die Masse fest an, wenn man öffnet, so ist der Pudding fertig. Man gibt eine weiße Einmachsauce dazu

Weißkrautrollen.

Zwei Weißkrautköpfe werden gut gereinigt und in gesalzenem Wasser gut weich gekocht, dann zum Abtropfen auf ein Sieb geschüttet, tüchtig ausgedrückt und grob gehackt. Nun macht man mit Hilfe von Zwieback oder Semmelbröseln kurze, dicke Rollen, indem man die Hände in die Bröseln taucht und Bröseln aufs Brett streut. In 2 gut zerschlagenen Eiern und dann in Bröseln werden die Rollen gewälzt und dann in heißem Schmalz gebacken. (Sehr gut zu Erbsen- Linsen- und Bohnenpüree.)

Kartoffeln mit Eier (schweizerisch).

Gekochte, kalte Kartoffeln werden geschält und in Scheiben geschnitten. Eine Bratreine wird mit Butter dick ausgestrichen, dann kommt eine Lage Kartoffeln, dann hart gesottene, in Scheiben geschnittene Eier, dann reichlich saurer Rahm darüber nebst Salz, wieder Kartoffeln, und so fort, bis das Geschirr voll ist. Dies läßt man zugedeckt in nicht zu heißem Ofen backen, bis der Rahm eingebraten und die Speise gebräunt ist.

Spinatpudding.

Ein Schöpflöffel gebrühter, fein gewiegter Spinat wird in Butter und 2 Kochlöffel Mehl 10 Minuten gedünstet, dann kalt gestellt. 50 Gramm Butter leicht gerührt, 4 Eigelb, Salz und Muskatnuß, der steife Schnee der 4 Eiweiß nebst dem Spinat dazu gethan, in eine butterbestrichene Form gefüllt und 1 Stunde in Wasser gekocht. Kann man zu jedem Braten geben oder als eignes Gericht mit Buttersauce.

Fleischstrudeln.

Von 3 Eiweiß, 1 Gläschen lauem Wasser 20 Gramm Butter, etwas Salz und von der gehörigen Quantität feinem Mehl wird ein nicht zu starker nudelteigähnlicher Teig bereitet, mit einem gewärmten Geschirr zugedeckt, eine Viertelstunde stehen gelassen, dann ausgewellt, auf ein Tuch (welches man womöglich auf einem festen Kissen ausbreitet) gelegt, worauf man mit den Fingern unter den Kuchen greift und ihn recht fein auszieht. Uebrig gebliebener Braten wird fein gewiegt, mit Zwiebeln in Butter gedämpft, dann 3 Eier, 2 Eßlöffel Semmelbröseln, Salz, Muskatnuß und Zitronenschale daran gethan, damit der Nudelfleck bestrichen, zusammengerollt, schneckenförmig in eine Kasserolle mit Butter und 1 Schöpflöffel Fleischbrühe gelegt, zugedeckt und 1 Stunde im Rohr gebacken.

Grüne Nudeln oder Maultaschen.

Man macht einen gewöhnlichen Nudelteig und wellt ihn aus. Ein Schöpflöffel gekochter, fein gewiegter Spinat wird mit Zwiebeln, 3 altgebackenen, vorher im Wasser eingeweichten, gut ausgedrückten Semmeln in Butter etwas gedämpft, gesalzen, 3 Eier darein gegeben, und mit dieser erkalteten Masse bestreicht man jeden Nudelfleck zur Hälfte, schlägt die andere Hälfte darüber, drückt mit dem Kochlöffelstiel der Länge und Breite nach dem Nudelfleck so ab, daß es Vierecke gibt, die man abschneidet, und noch mit den Fingern fest zudrückt; dann siedet man die Maultaschen eine Viertelstunde in Salzwasser, gibt sie auf die Platte und schmälzt sie mit gelbgebräunten Zwiebeln ab. Man kann auch übrig gebliebenes fein gewiegtes Fleisch zur Fülle noch dazu nehmen, und kann diese Maultaschen sowohl als eignes Gericht als auch in der Suppe geben.

Gefüllte Flädlein oder Omeletten.

Zwei Kochlöffel Mehl werden mit 1/4 Liter Milch glatt angerührt, 4 Eier dazu gegeben, und davon Omeletten gebacken, indem man in der Pfanne nußgroße Butter heiß werden läßt, 1 Schöpflöffel Teig hineingibt und wenn er auf einer Seite gebacken, mit der Backschaufel umkehrt; dann bäckt man die Kuchen fertig, füllt sie mit einer Fleischfülle, wie beim Fleischstrudel, rollt sie zusammen, richtet sie auf die Platte an und gibt etwas Fleischbrühe und Bratensauce darüber. Zu den sogenannten Flädlein nimmt man weniger Eier wie zu Omeletten, auf 3 Kochöffel Mehl 1 Ei, dafür aber mehr Milch, damit der Teig nicht zu dick wird.

Omeletten von Kartoffeln.

Man bereitet den Teig wie oben, nur mischt man 1 Schöpflöffel geriebene, gekochte Kartoffeln darunter, bäckt die Kuchen heraus, füllt dieselben aber nicht. Diese kann man zu Salat und Kompott geben.

Omeletten mit Schinken.

Werden ganz wie der Teig zu den gefüllten Flädlein oder Omeletten zubereitet, nur mischt man unter den Teig 1/5 Pfund fein gewiegten Schinken und bäckt dann die Kuchen.

Reformierter Eierhaber.

Uebrig gebliebenes Fleisch jeglicher Art kann hierzu gebraucht werden; nur dürfen es keine zähen, harten Reste sein. Man schneidet sie in dünne Schnittchen, gießt verklepperte Eier und Milch darüber und röstet das Fleisch schön in Butter ab.

Omeletten mit Zwiebeln.

Der Teig bleibt ganz der gleiche, wie bei den vorhergehenden. Man dämpft fein geschnittene Zwiebeln gut weich, aber sie dürfen keine Farbe bekommen, sondern weiß und weich sein, salzt sie und füllt, nachdem die Fädlein gebacken sind, diese damit.

Mehlschmarren oder Eierhaber.

1/2 Pfd. feines Mehl wird mit 4 bis 5 Eiern, dem gehörigen Salz und Milch zu einem dünnflüssigen Teig angerührt, in der Omelettenpfanne 1/4 Pfd. Rindsschmalz recht heiß gemacht, der Teig hineingegeben, mit der Backschaufel das Fertige immer nach oben gegeben und unter fleißigem Umstürzen fertig gebacken.

Grahamschmarren.

1/4 Pfd. Graham= oder Schrotmehl wird mit 3 bis 4 Eiern, Milch und etwas Salz zu einem dünnflüssigen Teig angerührt und wie der vorhergehende gebacken.

Kartoffelschmarren.

Man bereitet einen solchen Teig, wie beim Semmelschmarren, mischt 1 Schöpflöffel gekochte, geriebene Kartoffeln darunter und bäckt denselben ebenso fertig.

Semmelschmarren.

Vier altgebackene Semmeln werden fein geschnitten, daran 4 bis 5 Eier, 1/4 Liter Milch gethan und stehen gelassen, bis die Semmeln weich sind, dann gesalzen, in die mit Butter bestrichene Pfanne gegeben, zugedeckt und im Rohr schön gebacken.

Hafermehlkuchen.

30 Gramm Butter läßt man zerlaufen und rührt sie mit 2 Pfd. Hafermehl nebst so viel lauwarmem Wasser rasch an, daß es einen steifen Teig gibt, den man auf einem mehlbestäubten Brett zu einem ungefähr anderthalb Centimeter dicken Kuchen ausbreitet und auf dem Blech 1 Stunde in nicht zu heißem Rohr bäckt.

Kuchenmichel.

3 Kaffeetassen Mehl und 4 Eier werden mit 5 Tassen Milch und etwas Salz fein und glatt angerührt, die Windbeutel- oder Kuchenmichelförmchen mit Butter gut bestrichen, jedes zur Hälfte mit diesem ganz flüssigen Teig vollgefüllt und im Rohr gebacken. Zur Kirschenzeit gibt man in jedes Förmchen 4 bis 5 Kirschen (mit den Steinen), thut dann unter den Teig etwas Zucker und bäckt sie.

Schmalz- oder geröstetes Brot.

Altgebackene Semmeln werden in dünne Scheiben geschnitten und in Milch eingeweicht (sollen aber schön ganz bleiben); dann in der Pfanne in Schmalz geröstet, einige Eier mit 1 Eßlöffel Milch verklopft, gesalzen und kurz vor dem Anrichten darüber gegeben.

Käseschnitten (schweizerisch).

Man macht einen Teig von 2 starken Löffeln Mehl, 2 ganzen Eiern, etwas Milch und 4 starken Löffeln geriebenem guten Käse. Es werden dann von Kaisersemmeln oder Milchbroten centimeterdicke Scheiben geschnitten, diese in den Teig getaucht, darin etwas durchziehen lassen und dieselben dann in heißem Schmalz ziemlich rasch hochgelb gebacken. Sehr gut zu allen Gemüsen.

Gebackene Semmelschnitten.

Altgebackene Semmeln werden abgerieben, in große aber nicht zu dicke Scheiben geschnitten, dann werden Eier und etwas Salz in Milch verklopft, die Schnitten darin eingeweicht, dann zum Abtrocknen auf ein Sieb gelegt und hernach in Schmalz herausgebacken. Sie können aber auch vor dem Backen in Semmelbröseln umgekehrt werden; man läßt sie aber dann vorher nicht ablaufen, damit sich die Brösel gut anhängen.

Gebackene Semmelnudeln.

Man nimmt dazu feineres Milchbrot, zum Beispiel: Eierweckchen, reibt die Rinde ab, weicht sie halbiert in Milch und verklopfte Eier ein, läßt sie gut durchweichen und bäckt sie dann im Schmalz schön gelb. Oder im Rohr, wo man dann neben dem Schmalz in die Kasserolle etwas warme Milch gießt, die Nudeln hineinstellt und so bäckt, daß es unten ein Schärtchen gibt, dieselben aber nicht ganz trocken sind. Zu gekochtem Obst oder einer Sauce, wie Vanille usw., sind sie sehr gut.

Gestutzte Nudeln.

Es wird ein gewöhnlicher Nudelteig ausgewellt, die Nudeln fingerbreit geschnitten, dann in kochende Milch eingelegt, zugedeckt und gekocht; ist die Milch zur Hälfte eingekocht, gibt man ein Stück Butter, etwas Zucker und eine Prise Salz dazu, läßt die Nudeln bedeckt unter öfterm Umkehren kurz einkochen, so daß sie an allen Seiten gelb sind, und gibt sie mit Milchsauce oder Obst zu Tisch.

Abgeschmälzte Nudeln.

Man bereitet sie wie die vorigen, kocht sie in Salzwasser einige Male auf, läßt sie ablaufen, indem man sie mit dem Schaumlöffel auf die Platte heraushebt, mit Semmelbröseln bestreut und mit heißem Schmalz aufbrennt. Sind gut zu Braten, saurem Fleisch oder gekochtem Obst.

Geröstete Nudeln.

Werden wie die vorigen bereitet, wenn sie abgelaufen sind, in der Omelettenpfanne in heißem Schmalz geröstet, einige verklopfte Eier darüber gegossen und so noch bei öfterm Umkehren schön gelb werden lassen.

Nudelkuchen.

Als Kuchen bereitet man sie ebenso; bevor sie in die Omelettenpfanne kommen, gibt man sie in eine Schüssel, rührt einige Eier daran, und gibt von der Masse nur immer so viel in die Pfanne, daß es einen dünnen Kuchen gibt, den man, ist er auf einer Seite gelb, vorsichtig umkehren muß.

Schinkennudeln.

Die Nudeln werden ganz so zubereitet wie bei Nudelkuchen; sind sie abgelaufen, gibt man in eine gut gebutterte Auflaufform: eine Lage Nudeln, etwas Salz, dann sauren Rahm, mit einigen Eiern verklopft, darauf gestrichen, sodann eine Lage fein gewiegten Schinken, wieder Rahm, dann Nudeln, und so fort; obenauf kommen Nudeln, gut mit Rahm bestrichen, dann einige Stückchen Butter, darauf geschnitten, und so eine Stunde im Ofen gebacken. Die Form umwindet man sodann mit einer Serviette und gibt sie zu Tisch.

Topfennocken mit Reismehl (tirolisch).

1/2 Kilo guter, fetter Topfen (Quark, Prater) wird mit etwas Salz und Wasser nebst 1 ganzen Ei in einer Schüssel fein zerrührt und nach und nach so viel Reismehl darunter gerührt, daß es ein Teig wird, von dem sich mit dem Eßlöffel Nocken abstechen lassen, welche man in heißer Butter oder Schmalz in einer Omelettenpfanne auf beiden Seiten braun bratet, in einer Schüssel anrichtet und mit Sauerkraut, Kompott, Salat oder Gemüse zu Tische gibt. Die gleichen Nocken lassen sich auch mit Weizenmehl machen, nur werden sie mit Reismehl noch mürber und leicht verdaulich.

Erdäpfel-Plattl (tirolisch).

Gesottene, geschälte, kalt gestellte Kartoffeln, mehliger Gattung, werden aufgerieben, etwas gesalzen und mit Mehl zu einem leichten Teig verarbeitet, der sich mit dem Nudelholz in Flecke ausrollen läßt. Diese Flecke werden mit dem Rädchen in rautenförmige Stücke geschnitten, in heißem Schmalz gebacken und warm, zu Sauerkraut, Kompott oder Gemüse aufgetragen.

Pusterthaler Dirstln (tirolisch).

Aus Weizenmehl (unter welches man auch circa 1/5 Pfd. Roggenmehl mischen kann) wird mit gut lauwarmer Milch, in der ein Stück Butter zerlassen wurde, und etwas Salz ein Teig gut ausgearbeitet, der dann in kleine, eigroße Stücke zerteilt wird, deren jedes mit dem Nudelholz in Größe einer untern Kaffeetasse und messerrückendick ausgerollt wird. Man hält entweder fertig zubereiteten Spinat bereit, unter den man fetten, mit etwas Salz zerrührten Topfen mischt, oder in Butter weichgedünstetes Sauerkraut, von welchem man kleine Häufchen auf die eine Hälfte der Flecke macht. Dann wird, je paarweise, die andere Hälfte der Flecke darauf gelegt und die beiden Enden rundherum mit den Fingern fest angedrückt, worauf die „Dirstln", in reinem, siedendem Butterschmalz schwimmend, goldbraun gebacken werden. Man legt sie in eine Schüssel und deckt sie etwas zu, damit sie nicht hart bleiben. Sind warm und kalt zu essen.

Pfitzauf.

5 Eßlöffel Mehl, die Schale einer halben Zitrone, etwas Salz, 5 Eigelb, 1/2 Liter Rahm und der Schnee von 5 Eiweiß wird zusammen gut verrührt, die gut mit Butter ausgestrichenen Förmchen halbvoll gefüllt und gebacken.

Erdäpfelwirrler (tirolisch).

Geschälte, gesottene, kalte Erdäpfel werden aufgerieben, etwas gesalzen und so viel Mehl daran gemischt, als hängen bleibt; das Ganze wird in einer Pfanne mit heißem Butter gut durchgedünstet; es darf keine Krusten bekommen, muß weich und krümmlich bleiben. Zuletzt wird in einem Pfännchen noch etwas Butter heiß gemacht, in die man ein paar Löffel Wasser gibt, und es unter den Wirrler mischt. Ist gut zu süßer und saurer Milch wie Kaffee, auch zu Sauerkraut und Obstkompott.

Fingernudeln (pfälzisch).

3 Teile Weizen- und 1 Teil Roggenmehl wird mit etwas Salz, 1 ganzen Ei und heißem Wasser zu einem Teig verarbeitet, aus dem man fingerlange und fingerdicke Nudeln formt, welche man in siedendem Wasser kocht, nach dem Herausnehmen mit kaltem Wasser übergießt und gut abtropfen läßt, worauf man reichlich mit in Butter gerösteten Semmelbröseln überschmälzt. Ist vorzüglich zu Sauerkraut.

Kartoffelrädchen (süddeutsch).

Rohe, geschälte Kartoffeln werden in Rädchen geschnitten, etwas durchsalzen und in einem Pfannenkuchenteig umgedreht, hierauf in Schmalz gebacken und mit Obstkompott, Spinat oder Sauerkraut zu Tisch gegeben.

Erdäpfelnocken (tirolisch).

Rohe geschälte Erdäpfel werden in Stücke geschnitten und mit einem Stück Butter, etwas Salz und Wasser so weich gedämpft, daß sie sich zu einem dicklichen Brei zerrühren lassen. Diesen läßt man erkalten und mischt nach und nach Eidotter darunter (auf 6 Erdäpfel 1 Ei), stäubt ein wenig Mehl daran und rührt eine Obertasse dicken süßen Rahm bei; zuletzt mischt man den Schnee der Eier daran, sticht mit dem Eßlöffel Stückchen davon, die man in einer Omelettenpfanne in heißer Butter oder Schmalz auf beiden Seiten braun bratet und gezuckert zu Obstkompott oder Milch, ungezuckert zu Gemüse und Kraut gibt.

Hafermehl-Pfannenkuchen oder -Omeletten.

4 Eßlöffel Hafermehl und 3 Eigelb werden mit 1/4 Liter Milch angerührt, der Schnee von dem Eiweiß darunter gemischt, gesalzen und davon Kuchen gebacken; man muß sehr kleine Kuchen machen, kaum einen halben Schöpflöffel in die Pfanne thun, da sich dieselben nicht wie andere Omeletten umkehren lassen, sondern gerne zerbrechen. Man kann sie auch mit eingemachten Früchten füllen, dann immer einen andern darauf legen und mit Zucker und Zimt bestreuen. Man macht sie gewöhnlich so groß, wie ein kleines Dessertteller.

Hafermehl- und Kartoffelpfannenkuchen.

1 Pfd. geriebene, rohe Kartoffeln verrührt man mit 1 Eßlöffel Hafermehl, salzt es und bäckt die Pfannenkuchen in heißem Schmalz heraus.

Hafermehl- und Kartoffelbrötchen.

2 Eßlöffel Hafermehl, 1 Pfd. gekochte, geriebene Kartoffeln, 3 geschälte, klein geschnittene Aepfel, etwas Salz

und 1 bis 2 Eier mengt man gut durcheinander, formt kleine Brötchen und bäckt sie in heißem Schmalz heraus.

Maccaroni.

Gute italienische Maccaroni werden in Salzwasser weich gekocht, mit dem Schaumlöffel herausgenommen, mit Butter abgeschmälzt und geriebener Parmesankäse extra dazu serviert.

Maccaroni mit saurem Rahm.

Dieselben werden wie vorhergehend abgekocht. Ein Kochlöffel Mehl mit 60 Gramm Butter weiß geröstet, mit 1/4 Liter saurem Rahm abgerührt, 60 Gramm geriebener Parmesankäse darunter gemischt, unter dasselbe die Maccaroni gegeben, gut durcheinander gemischt und recht heiß auf die Platte angerichtet.

Maccaroni mit Käse.

Man streicht eine Form gut mit Butter aus, gibt eine Lage, wie vorher abgekochte Maccaroni darein, dann streut man geriebenen Parmesankäse oder guten Schweizerkäse darüber, einige Stückchen Butter darauf, etwas Salz und Muskatnuß und so fort, bis die Form voll ist, und bäckt es im Rohr schön gelb. Obendrauf gibt man etwas mehr Butter.

Spätzchen.

1 Pfd. Mehl und 2 Eier werden, wenn man die Spätzchen mit der Spätzchenmaschine macht, zu einem ganz festen Teig mit Milch angerührt; macht man sie aber durch den Seiher, den sogenannten Spatzenmodel oder mittels Messer vom Brett, so muß der Teig weich sein, salzt den Teig und gibt ihn auf eine dieser drei Arten ins kochende Wasser; sobald sie aufsteigen, nimmt man sie mit dem Schaumlöffel heraus, gibt sie in eine Schüssel mit lauem Wasser, richtet sie sofort mit dem Schaumlöffel auf die Platte an, bestreut sie mit Paniermehl und schmälzt sie.

Bemerkung. Es ist eine so vorteilhafte Speise, so verwendbar zur Suppe, abgeschmälzt und geröstet, daß jedem irgendwie größern Haushalte eine Maschine zu empfehlen ist; sie werden in derselben viel schöner und besser, sehen aus wie Maccaroni und sind diesen, die man nicht immer gut erhält, sehr vorzuziehen; ferner geht es auch sehr schnell, da sie im Augenblick durchgetrieben sind.

Griesschmarren.

Gries wird mit Milch und Eiern zu einem Pfannenkuchenteig angerührt, gesalzen, in heißem Schmalz in der Omelettenpfanne gebacken und mit dem Backschäufelchen zerstreut.

Türkischer Reis.

150 Gramm Reis kocht man in Salzwasser ziemlich weich und stellt ihn beiseite. Dann dünstet man einen Kopf Blumenkohl und einige Champignons in 60 Gramm Butter gut aus und bestreut sie mit Semmelbröseln; gibt dann eine Lage Reis so in die Kasserolle über dasselbe, daß dieselbe in der Mitte weniger dick, als auf den Seiten ist. Den übrigen gedünsteten Blumenkohl gibt man in die Mitte, dann den Reis darüber und bäckt die Masse bei gelindem Feuer fertig.

Geröstete Spätzchen.

Nachdem dieselben gut abgetrocknet sind, gibt man sie in die Pfanne ins heiße Schmalz, verklopft 3 bis 4 Eier mit 1 Eßlöffel Milch, salzt sie, gießt sie in die gelb gerösteten Spätzchen und läßt sie noch etwas rösten, bis die Eier fest sind. Mit Salat dazu ist es ein vorzügliches Gericht.

Florenzer Reis.

Man brüht 1/5 Pfd. Reis mit kochendem Wasser und gießt ihn nach 10 Minuten ab; gibt denselben mit Milch in die Kasserolle, so daß die Milch gut über denselben geht, läßt ihn weich und dick einkochen, gibt 3 bis 4 Eigelb daran, 50 Gramm Butter, 50 Gramm geriebenen Parmesankäse, etwas Salz, legt es in eine butterbestrichene Form und läßt es einige Augenblicke im Rohr gut anziehen; richtet es auf die Platte und gibt gebratenes Fleisch, Roastbeef, Koteletten, oder dergleichen dazu. Kann auch für Nicht-Fleischliebhaber als eignes Gericht serviert werden.

Risi-Bisi.

Reis mit Salat gekocht; die jungen grünen Erbsen ebenfalls mit Wasser und Salz gar gekocht; (das Erbsenwasser abgegossen und zur Sauce verwendet), vor dem Anrichten zusammengeschüttet und Parmesankäse darüber gerieben.

Rebenblätter mit Reis (italienisch).

Man nimmt schöne große Traubenblätter (eine ziemlich große Quantität), mengt zuvor eingeweichten, aufgequollenen Reis mit etwas Safran, Salz und Butter, rollt jedes einzelne Blatt samt dieser Fülle wie eine Cigarette, legt dies in eine Kasserolle mit viel Butter, Schmalz oder Oel und einer Obertasse Wasser, deckt das Ganze fest zu und läßt dies eine Stunde lang im Ofen; wird mit Tomatensalat serviert und schmeckt sehr gut, da die Rebenblätter einen vorzüglichen Geschmack geben.

Pilaf.

100 Gramm Reis werden in Butter gelb geröstet, gesalzen, dann gießt man doppelt soviel Wasser daran, als der Reis in der Tasse gemessen ausmacht, läßt es ganz einkochen, gibt dann geriebenen Parmesankäse oder eine beliebige pikante Sauce dazu.

Griesspeise mit Käse.

130 Gramm Gries wird in 1/4 Liter Fleischbrühe, 1/4 Liter Rahm und 70 Gramm Butter zu einem steifen Brei gekocht. Nach dem Erkalten rührt man 6 Eidotter, 100 Gramm geriebenen Parmesankäse und den Schnee von 6 Eiweiß darunter, gibt es in eine mit Butter und Semmelbröseln ausgestrichene Form und kocht es 1 Stunde im Wasserbad.

Reis mit Schinken.

1/2 Pfd. abgebrühter und wieder abgegossener Reis wird mit Fleischbrühe, die ziemlich darüber geht, 1 Zwiebel, 1 Gelberübe und Salz zum Feuer gesetzt und weich gekocht. 1/2 Pfd. feingewiegten Schinken, 4 Eier und 100 Gramm Butter mischt man darunter, gibt es in eine butterbestrichene Form, stellt es in den heißen Ofen, bis es durch und durch heiß geworden, stürzt es auf die Platte um und gibt eine Butter- oder Frikasseesauce dazu.

Polenta.

Ungefähr 1/4 Liter Polentamehl rührt man in 1/2 Liter kochendem Wasser, gibt etwas Salz und ein Stückchen Butter dazu, kocht es unter Umrühren, bis es am Boden eine Kruste bildet, gibt es in eine runde Schüssel, stürzt es von dieser auf die Platte, und serviert gekochtes Obst dazu. Ist auch gut zu Zwiebelsauce oder saurem Fleisch. Die übriggebliebene Polenta kann man in Stücke, vielmehr Scheiben, schneiden, in eine gebutterte Form legen, mit Butter bestreichen und geriebenem Käse bestreuen, oben zuletzt Käse und so im Rohr 3/4 Stunden backen.

Kartoffelnudeln.

Ungefähr 2 Pfd. gekochte, erkaltete Kartoffeln werden gerieben, dazu 3 bis 4 Eier und kein großer Schöpflöffel Mehl; davon Nudeln geformt, vorher gesalzen und dann in heißem Schmalz schön gelb gebacken, oder in eine Kasserolle ein Stück Butter und 1 Centimeter hoch Milch gethan, die Nudeln, eine neben der andern, hineingesetzt und im Rohr gebraten, bis die Milch fast eingedünstet ist und sie eine schöne gelbe Kruste haben.

Gugerelen.

(Beilage zu Braten und Gemüse.)

11/2 Liter Milch wird mit einem Stück Butter und ein wenig Salz siedend gemacht, dann streut man das Mehl von 6 Geigen darein, läßt es unter ständigem Rühren noch ein paarmal aufkochen, gibt den Teig auf ein mit Geigenmehl bestreutes Brett und formt walnußgroße Kügelchen daraus. Dieselben legt man dann in eine Pfanne mit heißem Schmalz; haben sie etwas angezogen, verklopft man ein paar Eier, gießt sie darüber und läßt sie schön goldgelb backen.

Croquetten von Käse.

Mit 1/4 Liter Milch, 230 Gramm Butter und 200 Gr. Mehl kocht man einen steifen Brei, bis er sich von der Pfanne löst; ist derselbe ausgekühlt, gibt man 5 ganze Eier und 4 Eidotter dazu, 60 Gramm geriebenen Parmesankäse und ebenso viel Chesterkäse und etwas Salz, formt Croquetten von der Masse, wälzt sie in Semmelbröseln herum und bäckt sie in Schmalz heraus.

Krautnudeln.

3 bis 4 kalte, gekochte, geriebene Kartoffeln werden mit 1/2 Pfd. Mehl, 1 Ei, etwas Salz und Wasser zu einem Teig gemacht, so daß man kleine halbfingerlange sogenannte geschupfte Nudeln oder Fingernudeln auf dem Brett davon machen kann; man muß dieselben gut mit Mehl bestreuen, damit sie nicht zusammenkleben. Gibt sie dann in siedendes Wasser und sobald sie heraufsteigen, nimmt man sie mit dem Schaumlöffel heraus, gibt sie in die Omelettenpfanne, in der man zuvor Schmalz heiß gemacht, röstet sie ein wenig, aber ohne daß sie Farbe bekommen, und gibt dann fertig gekochtes Sauerkraut darunter, von dem man die Brühe etwas hat ablaufen lassen. Viele lieben auch ein rohes Sauerkraut darunter zu thun; dann ist es aber gut, wenn man eine feingeschnittene Zwiebel in Schmalz oder Fett gelb und weich dämpft und, wenn die Krautnudeln angerichtet sind, sie damit aufschmälzt.

Topfennudeln.

1/2 Pfd. Topfen, etwas Salz, 2 Eier und soviel Mehl als erforderlich, wird zu einem lockern Teig verarbeitet, fingerlange Nudeln davon geformt und dieselben in heißem Schmalz herausgebacken. Können auch in Salzwasser gekocht und dann in Schmalz gebraten werden.

Fleischpolster oder Frikandellen.

Uebriggebliebenes Fleisch: Rindfleisch, Braten oder was man eben hat, nebst Zwiebeln, Petersilienkraut und Zitronenschale wird fein gewiegt. Zu 1 Pfd. rechnet man 4 altgebackene Semmeln, die man abreibt, schneidet, in Milch einweicht, fest ausdrückt, unter das Fleisch mischt, salzt, 3 Eier dazu gibt, kleine Würstchen oder kleine runde Laibchen formt, dieselben mit Paniermehl bestreut und auf beiden Seiten in heißem Schmalz in der Pfanne schön gelb bäckt. Kann es aber auch als ganzen Fleischkuchen in der Omelettenpfanne backen.

Topfenknödel (tirolisch).

Aus Topfen, etwas Kümmel und Salz und soviel Mehl, als der Topfen gut annimmt, knetet man einen Teig, aus dem man kleine (walnußgroße Knödelchen formt, welche man in siedendem Schmalz schön braun bäckt und besonders zu Sauer- und Rübenkraut, sowie Salat, gezuckert auch zu Kompott, gibt.

Mehlknödel.

1 Pfd. Mehl wird mit 2 Eiern und Milch zu einem festen Teig angerührt, gesalzen, mit dem Eßlöffel ziemlich große Knödel abgestochen, in siedendes Wasser gethan und eine Viertelstunde gekocht, mit Zwiebeln auf der Platte aufgeschmälzt, oder nur so angerichtet, wenn man sie zu saurem Fleisch gibt; außerdem zu gekochtem Obst oder als eignes Gericht, wobei man aber einen halben Schöpflöffel vom Sud über die Knödel gibt und dann erst mit Zwiebeln abschmälzt.

Bemerkung. Beim Sieden der Knödel gibt man immer erst eine Probe ins Wasser, um zu sehen, ob sie halten, damit, wenn sie zu weich sind, mit Mehl oder Semmelbröseln nachgeholfen werden kann.

Holsteinische Klöße.

60 Gramm Butter wird mit 1/4 Liter Milch zum Kochen gebracht, 130 Gramm Mehl hineingerührt und unter fortwährendem Rühren so lange gekocht, bis sich die Masse von der Pfanne löst. Ist der Teig erkaltet, gibt man drei Eier daran und etwas Salz, sticht Klöße davon ab und siedet sie in Wasser.

Semmelknödel.

5 abgeriebene, neugebackene Semmeln werden in Würfel geschnitten, 190 Gramm Butter mit 7 Eiern und Salz leicht gerührt, unter die Brotwürfel gemengt, etwas feingewiegte Petersilie dazugegeben und dann 3/4 Stunden stehen gelassen. Mit einem ins Wasser getauchten Eßlöffel und der linken Hand, die man auch ins Wasser taucht, macht man runde Knödel, legt sie in siedendes Wasser ein und kocht sie langsam 20 bis 25 Minuten. Können auch im ganzen in der Serviette gekocht werden.

Griesklotz.

1/2 Liter Gries wird in eine Schüssel gegeben und mit 1 Liter siedender Milch übergossen. Nach dem Erkalten schlägt man 5 Eier daran, mengt 2 in Würfel geschnittene und in Butter geröstete Semmeln darunter, salzt dann, gibt alles in eine mit Butter bestrichene Serviette, bindet dieselbe zu, läßt aber etwas Raum zum Aufgehen des Klotzes, und siedet denselben 1 Stunde in Salzwasser.

Hirseklöße.

Man brüht die Hirse erst zweimal mit Wasser tüchtig ab, läßt sie ablaufen, gibt dann ungefähr 1/4 Liter Hirse in 1 Liter Milch und 30 Gramm Butter, läßt alles auf dem Feuer dick aufquellen, nimmt es vom Feuer, und wenn es erkaltet ist, gibt man 3 bis 4 Eier, 1 Tasse Rahm, etwas Salz und so viel Weizenmehl dazu, daß es einen genügend festen Teig gibt, von dem man Klöße formen kann, die man in Mehl rollt, in Salzwasser siedet und vor dem Anrichten mit Butter aufbrennt.

Maisklöße.

1/4 Pfd. Maismehl wird in einem nicht ganz halben Liter Milch nebst Zucker zu dickem Brei gekocht; dann gibt man 2 Eier daran, sticht mit dem Eßlöffel Klößchen ab und bäckt sie in Schmalz heraus.

Einfachere Semmelknödel.

Man weicht 3 altgebackene Semmeln in Wasser, drückt sie fest aus, gibt sie in eine Kasserolle mit heißem Fett, fein geschnittenen Zwiebeln und Petersilie, läßt es einige Minuten dämpfen, gibt 3 Eier dazu und so viel Mehl, daß die Knödel halten (ungefähr 1/4 Pfd.), mengt alles gut durcheinander und verfährt dann weiter damit wie oben.

Schinkenknödel.

Unter die vorher beschriebene Masse gibt man, nachdem die Semmeln in Fett gedämpft sind, feingewiegten Schinken und beendet dieselben in gleicher Weise. Sehr gut zu Sauerkraut.

Brotknödel mit Brät

oder gewiegtem, übriggebliebenen Fleisch bereitet man wie die Schinkenknödel; statt Schinken wird Brät oder Fleisch verwendet.

Krautknödel.

3 altgebackene Semmeln werden in halb Milch, halb Wasser eingeweicht, fest ausgedrückt und in heißem Schmalz etwas trocken gedünstet. Man brüht einige Mangoldblätter oder Krautblätter, drückt sie fest aus, verwiegt sie mit Petersilie und Schnittlauch fein, gibt 3 Eier dazu, vermengt das Ganze mit dem Brot, salzt es, macht Knödel und siedet sie 10 Minuten in Salzwasser. In einer Pfanne macht man Schmalz heiß, gibt die Knödel hinein, verklopft einige Eier, gibt sie darüber und bäckt die Knödel schön gelb. Man gibt sie meist als eignes Gericht und grünen Salat oder eine pikante Sauce dazu.

Kartoffelknödel.

2 Pfd. gekochte, geriebene Kartoffeln werden mit drei Eiern, etwas Salz und so viel Mehl, als der Teig verträgt, gut vermengt (ungefähr 1 bis 1½ Schöpflöffel voll Mehl); nun wellt man den Teig ungefähr zu einem fingerdicken Nudelflecken aus, bestreicht diesen mit in Butter gerösteten Semmelbröseln, rollt ihn zu einer Wurst, schneidet Stücken ab, ballt sie schön zusammen, damit sie nicht aufgehen, und siedet sie in Salzwasser 10 bis 15 Minuten; man macht die Knödel so groß wie eine ordentliche Faust. Man kann auch den Teig wie oben beschrieben machen: Semmelwürfel in Schmalz rösten, den Teig in die flache Hand nehmen und in die Mitte von jedem Knödel einige Würfel geben, dann einen runden Knödel ballen und in Salzwasser sieden.

Bauernklöße.

Man schält eine große Zwiebel, schneidet sie nebst 100 Gramm Speck fein, röstet es in ein wenig Butter gelb, gießt ein Liter Milch hinzu, läßt dieses zum Kochen kommen, gibt so viel Weizenmehl hinzu, salzt es und läßt es dann kochen, bis man einen dicken Brei bekommt; ist er etwas erkaltet, sticht man mit dem Eßlöffel Klöße ab, setzt sie in eine mit Butter bestrichene Kasserolle und läßt sie über Kohlenfeuer hellbraun backen.

Rohe Kartoffelknödel.

Man schält, wäscht und reibt rohe Kartoffeln ins Wasser, gießt sie dann in eine Serviette oder Säckchen und läßt dieses Wasser in eine Schüssel tropfen. Nachdem das Wasser noch alles gut von den Kartoffeln ausgedrückt ist, gibt man dieselben in eine Schüssel, kocht unterdessen einen Kartoffelbrei ziemlich dick, treibt ihn durch und gibt ihn, ungefähr die Hälfte soviel wie die rohen Kartoffeln, kochend heiß an dieselben. Inzwischen hat sich in dem Wasser das Kartoffelmehl gesetzt, man gießt das Wasser ab, nimmt das Kartoffelmehl unter die Kartoffeln, salzt die Masse, formt Knödel daraus, gibt in jeden einige geröstete Brotwürfel und kocht sie eine Viertelstunde in Salzwasser. Sie müssen schnell aufgetragen werden. Statt Kartoffelbrei kann man auch in Milch dickgekochten Griesbrei dazu nehmen. (Dieses sind die die echten, fränkischen, sogenannten Oberländer Kartoffelklöße.)

Gebackene rohe Kartoffelklöße.

Rohe Kartoffeln werden, wie bei den rohen Kartoffelknödeln erwähnt, zubereitet, dann samt dem Kartoffelmehl in eine Schüssel gegeben, etwas Milch kochend heiß gemacht und die Kartoffeln damit zu einem Teig angebrüht, etwas gesalzen, in der Bratpfanne Schmalz heiß gemacht und der Teig hineingegeben; der Kuchen darf aber nicht mehr als fingerdick werden. Man bäckt denselben im Rohre schön gelb und rösch. Ist als Fastenspeise mit Zwiebelsauce gut und nahrhaft.

Speckknödel.

Man macht dieselbe Teigmasse wie zu den einfachern Semmelknödeln, gibt geröstete Speckwürfel darunter, siedet sie in Salzwasser, schmälzt sie mit Zwiebeln auf und gibt sie zu Sauerkraut.

Gebackene Speckknödel.

Dieselbe Masse kann man auch löffelweise auf ein mit Fett abgeriebenes Blech setzen und im Rohr schön gelb backen; man läßt dann das eingeweichte Brot weg, nimmt statt Milch 1/4 Liter sauren Rahm, 3 Eier, den Speck und so viel Mehl, als der Teig verträgt, um die Knödel aufsetzen zu können.

Leberknödel (bayrische).

1 Pfd. Rindsleber wird fein geschabt, mit Zwiebel, Petersilie, etwas Knoblauch und Majoran, nebst einem Stück Rindermark nochmals fein verwiegt. 6 Semmeln werden abgerieben, in Scheiben geschnitten und in die Schüssel gegeben; nun macht man Schmalz heiß, gibt die Leber einen Augenblick hinein, gießt sie dann über die Semmeln, macht in derselben Pfanne sofort Milch kochend, gießt sie auch darüber, salzt und gibt entsprechend Mehl dazu und 1 Ei, läßt die Masse stehen, formt dann mit der Hand Knödel und kocht sie eine Viertelstunde im Wasser.

Herkulo-Koteletten.

1/2 Pfund amerikanisches Hafermehl wird in kräftiger Fleischbrühe oder in Wasser mit Fleischextrakt 1/2 Stunde zu einem dicken Brei gekocht; nach einigem Erkalten verrührt man denselben mit fein gewiegter Petersilie, 2—3 Sardellen, 4 Eiern, etwas Salz und so viel Semmelbröseln als nötig, formt Koteletten davon und bäckt sie in heißem Schmalz schön braun.

Erbsenkoteletten.

Ungefähr 1 Pfd. Erbsen kocht man zu einem recht dicken Brei, treibt sie durch, dämpft feingeschnittene Zwiebeln in Schmalz weich, schüttet sie an den durchgetriebenen Brei, gibt etwas Salz dazu, 3 Eier und so viel Semmelbröseln als er verträgt, um runde Koteletten davon zu machen, kehrt dieselben in Semmelbröseln um und bäckt sie im Schmalz heraus. Ist ein gutes Fastengericht, entweder mit Salat, gekochtem Obst oder zu Gemüsen.

Grünkernkoteletten.

Werden von gemahlenem Grünkern ebenso bereitet, wie die Erbsenkoteletten.

Linsenkoteletten.

Zubereitung wie vorhergehende.

Kartoffelkoteletten.

(Siehe Kartoffelnudeln.)

Gekochte Kartoffeln werden gerieben, 3 bis 4 Eier und so viel Mehl, als sie vertragen, um runde Klößchen, die man breit drückt, davon zu machen, dazu gegeben, etwas gesalzen, und im heißen Schmalz herausgebacken.

Heringsauflauf.

2 Heringe werden gut gewaschen, gehäutet, ausgegrätet und in Würfel geschnitten. In eine mit Butter bestrichene Form legt man zuerst gekochte Kartoffelscheiben, dann Heringe, dann wieder Kartoffeln, immer einige Butterstückchen darauf; die oberste Schichte müssen Kartoffeln sein. Darüber gießt man einige Eier mit saurem Rahm, verklopft noch etwas Butter und bäckt dieselben im Rohr schön gelb. Man kann den Guß von Rahm und Eiern auch weglassen und dafür unter den Hering hartgesottene Eier, in Scheiben geschnitten, legen. Die Kartoffeln werden etwas gesalzen.

Abgetriebene Leberknödel.

Nimmt man meist zu Suppenknödeln. 1/2 Pfd. Kalbsleber wird fein geschabt, Zwiebeln, Petersilie und Zitronen damit noch fein verwiegt, dann rührt man 1/10 Pfd. Butter mit 4 Eiern ab, gibt die Leber darunter, salzt und gibt so viel Semmelbröseln dazu, daß es einen nicht sehr dicken Brei gibt, läßt diesen 1 bis 2 Stunden stehen, sticht mit dem Löffel kleine Knödel ab und siedet sie 10 Minuten in Fleischbrühe oder Wasser.

Gebackene oder geröstete Leberknödel.

Die übrigen Leberknödel werden in Scheiben geschnitten, in heißem Schmalz abgeröstet und kurz vor dem Anrichten mit einigen verklopften Eiern übergossen.

Leberbrötchen.

1/4 Pfd. fein geschabte Leber wird mit 2 Eiern, Salz und Semmelbröseln zu dickem Brei angerührt, auf Semmelscheiben gestrichen, in heißem Schmalz gebacken und, bevor sie in die Pfanne kommen, noch mit Semmelbröseln überstreut. Man gibt sie dann in die Suppe.

Milz- und Hirnbrötchen.

Man bereitet dieselben gerade so, wie die Leberbrötchen.

Butterklöße.

Man gibt 300 Gramm feines Weizenmehl in eine Schüssel, macht eine Vertiefung, salzt es und schlägt 2 Eidotter dazu. 1/4 Liter Milch wird mit 130 Gramm Butter kochend gemacht, beides mit dem Mehl verrührt, von diesem Teig Klöße geformt und in Wasser gekocht, bis sie auf der Höhe schwimmen. Dieselben sind gut zu saurem Fleisch oder auch zu gekochtem Obst.

Griesknödel.

In einer Pfanne siedet man 1/2 Liter Milch, gibt ein Stück Butter, 12 Eßlöffel Gries, etwas Salz und Zucker hinein und läßt es unter fortwährendem Rühren kochen, bis es sich von der Pfanne löst, gibt 6 Eier nebst gerösteten Semmelwürfeln dazu, läßt es eine halbe Stunde stehen, formt Knödel daraus und kocht sie in siedendem Wasser 20 Minuten.

Abgetriebene Griesknödel.

1/4 Pfd. Schmalz oder Butter wird schaumig gerührt, 5 Eier, eines nach dem andern, hineingerührt, dann 1/4 Liter Gries und etwas Salz beigegeben, gut durcheinander gerührt und sofort in siedendes Wasser eingelegt. Man schreckt dieselben während einer halben Stunde öfters mit kaltem Wasser ab. Beim Auseinanderreißen sollen dieselben ein gelbes Pünktchen in der Mitte haben; dann sind sie fertig und gelungen. Sind, um sie so zu treffen, sehr heikel.

Herkuloklöße.

1/4 Pfund amerikanisches Hafermehl gibt man in eine Kasserolle mit Wasser und kocht es zu einem trockenen dicken Brei; ist derselbe erkaltet, gibt man 2 bis 3 Eier, etwas Salz und Semmelbröseln dazu, sticht mit dem Eßlöffel Klöße ab und siedet sie in Salzwasser. Kann sie auch statt zu sieden im Schmalz herausbacken. Zu sauren Saucen sind sie gekocht, zu gekochtem Obst gebacken besser.

Pfälzer Schwammknödel.

Von 1 Pfd. Mehl, 1/4 Liter Milch und für 10 Pfg. Preßhefe macht man einen Hefel und läßt ihn an einem warmen Ort aufgehen, schneidet 2 Semmeln zu Würfeln und röstet sie in Schmalz gelb. 100 Gramm Butter, mit drei Eiern leicht abgerührt, etwas Zitronenschale, 50 Gramm Rosinen, etwas Salz und 1 Eßlöffel Zucker gibt man in den aufgegangenen Hefel und klopft den Teig, bis er glatt ist, formt Knödel, legt sie auf ein bemehltes Brett, läßt sie aufgehen, gibt sie in handhoch siedendem Wasser in eine Kasserolle und läßt sie bedeckt eine halbe Stunde kochen, richtet sie an und schmälzt sie mit Butter und Semmelbröseln ab.

Hefenknopf oder -kloß.

1 Pfd. Mehl gibt man in die Schüssel, rührt in der Mitte für 10 Pfg. Preßhefe und 5 Eßlöffel lauer Milch zu einem Hefel an; ist er aufgegangen, gibt man drei Eier, 100 Gramm Butter, etwas Salz, 1/4 Liter laue Milch dazu und verklopft den Teig glatt. Streicht eine Serviette mit Butter, wirkt den Teig zu einem Kloß, gibt ihn in die Serviette, bindet sie zu, läßt aber viel Raum zum Aufgehen; ist er aufgegangen, siedet man denselben eine Stunde im Wasser in der Serviette, gibt ihn auf die Platte, reißt ihn mit 2 Gabeln in der Mitte etwas auf und schmälzt ihn mit Schmalz und Semmelbröseln auf.

Rohrnudeln.

Von 1 Pfund Mehl, Hefe und Milch rührt man wie bei den vorhergehenden einen Hefel an. Wenn er aufgegangen ist, gibt man 3 Eier, 60 Gramm Butter, etwas Salz und Zucker dazu, schlägt den Teig glatt ab, läßt ihn aufgehen, wirkt Nudeln aus oder sticht sie mit einem Glas aus. In einer Kasserolle läßt man Butter vergehen, wendet die Nudeln einmal darin um, setzt sie dann nebeneinander hinein und bäckt sie im Rohr schön gelb.

Dampfnudeln.

Ganz derselbe Teig wie der vorhergehende. Indessen kocht man frische, ganze Zwetschgen in wenig Wasser mit Zucker und Zimmt halb weich, gibt in eine Kasserolle etwas Butter zum Zerlaufen, gießt die erkalteten Zwetschgen hinein, setzt die Nudeln auf die Zwetschgen nebeneinander, bestreicht sie mit Ei und bäckt sie in einem guten Ofen. Man kann sie auch, wenn man sie zu eingemachtem Fleisch gibt, auf Kartoffelscheiben setzen. Man schält rohe Kartoffeln, schneidet sie in Scheiben, gibt sie samt Butter und Wasser in eine Kasserolle, so daß die Kartoffeln den Boden bedecken, setzt die Dampfnudeln darauf, deckt sie zu und läßt sie auf dem Herd fertig werden. (3/4 Stunden.)

Reisklöße.

In Wasser weich gedünsteten Reis läßt man kalt werden, gibt 2 Eier daran, Salz, so viel Semmelbröseln als nötig, formt Klöße und kocht sie in siedendem Wasser gar.

Kartoffelklöße mit Birnen.

Von 1 Pfd. geriebenen, gekochten Kartoffeln, 2 Eiern, 150 Gramm Weizenschrotmehl, etwas Semmelwürfeln und Salz macht man Klöße nnd kocht sie in Salzwasser, gibt sie vor dem Anrichten in gekochte, frische Birnen und läßt sie darin nochmals aufkochen. Ohne die Birnen kann man dieselben auch zu einer Zwiebelsauce geben.

Birnenklöße.

Man schält die Birnen, schneidet sie in kleine Würfel, gibt eine Tasse Milch nebst 3 Eiern, 3 Eßlöffel Weizenmehl und so viel geriebene Semmel, als nötig, eine Prise Salz und etwas Zucker dazu, sticht mit dem Eßlöffel Klöße ab und siedet sie in Wasser.

Buchweizengrütze-Klöße.

In 1/2 Liter Milch, 1/2 Liter Wasser und 100 Gramm Butter kocht man 3/4 Liter Grütze unter beständigem Rühren, bis sie ganz dick ist, und gibt 4 Eier und etwas Salz dazu. Nachdem die Masse kalt ist, läßt man die Klöße, die man absticht, in dem kochenden Wasser, in das man sie eingelegt hat, 10 Minuten ziehen.

Aepfelklöße.

1 Pfd. Aepfel schält und schneidet man fein, gibt anderthalb Pfund Mehl, 2 Eier nebst einem Stückchen (ungefähr 100 Gramm) zerlassener Butter, 1/4 Liter Milch in die Schüssel, macht davon einen festen Teig, schlägt ihn glatt ab, und siedet sie in Wasser, nimmt sie heraus, bestreut sie mit Zucker und brennt sie mit Butter auf.

Kirschenklöße.

Die ausgesteinten Kirschen dämpft man weich, vermische sie mit etwas Butter, 3 Eiern und soviel Semmelbröseln als nötig, kocht sie in Wasser gar und gibt sie, mit Zucker bestreut, zu Tisch.

Zwetschgenknödel.

Ein Teig wie zu den Kartoffelknödeln wird bereitet, nur etwas dünner ausgewellt; in jeden Knödel, der so groß wie ein Apfel sein soll, gibt man eine frische, ausgesteinte Zwetschge, siedet die Knödel eine Viertelstunde in Wasser, gibt in die Omelettenpfanne Butter, Semmelbröseln und Zucker und läßt darin die Knödel ringsum anziehen.

Zwetschgenknödel (österreichisch).

Ein Stückchen aufgelöste Preßhefe läßt man mit einer Obertasse lauer Milch, etwas Zucker und Mehl aufgehen, rührt dann 30 Gramm Butter mit 3 Eidotter zu Schaum, gibt 1/2 Liter Mehl, etwas Salz und die Hefe dazu, verarbeitet den Teig gut untereinander, zieht den Schnee der 3 Eiweiß darunter, läßt ihn aufgehen, formt Klöße daraus, steckt in jeden eine ausgekernte, frische Zwetschge, läßt sie noch einmal aufgehen und kocht sie in siedendem Salzwasser. Zuletzt werden sie mit brauner Butter abgeschmälzt und nach Belieben mit Zucker bestreut.

Geigenknödel.

1/4 Pfd. Butter wird leicht gerührt, 5 Eier, zu jedem Ei eine Handvoll Geigenmehl, etwas Salz und alles gut abgerührt. Die Knödel werden dann eine Viertelstunde in Salzwasser gekocht.

Grahambrot.

4 Pfd. gutes Weizenschrotmehl (auch Grahammehl genannt) gibt man in eine Schüssel, einen halben Kaffeelöffel Salz und 1 Liter Milch dazu, knetet den Teig 1/2 bis 3/4 Stunden, läßt ihn dann 1 Stunde stehen, formt sodann ungefähr 2 bis 3 längliche Wecken daraus, sticht mit der Gabel einige Löcher hinein, damit es keine Blasen gibt, und bäckt es; ist es fertig, bestreicht man es mit Wasser und gibt es noch einige Minuten in den Ofen.

Rindfleisch.

Gekochtes Rindfleisch.

In jedem einfachen Haushalt kocht man das Rindfleisch, um auch eine gute Fleischbrühe zu bekommen; deshalb setzt man es mit kaltem Wasser zu, gibt Wurzelwerk und etwas Salz dazu und kocht es so weich. Will man das Rindfleisch auf die Tafel als gesottenes Rindfleisch geben und möchte es recht gut und saftig erhalten, so setzt man es mit siedendem Wasser zu; es ziehen sich dann sofort alle Fasern zusammen und dasselbe bleibt viel saftiger, da der Eiweißstoff, der im Fleisch enthalten ist, teilweise gerinnt und um die Oberfläche eine dünne, feste Rinde bildet. Man stellt das Fleisch aber eine Zeit lang vom Feuer weg, und erst dann, wenn es nur noch warm, wieder zum Feuer, um es jetzt erst weich zu kochen, weil sich im andern Fall das ganze Eiweiß verhärten würde und das Fleisch trocken, nicht saftig bliebe.

Rindfleisch mit Sardellen und Speck.

Ein gutes, saftiges Stück Rindfleisch wird weich gekocht. Ein Stückchen Speck, das ausgekernte Mark einer Zitrone, einige Sardellen schneidet man fein, mengt es gut durcheinander und spickt damit das Fleisch; das läßt sich gut mit einem spitzigen Messer thun. Man gibt es dann mit Butter oder Speck in eine Bratpfanne, läßt es mit einigen Schöpflöffeln Fleischbrühe im Rohr gelb braten und gießt es fleißig auf.

Rindfleisch mit saurem Rahm.

Ein Schweifstück wird gewaschen, geklopft, gesalzen und gewürzt, dann etwas stehen gelassen, mit halb Wasser, halb Kochwein, Zwiebeln und Wurzelwerk und Zitronenschalen zum Feuer gesetzt, fest zugedeckt und 2 bis 3 Stunden gedämpft. Man röstet eine braune Einbrenne, rührt sie mit kaltem Wasser an, gießt dann von der Brühe, worin das Fleisch gedämpft wurde, nach, läßt die Sauce allein dicklich einkochen, gibt dann 1/8 Liter sauren Rahm dazu, läßt es noch 10 Minuten kochen, seiht die Sauce über das Fleisch und gibt es zu Tisch.

Rindfleisch mit Guß.

Ein Stück eben frisch gekochtes Rindfleisch wird von Fett und Knochen befreit, dann mit Ei bestrichen, und mit folgendem Gemisch dick bestreut: Semmelbröseln, alle möglichen feingehackten Kräuter, Schalotten, etwas Salz, und mit einigen Eßlöffeln Fleischbrühfett übergossen. Legt es dann in die Pfanne, in die man etwas Fett gethan, und läßt es rasch im Rohr braun werden.

Rindfleisch (englisch).

Gebratenes, übriggebliebenes Rindfleisch schneidet man in Scheiben, gibt es nebst einigen in Wasser weich gekochten in Stücke geschnittenen Gelberüben nebst einer Zwiebel in Fleischbrühe und dämpft es darin 25 Minuten, nimmt die ganze Zwiebel heraus, gibt etwas in Butter geschwitztes Mehl hinzu, salzt es, gießt einige Tropfen Essig dazu und richtet es so an.

Gewöhnliches Boeuf à la mode.

Rindfleisch vom Schweifstück wird in gleiche Portionen geschnitten, gewaschen, mit Wasser, etwas Essig, Zwiebeln, Wurzelwerk und Salz zum Feuer gesetzt und weich gedämpft. Einige Kochlöffel Mehl in Butter mit einem Stückchen Zucker braun geröstet, mit dieser Sauce angerührt, dann wieder übers Fleisch gegossen, dasselbe darin noch eine Zeit lang kochen lassen. Beim Anrichten wird die Sauce durchgeseiht und dann über das Fleisch angerichtet.

Boeuf à la mode mit Wein.

Ein Stück Fleisch von der Schale wird gewaschen, mit Speck gespickt, gesalzen und gewürzt. In eine Kasserolle gibt man dünne Speckscheiben, legt das Fleisch darauf, gibt Zwiebeln, 1 Zitronenscheibe, eine Handvoll schwarze Brotrinde, Fleischbrühe und Wein dazu, deckt es mit einem ganz gut schließenden Deckel zu und läßt es im Rohr 3 Stunden dämpfen, ohne den Deckel aufzumachen. Dann nimmt man das Fleisch heraus, fettet die Sauce ab, röstet in dem Fett 2 Kochlöffel Mehl braun, rührt es mit der Sauce an, legt das Fleisch noch 10 Minuten hinein und läßt es kochen, seiht die Sauce durch und richtet es auf der Platte an. Die Sauce gibt man extra dazu.

Fränkischer Sauerbraten.

Ein Stück Rindfleisch vom Schlegel wird geklopft, gewaschen und gesalzen, dann mit Speckwürfeln, Sardellen und Gurken (saure) gespickt (mittels eines spitzen Messers werden diese Sachen tief ins Fleisch hineingeschoben); dann legt man dasselbe in eine Kasserolle, gibt etwas Essig daran, Gelberüben, Zwiebeln, Petersilienwurzeln und läßt es in dieser Beize 1 bis 2 Tage stehen, indem man es öfter umwendet. Man setzt es mit dieser Beize und etwas Wasser ins Rohr und dämpft es zugedeckt weich, röstet etwas Mehl mit Zucker braun und gibt solches daran, läßt es damit noch eine Zeit lang kochen, und gibt den Braten auf der Platte, die Sauce extra dazu serviert, zu Tisch.

Gebratenes Rindfleisch.

Am besten ein Lenden- oder auch ein Schweifstück wird geklopft, gewaschen, mit Salz eingerieben und in einer Kasserolle mit ein wenig Wasser und Zwiebeln auf dem Herd 3 Stunden langsam weich und gelbbraun gedünstet; man muß von Zeit zu Zeit immer etwas Wasser nachgießen; ist es weich, richtet man es auf der Platte an und serviert die Sauce dazu.

Lendenbraten oder Filet.

Hat man das hierzu gehörige Lendenstück von den gröbsten Häuten befreit, so wäscht man es, salzt es, gibt es mit Speck, etwas Wasser, Zwiebeln und einer Gelberübe in einer länglichen Bratpfanne ins Rohr und bratet dasselbe unter öfterm Begießen schön gelb und weich. Man richtet den Braten auf die Platte an und gibt die Sauce extra dazu.

Beefsteaks.

Ein abgelegenes, nicht ganz frisch geschlachtetes Lendenstück wird gewaschen, gut abgetrocknet, von Haut und Fett befreit und der Quere nach in fingerdicke Scheiben geschnitten; diese werden mit einem einzigen Schlag mit dem Holzschlegel breit geklopft, gesalzen, feingeschnittene Zwiebeln in Butter heiß gemacht, die Beefsteaks darein gelegt und so 4 Minuten auf der einen und 3 bis 4 Minuten auf der andern Seite schön gelb gebraten; dann nimmt man sie heraus, legt sie auf die Platte, gießt noch 1 Eßlöffel Fleischbrühe in den zurückgebliebenen Saft und gießt die Sauce dann über die Beefsteaks. Man kann Sardellen oder auch Kräuterbutter beigeben.

Beefsteaks mit Ei.

Diese werden so wie die vorhergehenden zubereitet, nur daß man so viele Ochsenaugen bereitet, als man Beefsteaks hat, und auf jedes derselben ein Ochsenauge legt.

Gehackte oder geschabte Beefsteaks.

Wenn man kein Lendenstück haben kann, nimmt man vom Schweifstück oder der Schale, hackt oder schabt es fein (ungefähr 1 Pfd. Rindfleisch), salzt es und rührt es mit 1/2 Liter süßer Milch an. Ist die Milch hinein gerührt, läßt man es längere Zeit stehen, wodurch es dann ganz fest wird, formt runde kleine Küchlein, wie Beefsteaks, daraus und bäckt sie in Schmalz auf beiden Seiten gelb und ganz gar heraus; dieselben sind sehr vorteilhaft. Durch Zugießen von Milch wird die Masse sehr ausgiebig.

Saure Beefsteaks.

Wenn die hergerichteten Beefsteaks eine Viertelstunde, nachdem sie gesalzen, übereinander gelegen sind, kehrt man sie im Mehl um und bratet sie in einem Stück Butter oder Fett auf beiden Seiten mit etwas Zwiebeln schön gelb, gibt dazu einige Eßlöffel Essig, läßt die Beefsteaks noch einige Minuten darin kochen und richtet sie mit der Sauce an.

Rostbraten.

Zum Rostbraten nimmt man die kurze Rippe, schneidet aus 1 Pfd. ungefähr 3 Scheiben und salzt dieselben; will man sie recht mürb haben, so taucht man sie in zerlassene Butter und läßt sie so übereinander gelegt eine Viertelstunde liegen; dieses Verfahren kann man aber auch weglassen und nur, wenn sie gesalzen sind, eine Viertelstunde übereinander liegen lassen. Dann wird in einer Pfanne ein Stück Fett oder Butter mit Zwiebeln heiß gemacht und dieselben 8 bis 10 Minuten darin gelb gebraten. Hat man einen Rost hierzu, so wird er nur mit Speck bestrichen und dann darauf gebraten. Wenn man dieselben aus der Pfanne auf die Platte gegeben, gießt man in dieselbe rasch einige Eßlöffel Fleischbrühe oder Wasser und gibt die Sauce über den Rostbraten.

Rostbraten (gespickt).

Aus saftigen Rippenstücken schneidet man Rostbraten, salzt dieselben, spickt sie mit länglichen Speckstreifen, bratet sie rasch auf beiden Seiten braun, dämpft sie in etwas Fleischbrühe mit Zwiebeln und gekochter Petersilie weich und beträufelt sie vor dem Anrichten mit Zitronensaft.

Rumpfsteak.

Ein gänzlich von Fett befreites Schweifstück schneidet man in fingerdicke, handgroße Stücken, salzt sie, taucht sie in Butter und läßt sie einige Zeit aufeinander liegen, bratet sie dann in der Pfanne oder auf dem Rost schnell braun, bestreut sie mit fein gehackter Schalotte und beträufelt sie mit Zitronensaft.

Saftfleisch.

1 Pfd. gutes Rindfleisch (Schweifstück) wird in viereckige Würfel geschnitten; Haut, Fett und Sehnen müssen entfernt werden. Man läßt Butter oder Fett in einer Kasserolle heiß werden, gibt das Fleisch nebst Salz und viel Wurzelwerk hinein und läßt es weich dünsten, schüttelt es aber öfter um. Nach 1—1¼ Stunden stäubt man es mit Mehl, gießt etwas Fleischbrühe nach und ist es vollends weich, so richtet man es an.

Rindsrouladen.

Man nimmt ein Stück Fleisch von der Schale, schneidet Scheiben wie zu Beefsteaks, salzt dieselben und hackt sie mit dem Hackmesser, aber nur so, daß sie nicht auseinander fallen, rollt dann dieselben zusammen, umwickelt sie mit einem Faden und bratet sie in einer Pfanne oder Kasserolle in Butter weich und schön gelb. Ist ein sehr schmackhaftes Gericht zu Gemüse.

Braten.

Gansbraten.

Nachdem die Gans schön geputzt, ausgenommen, ausgewaschen und abgetrocknet ist, wird sie von innen und außen mit Salz eingerieben, dressiert, noch etwas liegen gelassen, dann in eine Bratpfanne mit 1 Gelberübe, Zwiebeln und etwas Wasser gegeben und so unter häufigem Begießen mit der eignen Sauce schön braun und weich gebraten. Die Sauce wird abgefettet und extra dazu gegeben.

Gansbraten mit Kartoffeln gefüllt.

Gekochte warme Kartoffeln werden rasch geschält, in Würfel geschnitten, in Butter mit Petersilie und Zwiebeln einige Male geschwungen, in die, wie vorher hergerichtete Gans gefüllt, diese zugenäht und dann gebraten.

Gans mit Kastanien gefüllt.

Wird wie die vorhergehende zubereitet. Kastanien werden weich gekocht, abgeschält, in Butter mit Zwiebeln und Salz noch etwas gedünstet und damit die Gans gefüllt, zugenäht und dann gebraten.

Gebratene Ente.

Die Ente wird gerade so behandelt und zubereitet, wie die Gans, auch kann man dieselbe mit Kartoffeln oder Kastanien füllen. Für Enten ist auch eine Aepfelfülle sehr gut. Man schneidet gute Kochäpfel, nachdem sie geschält sind, in Viertel, nimmt das Kernhaus heraus, gibt eine Handvoll Rosinen und Weinbeeren, etwas Zucker und 1 Glas Wein an die Schnitze, überdämpft sie ganz kurz, damit sie noch etwas hart sind, füllt sie in die Ente, näht diese zu und bratet sie. Eine junge Ente braucht zum Braten gewöhnlich 1 Stunde.

Gebratene junge Hühner oder Hahnen.

Wenn die Hühner geschlachtet, gebrüht, geputzt und ausgenommen sind, wäscht man sie, salzt dieselben, dressiert und bratet sie in Schmalz oder Butter, am besten in einer irdenen Kasserolle zugedeckt auf dem Herd bei nicht offenem Feuer schön gelb, gießt aber nichts nach. Erst wenn man die Hühner herausgenommen, gibt man etwas Fleischbrühe oder Wasser in die Kasserolle, läßt es ein wenig anziehen und gibt die Sauce dann extra dazu. Einen Kapaun bratet man ebenso, nur bindet man ihn einige Zeit in mit Butter bestrichenes Papier ein.

Gefüllte junge Hühner.

Werden wie die vorhergehenden hergerichtet. Man nimmt eine halbe Semmel, weicht sie in Milch ein, drückt sie fest aus, rührt ein Stückchen Butter, 1 Ei, etwas Zwiebeln und Petersilie, fein gewiegt, ebenso Zitronenschale und eine Prise Salz darunter, füllt damit den Leib, näht ihn gut zu und bratet dann das Huhn.

Gebratener Kapaun.

Nachdem der Kapaun geputzt und dressiert ist, wird er gesalzen, in mit Butter bestrichenes Papier gebunden, in die Pfanne mit Butter gelegt, zugedeckt und unter österm Begießen eine Zeit lang gebraten; dann nimmt man das Papier ab, gießt etwas Fleischbrühe nach, bratet den Kapaun schön hellbraun, gießt jedoch stets fleißig auf.

Gebratene Tauben.

Werden ebenso zubereitet und mit derselben Fülle wie das Huhn gefüllt; nur schneidet man bei Tauben den Kopf weg, löst die Haut mit dem Finger vorsichtig vom Fleisch und füllt die Taube im Leib und auch den Hals, schiebt die Fülle immer gut zurück, damit zwischen dem Brustfleisch und der Haut auch Fülle kommt. Zahme Tauben werden fast nie ohne Fülle gebraten, weil sie sonst zu wenig ausgiebig sind.

Gebratene Rebhühner.

Die Rebhühner werden, nachdem sie einen Tag abgelegen, gerupft, ausgenommen, ausgewaschen, mit Salz und etwas Nelken eingerieben, entweder auf der Brust fein gespickt oder mit Speckscheiben eingebunden; man kann auch, bevor man die Speckscheiben darauflegt, die Brust mit Traubenblättern belegen. Man wickelt sie dann in butterbestrichenes Papier ein und bratet sie zugedeckt in der Kasserolle, gießt von Zeit zu Zeit etwas Fleischbrühe nach und begießt sie fleißig mit ihrem eignen Saft, nimmt das Papier und alles andere weg, bräunt sie dann noch in der Sauce und richtet sie an.

Gebratene Schnepfe.

Die Schnepfe bratet man wie das Rebhuhn, nur läßt man das Butterpapier weg und bindet sie nur mit Speck ein. Das Schnepfenbrot wird wie folgt bereitet. Der Magen wird wegen seines vielen Sandes, den er enthält, weggethan, das übrige Eingeweide wird mit ebenso viel Butter, als das Eingeweide beträgt, fein gewiegt, mit feiner Zitronenschale, Salz, etwas Muskatnuß, 1 Ei und 1 Eßlöffel Semmelbröseln vermengt, dann auf die Semmelscheiben gestrichen, in Schmalz schön gelb gebacken und mit Zitronenscheiben zu der gebratenen Schnepfe serviert.

Gebratene Vögel.

Die Vögel, wie: Krametsvögel, Wachteln, Spatzen usw. werden wie die Schnepfe hergerichtet und so gebraten; wenn man sie der Mühe halber nicht mit Speck einbinden will, kann man sie auch so in Butter braten; saftiger werden sie jedoch eingebunden.

Gebratene junge Wildente.

Nachdem dieselbe gerupft, sauber geputzt, ausgenommen und gewaschen ist, salzt und würzt man sie mit etwas Zimmt und Nelken, steckt in den Leib ein Stückchen Zitronenschale und bratet dieselbe wie die zahme Ente. Je nach Belieben kann beim Braten statt Wasser und Fleischbrühe auch noch 1 Gläschen Rotwein nachgegossen werden.

Gebratene ältere Wildente.

Dieselbe wird, nachdem sie, wie oben beschrieben, hergerichtet ist, 2 Tage in die Beize gelegt, das heißt: man gießt etwas Essig darüber, gibt Zwiebeln und Gelberüben dazu und läßt sie so in einer irdenen Kasserolle 2 Tage stehen, bratet sie dann bedeckt in Butter und gießt von der Beize und etwas Wasser beim Braten nach; ist sie bald weich, deckt man sie auf, und bratet sie unbedeckt schön gelb.

Gebratene Wildgans oder Wildtaube.

Man bratet die jungen und ältern ganz so wie die Wildente.

Gebratener Hase.

Ein junger Hase wird, nachdem er ausgezogen und das Ragout davon weggenommen, gewaschen, abgehäutet, mittels

Spicknadel mit feingeschnittenem Speck gespickt, mit Salz eingerieben, Zwiebeln, Gelberüben dazu gethan, so in die Pfanne gelegt, etwas Essig und gewöhnlicher Kochwein darüber gegeben und so über Nacht stehen gelassen; dann im Rohr zugedeckt eine Zeit lang gedämpft, mit frischer Butter und saurem Rahm überstrichen und so unter öfterm Begießen noch gebraten. Es kann auch 1 Eßlöffel Mehl in die Sauce gerührt und etwas Fleischbrühe nachgegossen werden. Einen ältern Hasen läßt man länger, vielleicht 2 bis 3 Tage, in der Beize.

Rehziemer oder Rehschlegel.

Denselben häutet man ab und richtet ihn gerade so wie den Hasen in der Beize, läßt ihn darin 2 bis 3 Tage und bratet dann denselben gerade so wie den Hasen; natürlich braucht derselbe längere Zeit.

Gebratener Hirschziemer.

Ganz nach derselben Behandlung wie Rehziemer.

Gebratenes Schweinefleisch.

Vom Schwein eignet sich jedes Stück zum Braten, nur der Schlegel ist etwas trocken. Man wäscht und salzt das Fleisch, legt es in die Pfanne, gibt etwas Wasser, 1 Gelberübe und Zwiebeln dazu und bratet es unter öfterm Begießen zu schöner Farbe. Bratet man es mit der Schwarte, so muß man dieselbe, sobald sie weich ist, kreuzweis zweifingerbreit voneinander überschneiden, das Verschnittene obenauf legen und im Bratrohr recht rösch braten.

Spanferkel.

Das Spanferkel wird gut eingesalzen, dann von außen mit Salzwasser überstrichen und in eine große Pfanne gelegt, in die man einige Hölzer quer auf den Boden derselben gibt. Die Vorder- und Hinterfüße biegt man nach unten und befestigt sie mit einem Holzspießchen. In die Pfanne gießt man etwas zerlassene Butter oder Wasser. Das Rohr muß gut heiß sein. Damit die Haut keine Flecken bekommt, muß man anfangs jeden herausquellenden Tropfen Saft mit einem reinen Tuch abwischen. Hat es eine Zeit lang so trocken gebraten, begießt oder bestreicht man es von Zeit zu Zeit mit zerlassener Butter oder Olivenöl und bratet es so recht knusperig. Hier und da sticht man mit der Spicknadel hinein, weil die Haut leicht Blasen bekommt. Wird meistens ohne Sauce mit Salat gegeben.

Gebeizter Schweinebraten.

Dazu kann man den Schlegel verwenden, legt ihn in die Beize wie den Hasen, bratet ihn dann in dieser Beize, gießt noch etwas Wasser nach, stäubt 1 Löffel Mehl daran und kann, wenn man will, auch noch kurz vor dem Anrichten 1 Eßlöffel sauren Rahm daran geben.

Englischer oder Hackbraten.

Man nimmt 1/2 Pfd. Rind- oder Kalbfleisch und 1 1/2 Pfd. Schweinefleisch, hackt es nebst Zwiebeln und Zitronenschale fein, salzt es, gibt 4 Eier und 5 Eßlöffel Semmelbröseln dazu, mengt es gut durcheinander, formt einen länglichen Wecken daraus, bestreut denselben mit Semmelbröseln, legt ihn mit einem Stück Butter in die Bratpfanne und bäckt ihn im Rohr unter öfterm Aufgießen schön gelb, von Zeit zu Zeit etwas Fleischbrühe nachgießend.

Gebratener Hammelsschlegel.

Ein junger Hammelsschlegel wird geklopft, mit Salz eingerieben, mit etwas Wasser, Zwiebeln und Gelberüben in die Bratpfanne gelegt und so schön weich und gelb gebraten, indem man ihn fleißig aufgießt. (Dies muß überhaupt bei jedem Braten geschehen, wenn er saftig sein soll.)

Gebeizter Hammelsschlegel.

Man legt, nachdem man alles Fett weggenommen, abgehäutet und den Schlegel gespickt hat, denselben in die Beize wie beim gebratenen Hasen, nur gibt man noch 2 Salbeiblätter dazu und einige zerdrückte Wacholderbeeren (wer es liebt, auch ein Gliedchen Knoblauch), und läßt ihn so einige Tage beizen. Man bratet ihn dann in der Beize, gießt von Zeit zu Zeit etwas Wasser nach, gibt 1 Eßlöffel Mehl und einige Eßlöffel sauren Rahm in die Sauce, begießt ihn noch fleißig damit und wenn er schön gelb und weich gebraten ist, gibt man ihn zu Tisch.

Gebratenes Kalbfleisch.

Ein beliebiges Stück Kalbfleisch (Bug-, Schlegel- oder Nierenbraten) wird gewaschen und mit Salz eingerieben, in eine Pfanne mit einem Stück Butter oder Fett gelegt, nebst 1 Zwiebel und Gelberübe im Rohr gelb anbraten lassen, dann so viel süße Milch nachgegossen, als von Zeit zu Zeit nötig ist, bis das Fleisch weich und schön gelb ist und man eine schöne Bratensauce hat. Während des Bratens muß man mit der Sauce recht fleißig aufgießen, mit Milch wird es aber viel mürber, das Fleisch sieht schön weiß aus und ist sehr nahrhaft und wohlschmeckend.

Kalbsbraten mit Bier.

Ein Stück Kalbfleisch vom Schlegel wird gespickt, gesalzen und in einer Pfanne mit Butter auf beiden Seiten braun angebraten, dann gießt man von Zeit zu Zeit braunes Bier nach und läßt es zugedeckt schmoren; ist der Braten weich, legt man ihn heraus, gibt etwas in Butter geschwitztes Mehl in die Sauce, damit sie dicklich wird, kocht sie noch einmal auf und richtet sie dann mit dem Braten an.

Gerollte Kalbsbrust.

Nachdem die Brust ganz ausgebeint, gewaschen und gesalzen ist, wird dieselbe mit einer Fleischsauce oder wie folgt gefüllt: Fein gehackte Schalotten, Petersilie und Thymian wird darauf gestreut, dieses mit dünnen gekochten Schinkenscheiben und hartgekochten Eiern belegt, zusammengerollt, mit Bindfaden gebunden und so in Butter in der Pfanne gebraten, stets etwas Wasser nachgegossen und Zwiebel und Gelberüben mit in die Pfanne gelegt.

Kalbsbraten, am Spieß gebraten.

Das gesalzene Kalbfleisch (meist von der Keule) wird in butterbestrichenes Papier eingebunden und so am Spieß gebraten; ist es bald weich, nimmt man das Papier ab, begießt es noch öfter mit der abgetropften Sauce und richtet es dann an.

Kalbsbraten mit Buttermilch.

Das Kalbfleisch wird 2 bis 3 Tage in Buttermilch gelegt, dann herausgenommen, gewaschen, gesalzen und in die Pfanne gelegt, mit Butter, allerlei Kräutern, Wurzeln und Zwiebeln schön gelb unter öfterm Begießen gebraten. Während dem Braten bestäubt man ihn mit Mehl und gießt von Zeit zu Zeit süßen Rahm oder Milch nach.

Gefüllte Kalbsbrust.

Eine ausgebeinte Kalbsbrust wird, nachdem sie gesalzen, mit folgender Fülle gefüllt: Man weicht vier Semmeln in Wasser ein, drückt sie gut aus, dämpft sie in Butter mit Zwiebeln und Petersilie ab, salzt und gibt 5 Eier dazu, mengt es gut durcheinander, füllt damit die Brust, näht sie zu und bratet sie dann in Butter, gießt aber etwas Wasser nach.

Lamms- oder Kitzenbraten.

Das junge, zarte Lamm- oder Kitzenfleisch wird in Viertel geschnitten, mit Salz eingerieben und so in Butter schön gelb gebraten; man gießt beim Braten etwas Wasser nach und übergießt es fleißig mit der Sauce. Dieses zarte Fleisch ist in 1/2 bis 3/4 Stunden fertig.

Gefüllte Kalbsbrust.

Die Kalbsbrust wird wie die vorherige zubereitet; nur nimmt man zur Fülle 1/2 Pfd. Schweinefleisch und 1/4 Pfd. Kalbsleber, beides fein gehackt, darunter.

Gebeiztes Kalbfleisch.

Nachdem das Kalbfleisch in eine Beize gelegt und über Nacht stehen gelassen worden, wird es mit einem Stück Butter oder Fett in der Bratpfanne in das Rohr gegeben, von Zeit zu Zeit von der Beize und etwas Wasser nachgegossen, schön gelb gebraten und kurz vor dem Anrichten einige Löffel saurer Rahm dazu gegeben.

Kalbsroulade.

Die Brust wird ausgelöst, in der Mitte gespalten, gesalzen, dann mit einer Fülle von 4 eingeweichten Semmeln, die man gut ausdrückt, etwas in Butter gedämpften Zwiebeln, Petersilie und Salz, nebst 1/2 Pfd. feingehacktem Kalbsfleisch und 1/4 Pfd. feingehacktem Schweinefleisch gefüllt; hierauf überstreicht mam das Fleisch mit etwas Zitronensaft, einem Gläschen Wein, rollt es zusammen, bindet es mit Bindfaden, näht es an den Enden zu und bratet es in Butter schön gelb und weich. Beim Anrichten wird es von dem Bindfaden befreit.

Eingemachtes und Gemüse-Beilagen.

Gebackene Kalbsbrust.

Eine Kalbsbrust hackt man in kleine Stücke und kocht sie samt Wurzeln in Wasser mit Salz weich; nachdem das Fleisch etwas abgekühlt, taucht man es in Ei, welches man mit etwas Salz verklopft, ein, kehrt es in Paniermehl um und bäckt es in Schmalz schön hellbraun heraus.

Gebackenes Lamm oder Kitze.

Man siedet das Fleich mit Sellerie, Petersilie und Zwiebeln in Salzwasser weich, nimmt es heraus, kehrt es in Mehl um, tunkt es in Ei ein, bestreut es mit Semmelbröseln und bäckt es in heißem Schmalz schön gelb.

Lamm oder Kitze in Sauce.

Wird wie oben weich gekocht, dann eine helle Einbrenne gemacht, mit dem Sud angerührt, mit etwas Essig oder Wein geschärft, das Fleisch hineingegeben und nochmals mit der Sauce gekocht.

Ochsenhirn.

Dasselbe legt man eine halbe Stunde in laues Wasser, damit es auszieht, häutet es ab, kocht es in leicht gesalzenem

Wasser mit Zwiebeln, Petersilienwurzeln, Gelberüben weich, gibt auch einige Eßlöffel Essig zum Sud, macht eine braune Einbrenne, rührt sie mit dem Sud an, gibt sie über das Hirn und richtet es an.

Blauabgesottenes Hirn.

Ein Kalbshirn wird abgehäutet, in Wasser gelegt, dann mit etwas Wasser, Essig, Salz, Zwiebeln und Gelberüben weich gekocht, auf der Platte angerichtet, etwas von dem Sud darüber gegeben und mit in Schmalz gerösteten Semmelwürfeln bestreut.

Gebackenes Hirn.

Das wie vorhin angegebene Kalbshirn wird in Salzwasser halb weich gekocht, in Ei und Paniermehl umgekehrt und in heißem Schmalz schön gelb gebacken.

Wildbretwurst.

Man nimmt gekochtes Wildbret, das von den weniger guten Stücken sein kann, wiegt es mit etwas Zitronenschale und Zwiebeln so fein, wie zu einem Mus, gibt dann ein paar Eier, etwas in Wein eingeweichte, ausgedrückte Semmeln und das nötige Salz dazu. Diese gut vermengte Masse wird im Mörser zerstoßen, worauf man eine Wurst formt, sie mit Speckschnitzeln besteckt und mit Fett und saurem Rahm in der Röhre fertig macht.

Pickelsteiner Fleisch.

1/2 Pfd. rohes Kalbfleisch, 1/2 Pf. Schweinefleisch, 1/2 Pfd. Hammelfleisch, auch etwas Rindfleisch dazu, wird in Würfel geschnitten. Rohe Kartoffeln werden geschält und in Scheiben geschnitten, ebenso Zwiebeln und Gelberüben fein geschnitten. In die Pickelsteiner Maschine gibt man Butter oder Fett, dann eine Lage Kartoffeln mit Zwiebeln, Gelberüben und Salz, sodann die verschiedenen Fleischwürfel. So wird fortgefahren, bis die Form voll ist, dann obendrauf noch etwas Butter, gut zugemacht und 3/4 Stunden auf dem Herd bei zugedecktem Feuer gedünstet und in der Form gleich zu Tisch gegeben. Ist auch sehr gut, wenn man statt des

Fleisches ein geputztes, ausgenommenes, ausgewaschenes, junges Huhn in Stücke schneidet und so in der Form dünstet.

Saure Nieren.

Die Rindsnieren werden sauber gewaschen, fein geschnitten, dann rasch in heißem Schmalz oder Fett mit feingeschnittenen Zwiebeln geröstet, mit etwas Mehl gestäubt, 1 Eßlöffel Wasser oder Fleischbrühe und 1 Eßlöffel Essig dazu gegeben. Erst, ehe man dieselben aus der Pfanne nimmt, salzt man sie, damit sie nicht hart werden.

Geröstete Nieren.

Werden ebenso zubereitet; nur läßt man Mehl und Essig weg und röstet sie bloß ab.

Schweinsnieren.

Die Nieren werden wie die vorigen zubereitet. Schweinsnieren sind viel feiner. Die Hauptsache ist, dieselben rasch zu rösten, weil sie sonst hart werden.

Saure oder geröstete Rinds- oder Kalbsleber.

Wird wie die Nieren zubereitet; man salzt die Leber nicht vorher, sondern erst eine Minute, bevor man sie aus der Pfanne nimmt und anrichtet, da die Leber sonst leicht hart wird.

Rindszunge.

Die gewaschene Rindszunge wird recht weich in Salzwasser gekocht. Unterdessen eine braune Zwiebelsauce gemacht, die Zunge, wenn sie abgeschält, überzwerch in schöne Stückchen geschnitten, in die Sauce gelegt und mit derselben angerichtet.

Rindszunge mit Sardellensauce.

Man behandelt dieselbe wie die vorhergehende, nur wird statt Zwiebel- eine Sardellensauce daran gegeben.

Rindszunge mit Tomatensauce.

Wenn die Zunge weich gekocht und geschält ist, schneidet man dieselbe in der Mitte der Länge nach durch, legt sie herzförmig in die Schale und gibt eine Tomatensauce darüber.

Rindszunge mit Parmesankäse.

Nachdem die Zunge wie vorerwähnt, hergerichtet, legt man sie herzförmig in eine Pfanne mit Butter und etwas Zungenbrühe, rührt 2 Eßlöffel Mehl mit 3 Eigelb, 1/4 Liter saurem oder süßem Rahm, 3 Eßlöffel geriebenem Parmesankäse und etwas Salz an, streicht es über die Zunge und bratet dieselbe im Rohr schön gelb.

Kuheuter.

Das Euter wird gewaschen und weich gekocht, dann in Scheiben geschnitten, gesalzen, in Ei und Semmelbröseln umgekehrt und in Schmalz schön gelb herausgebacken.

Kuheuter in Sauce.

Man siedet das Euter, schneidet es in Stücke, gibt es in eine Kasserolle mit Butter und Zwiebeln, läßt es darin gelb werden, macht eine braune Einmachsauce und gibt sie darüber.

Kuttelflecke auf französische Art.

1 Pfd. gut gereinigte Kuttelflecke schneidet man in viereckige Stücken, gibt sie nebst Gelberüben, Zwiebel, Salz allerlei Kräutern, 100 Gramm Speck und etwas Nierenfett in eine Kasserolle, übergießt alles mit Weißwein und läßt es zugedeckt 5—6 Stunden kochen, aber recht langsam, und richtet es dann mit der Brühe an.

Gedämpfte Kuttelflecke.

Die Kutteln werden recht weich gekocht und fein geschnitten, Zwiebeln in Butter heiß gemacht, die Kutteln hineingegeben, etwas darin gedämpft, gesalzen, 1 Eßlöffel Fleischbrühe daran gegeben und dann angerichtet.

Aufgeschmälzte Kuttelflecke.

Wenn die Kutteln fein geschnitten, legt man sie nochmals in heißes Wasser, gibt sie dann mit dem Schaumlöffel auf die Platte und schmälzt sie mit gelb gebratenen Zwiebeln ab.

Saure Kuttelflecke.

Die weichgekochten feingeschnittenen Kuttelflecke werden in eine mit Essig oder Wein und etwas Zitronensaft abgeschärfte weiße Einmachsauce gelegt und darin aufkochen lassen.

Saure Lunge.

Lunge und Herz wird, nachdem es weichgekocht, recht fein geschnitten, dann in einer Kasserolle mit Butter und Zwiebeln etwas gedämpft, einige Löffel Mehl mit Essig oder Wein zu einem Teig angerührt und an die kochende Lunge geschüttet, gesalzen, nochmals aufkochen lassen und ein Stückchen Zucker beigegeben.

Eingemachtes Kalbsgekröse.

Das Gekröse wird in Salzwasser mit Wurzeln weichgekocht, herausgenommen, fein geschnitten, eine helle Einbrenne mit Fleischbrühe angerührt, mit Essig und Zitronensaft abgeschärft, das Gekröse nochmals darin aufgekocht.

Gebackenes Kalbsgekröse.

Wenn es wie das vorhergehende weich gekocht ist, läßt man es ganz kalt werden, schneidet es dann in Stücke, salzt es, taucht es in Ei ein, bestreut es mit Semmelbröseln und bäckt es in heißem Schmalz schön gelb.

Eingemachtes Gekröse mit Kartoffeln.

Einige Kochlöffel Mehl werden mit kaltem Wasser angerührt, 1 verschnittene Zwiebel, etwas feingewiegte Zitronenschale, Salz, Muskatnuß, das in feine Stücke geschnittene Gekröse, dann rohe, geschälte, in Schnitze geschnittene Kartoffeln, ein Stück Butter, alles zusammen in eine Kasserolle gegeben, nach Bedarf mit Fleischbrühe oder Wasser aufgefüllt und so gekocht, bis alles gut weich ist.

Eingemachte Kälberfüße.

Man setzt dieselben mit Wasser, Salz, Zwiebeln, Gelberüben und Petersilie zu, kocht sie gut weich, macht eine helle

Einbrenne, rührt sie mit dem Sud an, schärft sie mit Essig oder Zitronensaft ab, kocht die Kälberfüße nochmals darin auf und richtet dieselben dann an.

Gebackene Kälberfüße.

Sind die Kälberfüße weich gekocht, so löst man die Beine heraus, läßt sie kalt werden, schneidet sie in Stücke, salzt sie, taucht sie in Eier ein, bestreut sie mit Semmelbröseln und bäckt sie in heißem Schmalz schön gelb.

Gespickte Kalbsleber.

Die Leber häutet man ab, legt sie einige Stunden in Milch und Wasser, schneidet sie dann in halbfingerdicke Scheiben, spickt diese nun mit Speck, salzt sie, bestreut sie mit etwas Mehl und gibt sie in eine Kasserolle mit zerlassenem Fett oder Butter. Dann bratet man sie auf gutem Feuer schnell, gibt fein geschnittene Zwiebeln dazu, wendet sie um, gießt einige Eßlössel Fleischbrühe und 1 Eßlöffel Essig dazu, läßt es einmal aufkochen und richtet die Leber an.

Gedämpfte Kalbsleber.

Eine ganze Kalbsleber wird abgehäutet und gespickt, indem man kleine Speckwürfel mittels eines spitzigen Messers hineinschiebt. Man gibt sie in eine Kasserolle, in welche man Butter, feingeschnittene Zwiebeln und Gelberüben gegeben, legt die Leber hinein und läßt sie, fest zugedeckt, gelb anbraten. Nun hebt man die Leber heraus, rührt darin 1 Kochlöffel Mehl, 1 Schöpflöffel Fleischbrühe und 1/4 Liter Wein; ist dies gut abgerührt, legt man die Leber hinein und läßt sie 3/4 Stunden unter öfterm Begießen weich dämpfen; nachher salzt man die Leber etwas und richtet sie an.

Gefüllte Kalbsscheiben.

Fein gehacktes Kalbfleisch wird gesalzen, centimeterhohe Scheiben daraus geformt, dieselben mit Sardellenbutter oder feingehackten Sardellen und Kräutern bestrichen, immer zwei bestrichene Scheiben aufeinander gelegt, in Ei und Semmelbröseln umgekehrt und in heißem Schmalz herausgebacken.

Eingemachtes Kalbsbries oder -milchlein.

Dieselben werden in Wasser mit Salz, Zwiebeln und Wurzeln weich gekocht; man nimmt jedoch wenig Wasser, damit der Sud kräftig wird. In eine Kasserolle gibt man Fett oder Butter, legt das Bries einige Minuten hinein, gießt von dem Sud nach, rührt 1 Kochlöffel Mehl mit Wein an, gießt es an das kochende Bries, läßt es aufkochen und gibt ein Stückchen Zucker dazu.

Gebackenes Bries oder Milchlein.

Man kocht das Bries weich, schneidet es in Stücke, bestreicht es mit Ei, salzt es, kehrt es in Semmelbröseln oder in Omelettenteig um und bäckt es in heißem Schmalz schön gelb.

Gespicktes Kalbsherz.

Das Herz wird gewaschen, mit feinem Speck gespickt, gesalzen und in einer Kasserolle, mit Fett oder Butter zugedeckt, 1½ Stunden gebraten. Von Zeit zu Zeit wird etwas Fleischbrühe nachgegossen, Zwiebeln und Gelberüben mitgedämpft und immer fleißig mit dieser Sauce übergossen.

Gefüllter Kalbs- oder Schweinsmagen.

Man wiegt ½ Pfd. Kalbsleber fein, dämpft geschnittene Zwiebeln in Butter nur 1 bis 3 Minuten, gibt fein gewiegte Petersilie und 5 in Wasser eingeweichte, fest ausgedrückte Semmeln dazu, dann 5 Eier, Salz, fein gewiegte Zitronenschale, alles gut durcheinander gerührt, füllt damit einen gut ausgewaschenen Kalbsmagen, bindet ihn fest zu, läßt denselben drei Stunden in vielem Salzwasser sieden, und bräunt ihn dann in der Pfanne in Schmalz oder Fett, ganz oder in Scheiben geschnitten, ab.

Gebackener Kalbskopf.

Ein Kalbskopf wird in Salzwasser gekocht, schön ausgebeint; wenn er kalt ist, in Stücke geschnitten, in Ei und Semmelbröseln gut umgekehrt, oder in Pfannenkuchenteig getaucht und in heißem Schmalz schön gelb gebacken. Kann anstatt gebacken, in Frikasseesauce gegeben werden.

Gekochter Kalbskopf.

Der Kalbskopf wird gespalten, die Backenknochen herausgenommen, dann wieder zusammengebunden und in Salzwasser mit viel Wurzeln weich gekocht, auf die Schüssel gelegt und mit einer holländischen Sauce angerichtet.

Kalbsmilch.

Wenn die Kalbsmilche blanchiert und hergerichtet sind, schneidet man sie in Stücke, salzt sie und dämpft sie kurze Zeit in Butter, bereitet eine Tomatensauce und richtet sie darüber an.

Kalbsschweif eingemacht.

Mehrere Kalbsschweife werden blanchiert, dann in Butter mit Wurzeln, Kräuter und Salzwasser gedämpft und nach 20 Minuten etwas Fleischbrühe nachgegossen. Die Sauce wird, sobald die Schweife weich sind, mit Eidotter legiert und mit Zitronensaft pikant gemacht.

Kalbskoteletten.

Hierzu nimmt man das Rippenstück oder den Kalbsrücken, schneidet davon Scheiben, jede mit einer Rippe. Vom Bein schiebt man das Häutchen zurück und schneidet es ab, so daß nur noch der reine, weiße Knochen zu sehen ist und nur das rein Fleischige daran bleibt. Dieses klopft man nun mit zwei Schlägen breit, dann wird es etwas gehäckelt und schön wieder zusammengeschoben, damit es eine schöne ovale Form bekommt. Man salzt die Koteletten, bestreicht sie mit Ei, kehrt sie in Paniermehl oder Semmelbröseln um und bäckt sie in heißem Schmalz heraus.

Schweinskoteletten.

Werden genau wie die vorigen behandelt, nur häckelt man sie nicht, sondern klopft sie nur und schneidet alles Fett weg. Bei Schweinskoteletten hat man meistens keine Rippchen darin, weil das Stück, wo die Rippchen aufhören, fleischiger und besser dazu ist.

Hammelskoteletten.

Auch diese werden so zubereitet. Man kann aber nur Koteletten von ganz jungen Tieren machen, da sie sehr rasch gebraten werden müssen.

Koteletten (naturell).

Dieselben werden von genannten Fleischarten ganz so hergerichtet, wie beschrieben, aber nicht gehäckelt, nur geklopft und bleibt auch Ei und Paniermehl weg; sie werden so in Fett oder Butter nebst einer Zwiebel gebraten.

Fischkoteletten.

Hierzu verwendet man gewöhnliche Fische, wie Weißfische, wäscht sie, schuppt und häutet sie ab; das Fleisch stößt man mit einem Stück Butter im Mörser, oder man wiegt es fein und gibt dann die gerührte Butter darunter nebst einigen eingeweichten, gut ausgedrückten Semmeln (zu 2 Pfd. Fischen 3 bis 4 Semmeln, 3 bis 4 Eier, salzt, formt Koteletten daraus, kehrt sie in Ei und Semmelbröseln um und bäckt sie in heißem Schmalz schön gelb.

Kalbsschnitzeln oder Wienerschnitz.

Zu diesen nimmt man von der Schale, schneidet schöne Scheiben, taucht sie ins Wasser, klopft und salzt sie, bestreut sie mit Mehl und bratet sie rasch 8 Minuten in heißem Schmalz. Dieselben können auch als panierte Schnitzeln gemacht werden; dann nimmt man statt Mehl Paniermehl oder Semmelbröseln. Beim Servieren legt man eine Zitronenscheibe darauf und gießt ein wenig Sauce darüber.

Eingemachte Kalbszungen.

Dieselben werden in Salzwasser mit Wurzeln weich gekocht, abgeschält, eine weiße Einbrenne mit dem Sud angerührt, mit Essig oder Wein und etwas Zitronensaft abgeschärft, die Zungen nochmals darin aufgekocht und dann zu Tisch gegeben.

Gebackene Kalbszungen.

Werden wie obige weich gekocht, dann die halbierte Zunge in Ei und Semmelbröseln umgekehrt und in heißem

Schmalz gebacken. Die Schweinszunge kann ebenso bereitet werden.

Frikassierte Kalbszunge.

Die Zunge wird wie vorhergehend weich gekocht und beim Anrichten mit einer Frikasseesauce übergossen.

Eingemachtes Kalbfleisch.

Zum Einmachen kann man zwar jedes beliebige Stück verwenden, jedoch das beste ist die Brust. Man schneidet es gleich in Portionen, wäscht und salzt es, gibt 1 Zwiebel, Gelberübe, Petersilienwurzel und ein Stück Sellerie dazu, gibt es samt dem Fleisch in heißem Fett oder Schmalz (Butter) in eine Kasserolle und läßt es eine Zeit lang dämpfen. Fängt es an, gelb zu werden, füllt man Wasser oder Fleischbrühe nach; ist es weich, rührt man mit Wein einige Kochlöffel Mehl an, gießt es nebst einem Stückchen Zucker dazu, läßt es aufkochen und richtet es an.

Frikassiertes Kalbfleisch.

Wird ganz wie das eingemachte zubereitet; nur bleibt Mehl mit Wein weg und wird eine Frikasseesauce darüber gegeben.

Eingemachtes Hammelfleisch.

Man kann hierzu jedes Stück verwenden, schneidet es in kleine Stücke und setzt es in der Kasserolle mit Wasser, etwas Essig, Salz, Wurzelwerk und Zwiebeln aufs Feuer, kocht es weich, macht eine dunkle Einbrenne, rührt sie mit dem Sud an und läßt das Fleisch nochmals darin aufkochen.

Gedämpfte Schweinskoteletten.

Die Koteletten werden wie üblich hergerichtet; nachdem sie gesalzen sind, gibt man sie mit Zwiebeln und Fett in die Kasserolle, läßt sie dämpfen und gießt, wenn sie gelb angebraten sind, etwas Fleischbrühe und ein wenig Essig nach. Sind sie bald weich, nimmt man sie heraus, rührt 1 Kochlöffel Mehl in die Sauce, um dieselbe etwas zu verdicken, legt die Koteletten nochmals hinein, läßt sie darin aufkochen und richtet sie dann an. Die Sauce gibt man durchgeseiht darüber.

Eingemachtes Rehfleisch oder Rehragout.

Zum Ragout verwendet man gewöhnlich Brust und Hals, legt es meistens 1 bis 2 Tage in die Beize, und kocht es in derselben, nachdem man noch Wasser dazu gegeben, weich, dann röstet man Mehl in Fett schön braun, läßt das Fleisch darin aufkochen, gibt ein Stückchen Zucker dazu und, nachdem alles gut durchgekocht und das Fleisch weich ist, hebt man es heraus in die Schale und gibt die durchgeseihte Sauce darüber. Bei jeder dunkeln Einbrenne muß man gleich mit Butter oder Fett etwas Zucker in die Kasserolle geben und denselben braun werden lassen; es ist dieses eine große Zeitersparnis, weil die Einbrenne dann rascher braun wird.

Bemerkung. Um Saucen und Suppen schön gelb zu färben, sollte man stets gebrannten Zucker vorrätig haben. Man bereitet ihn, wie folgt: In ein Pfännchen gibt man kleine Stückchen Zucker und läßt ihn auf dem Feuer zergehen und braun werden; ist er braun, gießt man schnell ein wenig Wasser zu, nimmt es sofort weg und ist es kalt, füllt man es in ein Fläschchen. Dieser Zucker läßt sich lange aufbewahren.

Eingemachtes Hirschfleisch.

Bereitet man wie das Rehfleisch in einer Beize, nimmt es heraus und gibt es in eine Kasserolle mit Fett und Zwiebeln, läßt es gelb anbraten, hebt das Fleisch heraus, gibt einen Kochlöffel Mehl in das zurückgebliebene Fett und röstet es gelb, rührt es dann mit der Beize und Fleischbrühe an, gibt das Fleisch wieder hinein und kocht es darin weich; richtet es mit der zuvor durchgeseihten Sauce an, bestreut es mit feiner Zitronenschale und gibt es zu Tisch.

Bemerkung. Alles eingemachte Fleisch kann man mit Zitronenschale bestreuen; es sieht nicht nur hübsch aus, sondern schmeckt auch fein.

Hasenragout.

Man verwendet hierzu Kopf, Hals, Lappen und die vordern Läufe; dasselbe wird ganz so zubereitet wie das Rehragout. Wenn man den ganzen Hasen kauft, so soll man nie versäumen, den Schweiß zum Ragout zu nehmen. Sobald man die Eingeweide herausgenommen hat, liegt dazwischen eine Haut, dann kommt Herz, Lunge und Leber; darin (in dieser Höhlung) ist der meiste Schweiß; diesen läßt man dann gleich in die Kasserolle laufen, worin man das Ragout beizt, und gibt dann den Essig und das übrige dazu. Nur bei Hasen, die „Wundweit“ geschossen, wie es der Jäger nennt, ist der Schweiß (Blut) nicht verwendbar, weil er durch den Austritt der Gedärme nicht mehr rein ist. Die Sauce ist entschieden mit dem Schweiß besser.

Gedämpfte Ente.

Eine nicht mehr ganz junge Ente legt man 1 bis 2 Tage in die Beize; gibt in eine Kasserolle ein Stück Butter oder Fett und die Ente darein, gießt etwas Beize und Wasser zu und läßt sie darin weich dämpfen, nimmt sie heraus, schneidet sie in Stücke, gibt sie auf die Platte und die Sauce, in die man zuvor ein wenig Mehl stäubt, durchgeseiht darüber.

Eingemachte junge Tauben.

Nachdem die Tauben geschlachtet (man reißt ihnen gewöhnlich schnell den Kopf ab; bei Tauben ist das die leichteste Tötung), gerupft, ausgenommen und ausgewaschen sind, schneidet man sie in Viertel, salzt sie, gibt Zwiebeln, Gelberüben, Sellerie und Petersilienwurzeln dazu, und läßt alles in Butter oder heißem Fett in einer Kasserolle dünsten, und gießt Wasser oder Fleischbrühe nach, dann rührt man zwei Löffel Mehl mit Wein oder Essig an, gibt es, wenn die Tauben bald weich sind, nebst einem Stückchen Zucker daran, läßt es aufkochen und gibt es zu Tisch. Die Sauce wird durchgeseiht, was man beinahe bei jeder derartigen Sauce thut.

Eingemachte Hühner.

Werden gerade wie die Tauben zubereitet; nur gibt man bei den Hühnern auch die Köpfe dazu hinein.

Frikassierte Hühner.

Die so wie vorhergehend hergerichteten Hühner werden in Butter, mit wenig Wasser oder Fleischbrühe weich gedämpft, und vor dem Anrichten mit Frikasseesauce übergossen.

Gebackene Hühner.

Nachdem die Hühner hergerichtet und in Viertel geschnitten sind, salzt man sie, kehrt sie in Ei und Paniermehl um, und bäckt sie in heißem Schmalz langsam heraus. Wiener Backhendeln werden auch so hergerichtet, aber dann in schwimmendem Schmalz herausgebacken.

Gansjung oder Ganspfeffer, auch Gansgeschlecht genannt.

Dazu wird Kopf, Hals, Flügel, Füße, Magen und Leber genommen (oft läßt man letztere auch weg, da sie gedünstet ein Leckerbissen ist), dieses in Stücke geteilt, mit Wasser, Wurzelwerk und Salz in der Kasserolle zugesetzt und weich gekocht. Unterdessen macht man eine helle Einbrenne, rührt sie mit dem Sud an, gibt etwas Essig, Wein oder Zitronensaft und ein Stückchen Zucker daran, läßt es nochmals mit dem Fleisch kochen und gibt es mit der durchgeseihten Sauce zu Tisch.

Gebackenes Gansjung.

Nachdem dasselbe recht weich gekocht ist, schneidet man es in beliebige Stücke, salzt es noch etwas, kehrt es in Ei und Semmelbröseln um und bäckt es in heißem Schmalz.

Gesulztes Gansjung.

Man hackt es gleich in kleine Stücke, kocht es mit allem oben Angeführten (nur fügt man dem Wasser noch Essig bei) recht weich, nimmt das Fleisch heraus, legt es in die Schale, seiht den Sud durch, fettet ihn gut ab, gießt ihn darüber und stellt es kalt zum Sulzen; ist es gesulzt, serviert man es.

Gedünstete Gansleber.

Nachdem die Leber von der Galle befreit, legt man sie mit Butter in eine Kasserolle, bestreut sie mit Salz, gibt fein geschnittene Zwiebeln dazu, läßt sie nun von beiden Seiten gelb anbraten, gießt ein Glas Rotwein darein und läßt sie so dämpfen, nimmt sie dann heraus, rührt 1 Löffel Mehl in die fast völlig eingekochte Sauce, läßt es anziehen, rührt es mit etwas Fleischbrühe zur gehörigen Dicke, läßt es noch gut durchkochen, seiht es durch und gibt es über die Leber.

Geröstete Gansleber.

Die Leber wird gesalzen und ganz rasch in Butter oder Fett abgeröstet.

Gebackene Gans- oder Kalbsleber.

Dieselbe wird in Scheiben geschnitten, gesalzen, in Ei und Semmelbröseln umgekehrt und rasch aus heißem Schmalz gebacken. Die Kalbsleber legt man vorher meistens eine halbe Stunde in Milch.

Eingemachtes Schwarzwildbret.

Man nimmt Brust oder Bug, schneidet es in kleine Stücke und legt es in die Beize. Es werden nun einige Kochlöffel Mehl braun geröstet, mit Wein angerührt, von der Beize nebst etwas Wasser dazu gegeben, das Fleisch samt Zwiebeln und Wurzeln darein gethan, ein Stückchen Zucker dazu, und das Fleisch darinnen weich gekocht. Wird mit der zuvor durchgeseihten Sauce zu Tisch gegeben.

Abgebräunter Kalbskopf.

Man siedet den Kalbskopf in vielem Salzwasser gut weich, löst alle Knochen heraus, und schneidet ihn in beliebige Stücke, kehrt ihn in Ei und Semmelbröseln um und bäckt denselben in heißem Schmalz schön gelb.

Kalbsfrikandeau.

Ein schönes Stück vom Schlegel wird herausgeschnitten (es soll schön oval sein), gewaschen, gesalzen, gespickt und samt einem Stück Butter, Zwiebeln, Gelberübe in die Kasserolle gethan, gelb anbraten lassen, dann ein Glas Wein und Fleischbrühe nachgegossen und so 1 bis 1½ Stunden schön weich gedämpft. Damit es eine schöne Farbe bekommt, kann man es noch ins Bratrohr stellen, muß aber dann sehr fleißig aufgießen.

Fische.

Blau abgesottener Karpfen.

Der Karpfen wird geschuppt, aufgeschnitten, ausgenommen und ausgewaschen, dann in den Fischkessel oder eine beliebige Kasserolle gelegt und mit kochendem Essig übergossen, was ihn blau färbt. Dann gibt man Wasser daran, ziemlich viel Salz, Zwiebeln, Gelberüben, ein Stückchen Selleriekopf, 1 Büschelchen Petersilie und kocht darin den Fisch langsam, bis er fertig ist. Man gibt ihn mit etwas Sud auf die Platte, serviert Essig und Oel und eine Butter- oder holländische Sauce dazu.

Bemerkung. Das sicherste Zeichen, ob der Fisch fertig ist, ist dieses, wenn man den Kessel oder die Kasserolle aufhebt und man in der Mitte derselben den Finger gut hinhalten kann, ohne sich zu verbrennen. Bei großen Fischen, die man ganz siedet, ist oft die Zeit schwer zu bestimmen und kann man auf dieses Zeichen mit Sicherheit rechnen.

Karpfen mit Frikasseesauce.

Nachdem der Karpfen ganz blau abgesotten wurde, nimmt man ihn auf die Platte heraus und übergießt denselben mit einer Frikasseesauce. Den Kopf und Schwanz läßt man frei, das heißt: überstreicht ihn nicht mit Sauce.

Schwarzer Karpfen.

Der Karpfen wird ebenso wie vorhergehend blau abgesotten. Man röstet nun einige Kochlöffel Mehl in Butter braun, rührt es mit Wein und Fischabsud an, gibt es sodann mit 6 bis 8 verklopften Nußkernen in eine eiserne Pfanne, läßt es eine halbe Stunde kochen und richtet es dann durchgeseiht über den Fisch an. Man siedet den Fisch nicht ganz, sondern schneidet ihn vorher gleich in Stücke. Man gibt meistens Semmelknödeln oder abgeschmälzte sogenannte Wassernudeln dazu. Der Karpfen kann auch gesotten und dann eine polnische Sauce dazu gegeben werden.

Gebratener Karpfen.

Der hergerichtete in Stücke geschnittene Karpfen wird mit Salz eingerieben, mit Zwiebeln, Petersilie, etwas Zitronenschale und einem Stück Butter in die Pfanne gelegt und unter fleißigem Begießen schön gelb gebraten; von Zeit zu Zeit gießt man etwas Wasser nach. Am schönsten wird er im Rohr.

Gebackener Karpfen.

Sobald der Fisch hergerichtet und in Stücke geschnitten ist, wird er eingesalzen und dann 1 Stunde stehen gelassen. Nun kehrt man denselben im Ei um, bestreut ihn mit Paniermehl oder Semmelbröseln, unter das man zuvor etwas feines Mehl gemischt, und bäckt ihn im heißen Schmalz schön gelb.

Fischotter gebraten.

Nachdem die Otter abgezogen ist, wässert man sie eine Stunde lang ab, legt dieselbe in einen Topf und übergießt sie mit folgender Marinade, worin sie 2—3 Tage lang gebeizt wird. Zwiebel, Thymian, Majoran, Salbeiblätter und eine halbe in Scheiben geschnittene Zitrone wird in Essig gekocht; damit übergießt man die Otter, Schweif und Kopf schneidet man vorher ab. Aus der Beize herausgenommen brät man sie in Butter mit verschnittenen Zwiebeln, etwas Salz und ein wenig Essig weich, wobei man sie fleißig übergießt; später schüttet man Wein nach nebst etwas in Butter geschwitztem Mehl und Semmelbröseln, um die Sauce sämig zu machen.

Seezunge gebacken.

Der Fisch wird geschuppt, ausgenommen, gewaschen, die Haut abgezogen, gesalzen, in Mehl umgekehrt und in heißem Schmalz herausgebacken. Kann ganz oder in Stücke geschnitten gebacken werden.

Seezunge gekocht.

Nachdem der Fisch wie vorhergehend hergerichtet, schneidet man Kopf und Flossen ab, legt ihn in eine Kasserolle mit Wasser, etwas Essig, Salz, Zwiebel und Wurzeln, stellt ihn zum Feuer und läßt ihn rasch zum Kochen kommen; sobald er kocht, gleich wegnehmen und noch 8 Minuten ziehen lassen, dann anrichten; Essig sehr wenig dazu nehmen: 1 Eßlöffel genügt.

Gebackener Hecht.

Derselbe wird gerade so zubereitet, wie der Karpfen.

Hecht in Buttersauce.

Ein 2 bis 3 Pfd. schwerer Hecht wird geschuppt, ausgenommen, ausgewaschen, in Stücke geschnitten, mit Salz, Zwiebeln, Gelberüben, Petersilie, etwas Estragon, Essig und Wasser, in der Kasserolle aufs Feuer gesetzt und fertig gekocht. Dann bereitet man eine Buttersauce, schärft sie mit Zitronensäure ab und richtet sie über den Fisch an.

Blau abgesottener Hecht.

Derselbe wird ganz wie der Karpfen zubereitet. Man gibt Essig und Oel dazu oder kalten Meerrettich. Siedet man den Hecht ohne Essig nur in Salzwasser, so gibt man zerlassene Butter und runde gebratene Kartöffelchen dazu.

Gebratener Hecht mit saurem Rahm.

Nachdem der Hecht geschuppt, ausgenommen und ausgewaschen ist, wird er in eine Kasserolle gelegt, gesalzen, mit Zwiebeln bestreut, mit zerlassener Butter und 1/4 Liter saurem Rahm begossen und 2 Stunden im Rohr gebraten. Ist er angerichtet, verdünnt man die Sauce noch mit etwas Wasser, gibt etwas Zitronensaft daran und gießt dieselbe über den Fisch.

Gebackener Flunder.

Wenn der Fisch geschuppt, ausgenommen und gewaschen ist, wird er eingesalzen und einige Zeit stehen gelassen; dann taucht man ihn in verklopftem Ei ein, bestreut ihn mit Semmelbröseln und bäckt ihn in Butter oder heißem Olivenöl heraus. Man nimmt meist kleine Fische und läßt sie ganz.

Blau abgesottene Forelle.

Die Forelle ist je frischer desto besser; sie sollte immer lebend in die Küche kommen. Nachdem sie getötet, wird sie aufgeschnitten, ausgenommen, ausgewaschen und aufdressiert, was folgendermaßen geschieht: der Schwanz wird durch den geöffneten Mund gesteckt und mit der Dressiernadel mit einem Stich festgenäht. Hierauf siedet man die so dressierte Forelle genau wie den Karpfen und serviert holländische Sauce dazu.

Gebackene Forellen.

Da die Forellen meist nicht groß sind, bäckt man sie ganz. Nachdem sie ausgenommen und ausgewaschen sind, werden sie eingesalzen und 1 Stunde stehen gelassen, dann in Ei und Paniermehl umgekehrt und in heißem Schmalz gebacken.

Forelle in Frikassesauce.

Bereitet man wie die blau abgesottene, nur wird sie nicht dressiert; man nimmt sie dann heraus, gibt sie auf die Platte und eine Frikasseesauce darüber.

Drüschen.

Schleien.

Können auf gleiche Art wie der Hecht zubereitet werden.

Blau abgesottener Salm oder Rotfisch.

Die Zubereitung ist ganz wie beim Karpfen; nur werden immer 2 Teile starker Rotwein und 1 Teil Wasser zum Sud genommen.

Gebackene Grundeln.

Nachdem sie aus reinem Wasser kommen, gibt man sie in eine Schüssel süße Milch, damit saugen sie sich voll, was sie tötet. Nun trocknet man sie mit einem Tuche ab, salzt sie, mengt Semmelbröseln mit etwas Mehl durcheinander, gibt die Grundeln hinein, mischt sie so lange, bis sie eingehüllt sind, und bäckt sie dann ganz rösch in heißem Schmalz.

Gebackene Heringe.

Die Heringe häutet man ab, legt sie in Milch, spaltet sie zur Hälfte, läßt sie 1 Stunde liegen, wäscht sie noch einige Male im Wasser ab, kehrt sie in verklopftem Ei und Semmelbröseln um und bäckt sie im heißem Schmalz gelb.

Gebratene Heringe.

Werden ebenfalls abgehäutet und mehrere Stunden ganz (nur der Kopf abgeschnitten) in Milch gelegt, herausgenommen, abgetrocknet und entweder auf dem Rost oder mit ganz wenig Butter in der Pfanne gebraten.

Gebratene Heringe.

Frische, ungesalzene Heringe häutet man ab, wäscht sie, trocknet sie ab, salzt sie etwas und bratet sie wie die vorhergehenden.

Stockfisch.

Der schöne, weiß gewässerte Stockfisch wird mit kaltem Wasser zugesetzt und nur ziehen lassen; zum Kochen soll er nicht kommen; wenn er sich blättert, nimmt man ihn heraus, gibt ihn auf die Platte und schmälzt ihn mit Zwiebeln ab. Man salzt den Stockfisch meistens erst bei Tisch, weil er durch das Salz gerne Wasser zieht und weich und musig wird.

Schellfisch.

Wird ebenso zubereitet, darf aber nicht kochen, jedoch wird dieser in Salzwasser ziehen lassen, ganz auf die Platte angerichtet, zerlassene Butter und Kartoffeln dazu serviert.

Gebratener Stockfisch.

Der gewässerte Stockfisch wird fünfmal nacheinander rasch in siedendes Salzwasser getaucht, jedesmal schnell herausgenommen, in Stücke geschnitten, von Haut und Gräten befreit, in zerlassene Butter eingetaucht, etwas gesalzen und so auf dem Rost schnell gebraten.

Gebackener Stockfisch.

Man schneidet Stücke, nimmt die Gräten heraus, kehrt die Stücke in Mehl um, unter das man etwas Salz gemengt, bestreicht diese dann mit Ei, kehrt dieselben in Semmelbröseln um und bäckt sie in Schmalz schnell schön gelb. Ist gut zu Sauerkraut.

Gekochte Krebse.

Die Krebse werden gewaschen, der mittlere Darm ausgezogen, rasch in kochendes Salzwasser mit Kümmel gegeben und gesotten; sind sie schön rot, nimmt man sie heraus und serviert sie in einer auf der Platte gefalteten Serviette.

Eingemachte Froschschenkel.

Dieselben werden gewaschen und dann in einer weißen Einmachsauce eine Viertelstunde gekocht.

Frikassierte Froschschenkel.

Nachdem sie gewaschen, gesalzen und gepfeffert sind, dünstet man sie eine Viertelstunde in Butter, gibt dann eine Frikasseesauce darüber und serviert sie.

Gebackene Froschschenkel.

Man wäscht sie, salzt und dressiert sie dann, das heißt: das eine Bein wird durch das Fleisch des andern gesteckt, dann in Ei umgekehrt, mit Semmelbröseln bestreut und in heißem Schmalz rasch gebacken.

Gedämpfte Schnecken.

Die Schnecken werden gewaschen und so lange in Salzwasser gekocht, bis sich der Deckel vom Häuschen löst; nun nimmt man sie heraus, schneidet die Nase weg, löst die Schweifchen und braunen Häutchen ab, streut etwas Salz darauf, gießt laues Wasser darüber, wäscht sie heraus, wäscht sie nochmals in kaltem Wasser, gibt sie in die Kasserolle mit Butter, Zwiebeln, etwas Salz und Petersilie, dämpft sie 1 Stunde, stäubt sie mit etwas Mehl ein, gießt ein wenig Wasser und noch etwas Zitronensaft daran, kocht sie eine Viertelstunde und richtet sie dann an.

Geröstete Schnecken.

Wenn dieselben wie vorher hergerichtet, gibt man sie in die Kasserolle, in welcher man zuvor eine Zwiebel in Butter gedämpft hat, salzt sie und röstet sie darin einige Male um.

Salate.

Bemerkung. Bei den Salaten muß ich vorausschicken, daß dieselben, wenn sie der Gesundheit, besonders dem Magen, zuträglich sein sollen, nur mit Zitronensaft statt Essig zubereitet werden dürfen. Diese Zubereitung im allgemeinen durchzuführen, hält freilich schwer; einmal sind die Zitronen bei uns verhältnismäßig doch noch zu teuer (für zwei Personen rechnet man den Saft einer halben Zitrone), und dann kann der, welcher auf dem Lande wohnt, dieselben nicht jederzeit haben. Solange ich auf dem Lande wohnte, ließ ich mir immer 25 bis 30 Stück Zitronen kommen; sie kamen dann viel billiger und ich hatte sie jederzeit, wenn ich dieselben brauchte. Aufheben lassen sich dieselben am besten, wenn man Haberstroh etwas verschneidet, in ein Holzkistchen gibt, die Zitronen einzeln nebeneinander legt und im Keller, wenn er nicht zu feucht ist, oder in einem kühlen Zimmer aufbewahrt. So bleiben sie monatelang gut, ohne zu faulen. Wer jedoch seinen Salat nicht mit Zitronensaft, sondern Essig zubereitet, soll wenigstens darauf sehen, einen guten Fruchtessig zu bekommen; Sprit ist in ungekochtem Zustand immer schädlich für den Magen.

Rheinischer Salat.

Gar gekochte Kartoffeln, Aepfel, Salzgurken und Möhren werden in Würfel geschnitten, Eigelb mit etwas Oel und saurer Sahne vermischt, und mit den obengenannten Gemüsen gut vermengt. Man kann den Salat mit feingewiegter Petersilie und dem Gelb und Weiß von hart gekochten Eiern hübsch verzieren.

Kopfsalat.

Die Köpfe werden von den äußern groben Blättern befreit, die großen Rippen von Blättern weggeschnitten, der Salat gewaschen und im Seiher zum Ablaufen gegeben. In die Salatschale gibt man Salz und gutes Oel, rührt dieses ein wenig ab und gibt feinverschnittene Zwiebeln, Zitronensaft oder Essig, nebst etwas gestoßenen Zucker dazu. Erst wenn man den Salat zu Tisch gibt, thut man ihn in die Salatschale und mengt alles gut durcheinander.

Kräutersalat.

Jeden grünen, wie Kopf-, Endivien- usw. Salat kann man mit verschiedenen Kräutern anmachen und vermischen. Die

Kräuter sind folgende: Gartenkresse, Brunnenkresse, Kerbel, Schnittlauch, Estragon, Pimpinelle, Balsamminze und Borretsch; diese Kräuter werden fein geschnitten, mit dem Salat, mit Essig oder Zitronensaft und Oel und Salz angemacht. Um denselben schön zu verzieren, nimmt man dazu die Blüten von Kapuzinerkresse, Borretsch, Veilchen und Königskerze.

Kopfsalat auf andere Art.

Nachdem der Salat hergerichtet und gewaschen ist, verrührt man 2 hartgesottene Eidotter, 1 Kaffeelöffel Senf mit Zitronensaft (oder Essig), Oel, Salz und etwas Zucker, gibt den Salat hinein und mischt ihn gut durcheinander.

Endiviensalat.

Die grünen Blätter werden abgenommen, die gelben länglich fein geschnitten und dann in laues Wasser gelegt, damit sie nicht bitter schmecken. Sind sie im Seiher abgelaufen, werden sie mit Zitronensaft (oder Essig), Oel, Salz, Zucker und feingeschnittenen Zwiebeln angemacht. Man legt diesen Salat auch kranzförmig auf dem Kartoffelsalat herum.

Löwenzahnsalat.

Wird wie Endiviensalat zubereitet.

Ackersalat.

Wird ausgelesen, gewaschen und dann mit Salz, Zitronensaft (Essig), Oel, etwas Zucker und Zwiebeln angemacht.

Brunnenkressesalat.

Nachdem er ausgelesen und von den gröbsten Stielen befreit ist, wird er ebenso wie Ackersalat angemacht.

Brunnen- oder Gartenkressesalat auf andere Art.

Man rührt 2 hart gekochte Eigelb mit Oel, Salz, Zitronensaft, Zucker und etwa 1 Eßlöffel Wein und macht damit den hergerichteteten Salat an.

Krautsalat von Blau- oder Weißkraut.

Die Krautsköpfe werden von den äußern Blättern befreit, ebenso von den gröbsten Rippen, dann schneidet oder hobelt man es nudelartig so fein wie möglich, macht den Salat mit Salz, Zucker, Zitronensaft (Essig), Oel und Zwiebeln an. Es ist gut, wenn man denselben einige Zeit vor dem Gebrauch anmacht.

Warmer Weißkrautsalat.

Nachdem das Kraut wie voriges geschnitten, wird es gesalzen, fein geschnittene Zwiebeln dazugegeben, dann ein Stückchen Schmalz in einem Pfännchen mit Essig und Wasser kochend heiß gemacht, sogleich über das Kraut geschüttet, gut durcheinander gemengt und zu Tisch gegeben. Man kann auch statt Schmalz Speckwürfel nehmen.

Spargelsalat.

Die unten abgeschabten und etwas abgeschnittenen Spargeln werden in Salzwasser weich gekocht, auf die flache Salatschüssel, die Köpfe nach innen stehend, angerichtet, mit Salz, Zitronensaft (Essig) und Oel übergossen und so zu Tisch gegeben.

Blumenkohlsalat.

Der Blumenkohl wird in kleine Blumen zerteilt, wie die Spargel weich gekocht und so zubereitet.

Hopfensalat.

Derselbe wird ganz nach der gleichen Art wie Spargelsalat gekocht und zubereitet.

Pastinaksalat (süddeutsch).

Nachdem die Wurzeln geputzt und entweder in fingerlange Stiftchen oder in Rädchen geschnitten wurden, werden selbe in Salzwasser weich gekocht und mit Oel und Zitronensaft (oder echtem, verdünnten Weinessig) angemacht.

Wirsingsalat (süddeutsch).

Schöne Wirsingköpfe putzen, vierteln und in Salzwasser weich sieden, mit kaltem Wasser übergießen und gut abtropfen lassen, sodann auf eine tiefe Platte anrichten und noch lauwarm mit einer Mischung von Weinessig oder Zitronensaft mit Tafelöl und etwas Salz übergießen.

Kohlrabisalat.

Kohlrabi werden in feine Blätter geschnitten, in Salzwasser weich gekocht, dann mit Salz, Zwiebeln, Zitronensaft (Essig), Oel und etwas Zucker in der Salatschale angemacht.

Schwarzwurzelsalat.

Die geschabten, kleingeschnittenen, in Salzwasser weich gekochten Schwarzwurzeln werden mit Salz, Zitronensaft (Essig) und Oel in der Salatschale angemacht.

Bohnensalat.

Man kann denselben von grünen und getrockneten Bohnen bereiten; sind die Bohnen in Salzwasser gut weich gekocht, macht man sie mit Salz, etwas Zucker, Zitronensaft (Essig) und Oel an.

Gurkensalat.

Die großen Gurken werden geschält, gehobelt, gesalzen, mit Zitronensaft (Essig), Zucker und Oel angemacht und dann gleich serviert.

Gurkensalat mit saurem Rahm.

Bereitet man genau wie die vorigen und gibt dann noch einige Eßlöffel sauren Rahm dazu.

Gurkensalat mit Kartoffeln.

Wird wie voriger zubereitet und einige gekochte, feingeschnittene Kartoffeln darunter gemengt.

Radieschensalat.

Man schneidet die Radieschen in feine Blättchen, macht sie mit Salz, Zitronensaft (Essig) und Oel an. Kann man auch etwas gewaschene, gut abgelaufene Gartenkresse darunter mischen.

Rettichsalat.

Die Rettiche werden geschält, gewaschen, fein gehobelt oder geschnitten, gesalzen und mit Zitronensaft (Essig) und Oel angemacht.

Gelberübensalat.

Die Rüben werden geschabt, in länglich feine Stücke geschnitten, in Salzwasser weich gekocht, abgegossen, mit Salz, Zucker, Zitronensaft (Essig), Zwiebeln und Oel angemacht. Sollten immer eine halbe Stunde, bevor man sie braucht, zubereitet werden.

Tomatensalat.

Die Tomaten schneidet man in Scheiben, legt sie in die Schale und gibt Salz, Zitronensaft (Essig) und Oel darüber.

Schweizer Salat.

Sellerieköpfe werden weich gekocht, ebenso Roterüben, dieselben in Scheiben geschnitten, Acker- oder Nisselsalat dazu genommen und alles zusammen mit feingehackter Zwiebel, Salz, Essig und Oel angemacht.

Gemischter Salat.

Man nimmt gekochte Spargelspitzen, Blumenkohl, grüne Bohnen, Gelberüben, kleine Sellerie, schneidet dies alles in passende Stückchen und macht es mit Salz, Essig und Oel an; in die Mitte der Schüssel legt man ganz kleine Kopfsalatherzchen, legt darunter in Viertel geschnittene hartgesottene Eier, außen herum den angemachten gemischten Salat und gießt über das Ganze eine Sauce aus feingehackten Eiern und Kerbel, mit Essig, Oel und Salz zubereitet.

Roterübensalat.

Die Roterüben werden nicht abgeschnitten, sondern die Blätter nur abgedreht, damit sie beim Sieden nichts von ihrer schönen Farbe verlieren; sind dieselben im Wasser weichgekocht, werden sie abgeschält, in Scheiben geschnitten, gesalzen, etwas Zucker und Essig daran gegeben und in einen steinernen Topf gelegt. So aufgehoben, halten sie sich vierzehn Tage bis drei Wochen und man kann sie dann herausnehmen und zu Tisch geben. Wenn man es liebt, können auch einige Aniskörner darein gegeben werden.

Kartoffelsalat.

Frisch gekochte Kartoffeln werden sofort geschält, fein geschnitten und mit Salz, Zucker, Zitronensaft (Essig), einem Schöpflöffel heißer Fleischbrühe, Oel und feingeschnittenen Zwiebeln angemacht.

Kartoffelsalat mit Hering.

Derselbe wird genau wie voriger hergerichtet, ein Hering abgezogen, ausgegrätet, in Stücke geschnitten und darunter gemengt.

Kartoffelsalat mit Blaukraut.

Man schneidet Blaukraut fein und macht es mit dem Kartoffelsalat an.

Fischsalat.

Ein geschuppter, geputzter Fisch wird in Salzwasser weichgekocht, dann ausgegrätet und in Stücke geschnitten; ein Hering wird ebenfalls hergerichtet, in Stücke geschnitten, von drei hartgekochten Eiern das Weiße in längliche Streifen geschnitten, dann noch einige Sardellen ebenso wie der Hering gerichtet und alles in die Salatschale nebst feingeschnittenen Zwiebeln, einigen Kapern und einigen feingeschnittenen Essiggurken gegeben, die hartgesottenen Eidotter werden zerdrückt, mit Zitronensaft (Essig) und Oel angerührt, gesalzen, gut durcheinander gemengt und zu Tisch gegeben.

Heringssalat.

Man häutet den Hering ab, wäscht und grätet ihn aus, schneidet ihn in Würfel und macht ihn mit Zwiebeln, Essig und Oel an. Man kann auch einige feingeschnittene Borsdorfer Aepfel darunter mischen.

Heringssalat auf andere Art.

Der Hering wird abgezogen, gewaschen, ausgegrätet, fein mit Zwiebeln verwiegt, mit Zitronensaft (Essig), Oel und

und einigen Eßlöffeln saurem Rahm angemacht. Ist sehr gut zu gerösteten Kartoffeln.

Heringssalat.

Man legt zwei Milchner-Heringe einige Stunden ins Wasser, zieht sie ab, grätet sie aus und wiegt sie mit folgenden Zuthaten ganz fein: 2 gekochten, geschälten Kartoffeln, Zwiebeln, Essiggurken, 2 hartgekochten Eiern, übriggebliebenem Braten, Rindfleisch, Wildbret oder was man eben hat, einigen Kapern und macht es dann wie oben mit saurem Rahm, Essig und Oel an.

Sardellensalat.

Wird wie Heringssalat zubereitet; nur werden die Sardellen nicht gewaschen.

Schneckensalat.

Sind die Schnecken gekocht und hergerichtet, werden sie mit Salz, Essig, Oel und Zwiebeln angemacht.

Ochsenmaulsalat.

Das Ochsenmaul wird in Salzwasser recht weich gekocht, in feine Scheiben geschnitten und mit Salz, Essig und Oel angemacht.

Fleischsalat.

Uebriggebliebenes Fleisch wird feingeschnitten, mit Salz, Zitronensaft (Essig), Oel und etwas Senf gut durcheinander gemengt.

Selleriesalat.

Die Köpfe werden in Salzwasser weich gekocht, geschält, in Scheiben geschnitten, mit Zitronensaft (Essig), Oel, Salz und Zucker angemacht.

Butter.

Champignonbutter (französisch).

1 bis 2 Dutzend kleinere Champignons werden, je nach Bedarf, in Butter gedünstet, und gleich etwas Zitronensaft darangespritzt, worauf sie, erkaltet, fein zusammengehackt, und mit 125 Gramm Butter (auf 2 Dutzend) gut vermengt, werden. Genügend abgerührt wird die Masse durch ein Sieb passiert und kalt gestellt. Kurz vor dem Anrichten an Suppen, Saucen gethan, gibt diese Butter denselben einen vortrefflichen Wohlgeschmack. Man kann sie auch, auf Semmel- oder Brotschnitten gestrichen, gut und vorteilhaft verwenden.

Sardellenbutter.

Man richtet 1/4 Pfd. Sardellen, wäscht, schabt sie ab, grätet sie aus, stößt sie fein, gibt zuletzt 1/2 Pfd. Butter darunter, stößt es nochmals durch, und streicht die Butter durch das Sieb.

Kräuterbutter.

Eine Handvoll Kerbelkraut, Petersilie und etwas Thymian wird von den Stielen abgestreift, mit zwei kleinen Zwiebeln schnell in Salzwasser abgekocht, dann fein gewiegt, 1/4 Pfd. Butter gerührt, die Kräuter nebst Salz und dem Saft einer halben Zitrone daruntergemengt.

Schinkenbutter.

1/4 Pfd. Schinken wird fein gewiegt (es darf aber nur magerer, gekochter Schinken sein), darunter 1/4 Pfd. Butter gemengt, etwas gesalzen, und so zum Aufstreichen auf Milchbrot, zum Thee verwendet.

Anchovisbutter.

Wird ganz wie die Sardellenbutter zubereitet.

Eier.

Weichgesottene Eier.

Man setzt sie mit frischem Wasser auf helles Feuer zu; sobald sie zu kochen beginnen, nimmt man sie heraus oder man gibt sie in kochendes Wasser und läßt sie darinnen, bis man auf Hundert gezählt hat.

Wachsweiche Eier.

Man gibt sie in kochendes Wasser und zählt bis zu Dreihundert. Am sichersten ist eine Eieruhr, die man ja ganz billig sich verschaffen kann.

Hartgesottene Eier.

Dieselben legt man in kochendes Wasser und siedet sie 15 Minuten.

Gebackene Eier. Ochsenaugen.

Entweder hat man dazu eine eigne Pfanne, die mit kleinen runden Vertiefungen versehen ist, oder macht sie in der Omelettenpfanne. Man schlägt, nachdem man in jeder Vertiefung ein Stückchen Schmalz hat heiß werden lassen, das Ei hinein und bäckt es, bis das Weiße fest und rösch ist, das Gelbe noch weich, hebt es mit einem runden Messer oder Löffel heraus und gibt sie zu Tisch.

Verlorene oder poschierte Eier.

Man setzt eine Pfanne mit Wasser, einigen Eßlöffeln Essig und Salz aufs Feuer; sobald es kocht, schlägt man 1 Ei nach dem andern vorsichtig hinein, hebt es mit dem Löffel ein wenig auf, damit es nicht am Boden anliegt, und läßt es kaum 2 Minuten darin, in welcher Zeit das Weiße fest zusammengezogen, das Dotter aber innen weich ist, hebt sie danach behutsam heraus, legt sie eine Minute in kaltes Wasser, gibt sie nochmals in warmes Salzwasser zurück, damit sie nicht kalt sind, gibt auf eine Platte etwas Bratenbrühe, legt die Eier darauf, garniert sie mit in Butter hartgebähten Semmelschnitten und gibt sie als eignes Gericht.

Saure Eier.

Es wird eine braune Einbrenne gemacht, mit vegetarischem oder Fastensud angerührt, etwas Essig, Salz und Muskatnuß dareingegeben und in die kochende Sauce die Eier 2 Minuten vor dem Anrichten hineingelegt und einmal aufkochen lassen. Das Weiße muß fest, das Dotter immer noch weich sein.

Rühreier.

4 Eier gibt man in eine Pfanne, zerbröckelt ein Stückchen Butter hinein, gibt 1 Eßlöffel süßen Rahm und etwas Salz dazu und rührt dieses auf dem Feuer so lange ab, bis es eine breiähnliche, lockere Masse ist, richtet es dann sofort an und bestreut es mit Schnittlauch

Rühreier mit Tomaten.

Einige Tomaten werden mit fein gehackter Zwiebel in Butter weich gedünstet. Die Kerne von den Tomaten drückt man zuvor heraus. 8 Eier verquirlt man, zerläßt ein Stück Butter in einer Pfanne, gießt die Eier hinein, salzt sie, und wenn sie anfangen, fest zu werden, gibt man die dick eingedünsteten Tomaten darunter, rührt alles gut durcheinander, gibt oben noch einige Stückchen gepflückte Butter darauf und nachdem man es noch einigemal umgerührt, richtet man es an.

Rühreier.

4 bis 5 Eier werden mit 4 Eßlöffel süßer Milch und etwas Salz fest verklopft, in eine Pfanne mit recht heißem Schmalz geschüttet und wie vorhergehend gebacken.

Rührei mit Schinken.

Unter die vorher beschriebene Masse mischt man feingewiegten gekochten Schinken, und bäckt die Masse wie vorhergehende.

Rührei mit Sardellen.

Die ausgegräteten, fein geschnittenen Sardellen werden ebenso darunter gemengt und so zubereitet.

Rührei mit Trüffeln.

Rührei mit Champignons.

Die Champignons werden zuvor gedämpft, gewiegt und darunter gemengt.

Rührei mit Blumenkohl.

Derselbe wird in kleine Röschen zerteilt, gekocht, unter die Eier gemengt und dann gebacken.

Rührei mit Spargeln.

Ist dieselbe Zubereitung.

Eier in saurem Rahm.

4 Stück hartgekochte Eier werden geschält, der Länge nach geteilt, aus der Schale gehoben und auf die Platte gelegt, einige ausgegrätete Sardellen länglich geschnitten, die Eier damit belegt, 1/8 Liter saurer Rahm mit etwas feiner Petersilie, Salz, Muskatnuß und etwas Kerbelkraut einige Minuten aufgekocht, von einer halben Zitrone der Saft beigefügt und über die Eier angerichtet.

Fondue oder Rührei mit Käse.

Man wiege 6 Stück Eier, nehme guten Emmenthaler Käse, welcher ein Drittel, und ein Stück Butter, welche ein Sechstel der Eier wiegt, schlage die Eier in die Pfanne, gebe Butter, den geriebenen Käse hinein und rühre die Masse gut, bis dieselbe dick ist (über schnellem Feuer), gebe, wenn nötig, etwas Salz bei und serviere die Eier recht heiß.

Kompotte.

Aepfelkompott.

Gute Kochäpfel werden geschält, in Stücke geschnitten, vom Kernhaus befreit, mit etwas Wasser, Zucker, ganzem Zimt weich gekocht und fein verrührt. Oder man läßt die geschälten Aepfel ganz, setzt einen neben den andern in die Kasserolle, gibt etwas Wein, Rosinen und Weinbeeren, Zitronenschale und Zucker dazu und dämpft die Aepfel, nachdem man sie behutsam umgekehrt, weich, hebt sie sorgfältig heraus, und gießt, nachdem man sie in der Schale geordnet, den Saft samt Rosinen usw. darüber.

Birnenkompott.

Die Birnen werden geschält, die Stiele daran gelassen, mit Wein oder Wasser, Zucker, ganzem Zimt und Nelken weich gekocht, dann auf die Schale pyramidenförmig, die Stiele alle nach oben, schön angerichtet, der Saft noch ein wenig eingekocht, durchgeseiht und kalt über die Birnen geschüttet. Oder man kocht dieselben mit etwas mehr Wasser, macht eine hellgelbe Einbrenne, rührt sie mit dem Sud an und läßt die Birnen nochmals darin aufkochen. Zu Birnenklößen und Rauchfleisch am besten.

Birnenkompott.

Die weich gekochten Birnen werden mit länglich geschnittenen Mandeln gespickt, mit der Sauce übergossen und serviert.

Aprikosenkompott.

Man schält sie, kocht sie in Wasser und Zucker eine Viertelstunde, nimmt sie heraus, kocht den Saft noch ein und gibt ihn darüber.

Pfirsichkompott.

Wird ebenso zubereitet.

Berberitzenkompott.

Frische Berberitzen werden mit etwas Wasser weich gekocht, dann durchgetrieben, gut mit Zucker versüßt und durch einen Kaffeelöffel voll Reis oder Stärkmehl etwas verdickt.

Moosbeerenkompott.

Frische Moosbeeren kocht man mit etwas Wein, Zucker und einem Stückchen Zimmt weich und gibt sie so zu Tisch.

Zwetschgenkompott.

Dieselben werden mit kochendem Wasser übergossen und 10 Minuten stehen gelassen. Man macht Wasser mit Zucker kochend, schäumt es ab, gibt dann die Zwetschgen, von denen man das Wasser abgegossen, hinein, und läßt sie eine Viertelstunde ziehen, gibt sie in die Schale, kocht den Saft noch ein und gibt ihn darüber.

Pflaumenkompott.

Wird wie Zwetschgenkompott zubereitet.

Bemerkung. Diese soeben beschriebenen Kompotte lassen sich von den getrockneten Früchten ebenso herstellen, nur müssen dieselben länger kochen und muß man beim Zusetzen mehr Wasser nehmen; seit neuester Zeit gibt es auch getrocknete Aprikosen und Pfirsiche, erstere sind zu Kompotts besser und billiger als die frischen; nur müssen dieselben mit viel Wasser und Zucker zugesetzt werden. Im „Haus zum Merkur", Heinrich Flora in München, bekommt man ausgezeichnete Fabrikate von Dampf getrocknetem Obst.

Kirschenkompott.

Dieselben können mit den Steinen oder ausgesteint verwendet werden; man kocht sie mit etwas Zucker, ganzem Zimt und Wasser weich.

Stachelbeerkompott.

Ungefähr 1/2 Pfd. noch etwas harte, von den Butzen und Stielen befreite Stachelbeeren werden mit 100 Gramm Zucker und etwas Wasser einige Male aufgekocht, herausgenommen, und der Saft noch eingekocht darüber gegeben.

Heidelbeer- und Himbeerkompott.
Johannisbeerkompott.

Wird ebenfalls so zubereitet.

Erdbeerkompott.

Man läutert Zucker mit Wasser und gießt ihn kochend über die Erdbeeren, muß dieses aber mehrere Stunden, bevor man es braucht, thun.

Orangenkompott.

Dieselben schält man, schneidet sie und bestreut sie mit Zucker, legt sie aufeinander, bestreut sie wiederholt mit Zucker und serviert sie dann.

Gelberübenkompott.

Nur das Innere, Markige der Gelberüben nimmt man heraus, schneidet es in länglich feine Schnitten, kocht dieselben in Wein und Zucker weich, bis sie ganz glasig aussehen, schneidet Zitronat ebenso fein, gibt es einige Minuten, bevor sie fertig sind, hinein und läßt es mit aufkochen, gibt sie dann in die Schale und läßt sie erkalten. Gut ist es, sie mit dem Saft tags vorher, ehe man sie braucht, zu machen.

Dirrlitzenkompott.

Wird wie das Pflaumenkompott zubereitet.

Kürbis- oder Melonenkompott.

Die Frucht wird geschält, vom Mark befreit, dann in Zucker, etwas Wasser und Wein das in Schnitten geteilte Fleisch weich gekocht.

Rhabarberkompott.

Die Stiele werden von den Blättern gestreift, klein geschnitten, mit Zucker und nur einigen Tropfen Wasser, weil sie ohnedies viel Saft geben, zu einem dicken Mus gekocht.

Creme.

Gestürzte Milchcreme.

1/2 Liter kochende Milch wird mit 180 Gramm Zucker und 1 kleine Stange Vanille noch ein wenig gekocht, 10 Eigelb tüchtig verrührt, die kochende Milch vorsichtig hineingerührt, noch einmal aufgekocht, 30 Gramm aufgelöste Gelatine darunter gethan, hernach in der Form sulzen lassen.

Vanillecreme.

1/4 Liter Rahm oder Milch wird mit einem Stückchen Vanille einige Male überkocht, 1 Kochlöffel Mehl, 8 Eigelb mit kalter Milch angerührt, 120 Gramm Zucker dazu gegeben, das Ganze mit der Vanillemilch aufs Feuer gestellt, mit dem Schneebesen geschlagen, bis es zum Kochen kommt, weggenommen und, nachdem es etwas abgekühlt, der steife Schnee von 6 Eiweiß darunter gemengt, mit Zucker bestreut, mit glühendem Eisen gebrannt und warm oder kalt serviert.

Zitronencreme.

Wird ebenso bereitet wie die vorhergehende. Man gibt auch immer in die Creme beim Zubereiten einige Körnchen Salz.

Weincreme.

Bereitet man ebenso; nur nimmt man statt Rahm Weißwein und als Geschmack Zitrone. Man läßt entweder ein Stückchen Schale mit zum Kochen kommen, oder reibt den Zucker daran ab.

Schokoladecreme.

1/4 Pfd. geriebene Schokolade, 8 Eidotter und 1 Kochlöffel Mehl wird mit 1/4 Liter Rahm oder Milch angerührt, etwas Zucker noch beigegeben und zubereitet wie die vorige, der steife Schnee darunter gemengt und dann kalt oder warm serviert.

Gebackene Creme.

Man verquirlt 1 Pfd. Mehl mit 5 ganzen Eiern, rührt 1 Liter Milch daran und verrührt es über dem Feuer zu einer glatten Creme, läßt es auskühlen, gibt dann 25 Gramm gestoßene bittere Mandeln, 130 Gramm gestoßenen Zucker und 6 Eidotter dazu, breitet die Masse einige Centimeter hoch auf butterbestrichenes Blech, bäckt es im Rohr, läßt es auskühlen, schneidet es in Streifen, kehrt sie in Ei und Semmelbröseln um und bäckt es in heißem Schmalz heraus.

Wassercreme.

8 Eigelb werden mit 1/2 Pfd. Zucker recht dick gerührt, dann 1/4 Liter Wasser und Saft von 2 Zitronen dazu genommen, in einer Messingpfanne auf dem Feuer so lange gerührt, bis es dick ist, 2 Eßlöffel Arak dazu gegeben, in die Schale gefüllt und erkalten lassen.

Russische Creme.

4 Eidotter und 4 Eßlöffel gestoßener Zucker werden fein abgerührt, 1 Eßlöffel Arak und 1/2 Liter dicker Rahmschnee dazu gegeben, alles recht gut verrührt, und dann in die Schale gefüllt.

Aepfelcreme.

Man kocht ein dickes Apfelmus mit Zucker, fügt etwas Rosinen dazu, würzt mit Zitronenschale und läßt es dann erkalten. Von übrigem Eiweiß schlägt man einen recht steifen Schnee, den man mit Streuzucker noch 5 Minuten in der Kälte rührt; diesen häuft man auf das erkaltete Mus und läßt das Gericht wenige Minuten in der Röhre, bis der Schnee sich zieht.

Preiselbeercreme.

1 Eßlöffel süß eingekochte Preiselbeeren, 1 Eßlöffel Zucker und 1 Eiweiß wird gerührt, bis die Masse schaumig und steif ist.

Schlagrahm.

Guter, süßer Rahm wird mittels eines hölzernen Schneebesen geschlagen, bis aller Rahm zu Schaum geschlagen ist.

Schlagrahm mit Vanillezucker.

Schlagrahm mit Zitronenzucker.

Wird wie voriger bereitet, nur gibt man einige Eßlöffel gestoßenen Zucker und einige Eßlöffel gestoßenen Vanille- oder Zitronenzucker darunter.

Schlagrahm mit Erdbeeren.

Ist der Rahm geschlagen, vermischt man denselben mit Zucker und frischen Erdbeeren.

Arakcreme.

6 Eidotter werden mit 185 Gramm Zucker gerührt, 1/8 Liter süßer Rahm zugesetzt, unter Schlagen mit dem Schneebesen gekocht, 15 Gramm aufgelöste Hausenblase nebst 1/4 Liter Arak beigemischt, in die Schale gefüllt und erkalten lassen.

Karamel-Charlotte.

150 Gramm Zucker läßt man ohne Wasser über dem Feuer schmelzen, gießt dann 1/2 Liter Rahm oder gute Milch darauf und läßt es erkalten. Nachher schlägt man 8 Eigelb hinein und zieht es nebst einer halben Stange Vanille über Feuer ab. Nun schlägt man 1/2 Liter Rahm, versetzt denselben mit 35 Gramm aufgelöster Gelatine und mischt beides untereinander. Die Form wird mit Biskuit ausgelegt, und nachdem die Creme gestürzt ist, werden an den Seiten kleine Mandelspähne angesetzt und das Ganze mit rosagefärbtem Karamelzucker gefärbt.

Tutti-Frutti-Charlotte.

Unter 1 Liter geschlagenen Rahm rührt man 135 Gramm Zucker, 4 Eigelb, 1 Gläschen Marasquino, 1 Gläschen Kirschwasser, 30 Gramm aufgelöste Gelatine und 125 Gramm in Würfel geschnittene Früchte. Die Form wird auch mit Biskuit ausgelegt und, nachdem sie gestürzt ist, wird der Deckel mit Früchten belegt und mit einer beliebigen Früchtensauce mit etwas Kirschwasser serviert.

Erdbeer-Charlotte.

1 Liter schön geschlagener Rahm wird mit 125 Gramm Zucker und 1/4 Liter Erdbeermark, sowie 40 Gramm aufgelöster Gelatine gut verrührt, in eine mit Papier ausgelegte Form gefüllt und kalt gestellt. Nachdem sie gestürzt ist, wird mit Schlagrahm weiß garniert und mit frischen oder kandierten Erdbeeren belegt.

Weinsulze.

50 Gramm Gelatine wird in lauwarmem Wasser aufgelöst, 3/4 Pfd. Zucker gibt man in eine Schüssel nebst der Schale von 2 Zitronen, gießt 1/2 Liter heiß gemachten alten Rheinwein darüber und läßt es eine Stunde stehen, nimmt dann die Zitronenschale heraus, kocht es auf dem Feuer auf, stellt es zum Erkalten, gibt die erkaltete, aufgelöste Gelatine darunter nebst dem Saft von 2 Zitronen, läßt es durch eine Serviette laufen, füllt es in die Gelee-(Sulzen-)Gläser ein und stellt es kalt zum Sulzen.

Charlotte (russisch).

Zu diesem Zwecke nimmt man ziemlich lange und breite Zuckerbrote, schneidet dieselben von allen Seiten gerade, und legt hiermit eine Form, Boden wie Wandung, aus, so daß keine Oeffnung dazwischen ist. Hierauf wird eine gute Vanillecreme mit etwas Schlagrahm und aufgelöster Gelatine vermengt, in die mit Biskuit ausgelegte Form gefüllt, zum Erkalten ins Eis gestellt und nach dem Erkalten auf eine Serviette oder leere Platte gestürzt; ist letzteres der Fall, so ist es besser, wenn man den Rand noch mit Früchten belegt. Anstatt Vanillecreme können auch verschiedene andere Cremes dazu verwendet werden. (Vanille-Creme: 5 Eigelb, 8 Lot Zucker, 1 Lot Vanillezucker, 1/4 Liter Rahm.)

Pudding „Nesselrode".

Vanille-Eis in eine Puddingform gefüllt, darunter Zitronat, Pomeranzenschalen und Sultaninen gemengt, in die Form gefüllt, nochmals gefrieren lassen, rasch umstürzen, hernach auftragen.

Rahmschnee-Gefrorenes.

1/4 Liter dicker, süßer Rahm wird zu Schlagrahm geschlagen, mit Zucker, Vanille und feingeschnittenen Makronen vermischt, alsdann in die Form gefüllt und in stark gesalzenem Eis gefrieren lassen; in ungefähr 2 bis 3 Stunden sollte es gefroren sein. Die Form dann schnell in heißes Wasser getaucht und rasch umgestürzt.

Vanille-Eis.

1/2 Liter Rahm, 7 Eigelb, 150 Gramm Zucker und 1 Stange Vanille wird gekocht; hernach kommt 1 ganzes Ei hinzu. Wenn es erkaltet ist, schüttet man es in die Gefrierbüchse und läßt es gefrieren.

Fruchteis.

1/2 Liter Himbeersaft, 1/2 Liter Läuterzucker und 1 Liter Wasser wird zusammen in die Gefrierbüchse geschüttet und gefrieren lassen. Je nach Belieben kann man den Fruchtsaft wählen, ob Erdbeer, Weichsel usw.

Zitroneneis.

Eine Zitrone wird auf Zucker abgerieben und mit dem Saft derselben, 1/2 Liter Wasser, 1/2 Liter Läuterzucker, etwas Weißwein und Zitronensäure vermengt, eingefüllt und gefrieren lassen.

Erdbeersulze.

1 Pfd. reife Erdbeeren werden mit 1/2 Liter Wasser und 350 Gramm Zucker aufgekocht. Man löst 15 Gramm Hausenblase oder Gelatine in warmem Wasser auf, gibt den Saft von 2 Zitronen dazu, gießt es in eine Serviette, dann die Erdbeeren mit dem Saft und läßt alles langsam durchlaufen, ohne zu drücken, füllt es in die Schale und läßt es stehen, bis es gesulzt ist; man kann es auch gleich in kleine Gläser füllen und so servieren.

Himbeersulze.

Johannisbeersulze.

Bereitet man beide auf die vorige Weise zu.

Süße Mehlspeisen.

Brotpudding.

Reibe 6 altgebackene Semmeln fein, rühre 5 Eigelb mit 6 Lot Zucker schaumig, gib etwas feingewiegte Zitronenschale, oder Zitronat und Orangeat darunter, nebst den Semmelbröseln und dem Schnee der 5 Eiweiße. Diese Masse fülle in eine mit Butter bestrichene Form und backe sie eine schwache halbe Stunde in der Ofenröhre. Hierauf stürze das Gebackene auf einen warmen Teller und gieße einen starken Viertelliter Glühwein darüber. Wenn der Wein eingesogen ist, wird die Speise aufgetragen. Wer sie reicher wünscht, kann sie erst mit länglich geschnittenen Mandeln spicken.

Plumpudding.

180 Gramm Rindermark und 90 Gramm Kernfett zergehen lassen; 75 Gramm Mehl, 60 Gramm Zucker, 3 ganze Eier, 90 Gramm Sultaninen, 90 Gramm Korinthen, 2 Stück geschälte, fein geschnittene Aepfel, etwas Aprikosenmarmelade, etwas süßer Rahm, Salz und Zitronen werden gut untereinander gemengt. Die Masse wird in eine mit Butter bestrichene und mit Semmelbröseln bestreute Serviette gethan und 3 Stunden in immerwährend kochendem Wasser fest kochen lassen.

Pudding à la Humbold.

Man bäckt 24 kleine, dünne Eierkuchen, jeden ungefähr von 2 Eßlöffel gut angerührtem Teig, auf beiden Seiten hellgelb; bestreicht 18 derselben auf einer Seite mit Aprikosenmarmelade, rollt alsdann jeden einzeln auf und schneidet ihn hierauf in der Mitte durch. Nun werden 4 Eidotter mit 400 Gramm Puderzucker, 200 Gramm feingestoßenen Mandeln und etwas fein gestoßener Vanille wie eine Biskuitmasse schaumig gerührt und dann mit dem Schnee von 2 bis 3 Eiweiß verbunden. Man belegt nun den Boden einer kugelförmigen, gut mit Butter ausgestrichenen Puddingform mit 5 der zurückgelassenen Eierkuchen, füllt einige Löffel von der

Mandelmasse darüber und schichtet in regelmäßiger Abwechslung die aufgerollten Eierkuchen und die Mandelmasse in die Form ein; der einzig noch übrig gebliebene Eierkuchen wird als Decke über das Ganze gelegt. Ein zweifingerbreiter Raum muß in der Form bleiben. Nun stellt man die Form auf 3/4 ihrer Höhe in siedendes Wasser. Von diesem Zeitpunkt an ist der Pudding in einer Stunde fertig, wobei das Wasser immer am Kochen erhalten wird, aber nicht wirklich kochen darf. Beim Anrichten garniert man den Pudding mit in Viertel geschnittenen Pfirsichen, die man gedämpft (kann auch eingemachte verwenden), und gibt eine Aprikosensauce dazu.

Brotpudding.

120 Gramm Bröseln (3/4 Teile Brot, 1/4 Teil Semmeln), 50 Gramm feingewiegte Mandeln, 75 Gramm Rosinen und Weinbeeren, 50 Gramm gestoßener Zucker, 3 Eidotter, 50 Gramm feingewiegtes Orangeat, 20 Gramm Zitronat, gestoßenen Zimt und Nelken, 6 Eßlöffel Milch und 2 Eßlöffel Arak kommen in eine Schüssel, in welcher 60 Gramm Butter fein abgerührt sind; es wird dann alles gut durcheinander gerührt, in die mit Butter und Semmelbröseln bestrichene Puddingform gefüllt und 1 Stunde im Dunst gekocht. Das Wasser darf beim Puddingkochen, wenn man die Form in den Topf stellt, nie höher als dreifingerbreit an der Form hinaufgehen, die Form sowohl als der Topf, in welchem sie steht, muß mit gut passendem Deckel verschlossen sein; eine Regel, die nie außer acht gelassen werden darf.

Schrotbrotpudding.

Ein halbes Weckchen Weizenschrotbrot wird aufgerieben, 3 Eidotter, 1 Tasse Weizenschrotmehl und 1 große Tasse Zibeben nebst Zitronat (feingeschnitten) und 1 Tasse geriebener Zucker darangegeben, zuletzt der Schnee von den drei Eiern, alles gut vermengt, in eine butterbestrichene Serviette gebunden oder in eine geschlossene Puddingform gefüllt, im Dampf 1 bis 1 1/2 Stunden gekocht, dann auf eine tiefe Platte gestürzt und nach Belieben mit Himbeer-, weißer oder roter Wein-Sauce übergossen.

Warmer Schokoladepudding.

Man nimmt 150 Gramm feingestoßene Semmeln, neun Eier, 150 Gramm Zucker, 30 Gramm süße und gestoßene Mandeln und Schokolade, zerrührt die Eidotter mit Zucker, geriebener Schokolade und Mandeln und gibt dann die gestoßenen Semmeln dazu. Die Form wird mit Butter ausgestrichen, mit Mehl oder gestoßenem Brot bestreut, dann die Masse hineingethan und eine kleine Stunde gekocht oder im Ofen gebacken.

Schokoladepudding.

Man rührt 245 Gramm Butter zu Schaum, mischt 125 Gramm gestoßenen Zucker, 4 Eidotter, 125 Gramm gestoßene Mandeln, 125 Gramm geriebene Schokolade darunter, rührt es gut ab, gibt den von 4 Eiweiß geschlagenen Schnee darunter, füllt es in die butterbestrichene Form und beendet den Pudding wie vorhergehenden, oder bäckt ihn bei mäßiger Hitze 1 Stunde im Rohr.

Reispudding.

1/4 Pfd. Reis wird mit kochendem Wasser abgebrüht, das Wasser abgegossen und in 1 Liter siedender Milch weich und körnig gekocht, 2 Eßlöffel Mehl, wenn er fertig ist, darein gerührt, etwas abkühlen lassen, dann 100 Gramm Butter, 100 Gramm Zucker, 6 Eigelb, der Schnee von 6 Eiweiß daruntergemischt, in die mit Butter und Semmelbröseln ausgestrichene Puddingform gefüllt und 1 Stunde gekocht.

Griespudding.

100 Gramm Gries werden mit 1/2 Liter Milch glatt angerührt, fleißig umgerührt und auf dem Feuer samt 100 Gramm Butter und 100 Gramm Zucker zu einem dicken Mus gekocht; 6 Eidotter und etwas Salz nach einigem Erkalten beigegeben, der steife Schnee von 6 Eiweiß daruntergemengt, in die butterbestrichene Puddingform gefüllt und 1 Stunde gekocht. Etwas feingewiegte Zitronenschale verfeinert den Geschmack.

Sagopudding.

1/4 Pfd. Perlsago wird in 1 Liter siedender Milch weich gekocht; nachdem er etwas erkaltet, gibt man 150 Gramm schaumig gerührte Butter, 150 Gramm Zucker und 6 Eidotter dazu, rührt alles gut durcheinander, nebst einer Prise Salz, fein gewiegter Zitronenschale und dem Schnee der 6 Eiweiß, füllt es in die mit Butter und Semmelbröseln ausgestrichene Form und siedet denselben 1 Stunde.

Italienischer Pudding.

Drei abgeriebene Semmeln werden mit 6 verquirlten Eiern, 125 Gramm geschälten, länglich geschnittenen Mandeln, 70 Gramm Zucker, 125 Gramm klein geschnittenen Sultaninen und 125 Gramm in kleine Würfel geschnittenem Rindermark nebst ein wenig Salz gut verrührt, in eine butterbestrichene Form gefüllt und 1 1/2 Stunden gekocht.

Rheinischer Pudding.

In 1/4 Liter Milch oder Rahm rührt man 180 Gramm feines Mehl und 80 Gramm gestoßenen Zucker glatt an; 1/4 Liter Milch wird mit 125 Gramm Butter heiß gemacht; dann schüttet man den Mehlteig hinein und verkocht ihn unter beständigem Umrühren zu einem festen Brei. Ist derselbe halb ausgekühlt, gibt man nach und nach 9 Eidotter, 125 Gramm gestoßene Mandeln, etwas Vanillezucker und den steifen Schnee der 9 Eiweiß dazu, füllt es in die gut mit Butter und Semmelbröseln ausgestrichene Form und siedet den Pudding 1 1/2 Stunden.

Fruchtpudding.

In einer mit Butter ausgestrichenen Form läßt man Zwieback und in Zucker eingekochte Früchte lagenweise abwechseln und die oberste Schicht aus Früchten bestehen, verrührt hierauf 4 Eßlöffel Hafermehl mit 1/2 Liter Milch, 3 Eiern und etwas Zucker, gießt diese Flüssigkeit über den Zwieback und die Früchte in der Form und bäckt die Speise 3/4 Stunden im Ofen.

Feiner Hafermehlpudding.

150 Gramm feines Hafermehl wird mit 1/2 Liter Milch angerührt und unter Zugabe von 100 Gramm Butter so lange gekocht, bis sich der Teig von der Pfanne löst. Ist derselbe erkaltet, so rührt man 6 Eigelb, 100 Gramm Zucker, 100 Gramm Rosinen, 100 Gramm Korinthen, 100 Gramm feingestoßene Mandeln, etwas Zitronensaft, eine Messerspitze Zimt, ein Gläschen Arak und den Schnee der 6 Eier hinzu, füllt diese Masse in eine gut ausgestrichene, mit geriebenem Zwieback ausgestreute Form und kocht sie 1 Stunde. Man reicht Weinguß dazu.

Schokoladepudding.

100 Gramm geriebene Schokolade wird mit 150 Gramm Hafermehl vermengt. Dieses Gemisch läßt man in 1 Liter kochende Milch laufen und unter fortwährendem Rühren bis zum Dickwerden kochen, was etwa 1/4 Stunde dauert. Hierauf läßt man diese Masse in einer mit kaltem Wasser ausgespülten Glas- oder Porzellanform erkalten und bringt sie mit Vanilleguß zur Tafel.

Weißbrotpudding.

1. Drei zerschnittene Semmeln werden in 1 Liter Milch eingeweicht, sodann rührt man 100 Gramm Butter, 3 Eier, 3 Eßlöffel Zucker, 1 Messerspitze Zimt, 50 Gramm Rosinen, 50 Gramm Korinthen, 6 Stück gekochte, geriebene Kartoffeln und 4 Eßlöffel Hafermehl hinzu, füllt die Masse in eine mit Butter ausgestrichene Form und bäckt sie in 3/4 Stunden gar. Der Pudding wird mit Himbeerguß gegessen. — 2. Man läßt in Scheiben geschnittenes Weißbrot mit ebenfalls fein gescheibelten, mit Zucker, Zimt und Korinthen bestreuten Aepfeln in einer Auflaufform so lange lagenweise miteinander abwechseln, bis die Form ziemlich voll ist, und gießt dann 100 Gramm Hafermehl, das man mit 3 Eiern und 3/4 Liter Milch anrührte, darüber. Nachdem die Flüssigkeit sich etwas in das Brot gezogen, bäckt man den Pudding bei ziemlicher Hitze 1 Stunde lang.

Weinpudding.

8 Eier, 100 Gramm Zucker, 200 Gramm feingewiegtes Nierenfett, etwas Zitronenschale, 100 Gramm Korinthen, 100 Gramm Rosinen und 200 Gramm Hafermehl werden mit 1/4 Liter Milch gut verrührt. Man füllt die Masse in eine ausgestrichene, mit Mehl ausgestäubte Form und kocht den Pudding 1 1/2 Stunden. Gestürzt, wird er mit Weinguß vollständig getränkt und, mit eingemachten Früchten verziert, zu Tisch gegeben.

Butterteigpudding.

250 Gramm Butter rührt man schaumig, fügt 8 Eier, 200 Gramm Zucker, 1/4 Liter Himbeer= oder Erdbeersaft und 250 Gramm feines Hafermehl hinzu, welches vorsichtig hineingerührt werden muß, so daß es keine Klumpen gibt. Dieser Teig wird in einer ausgestrichenen Form 3/4 Stunden lang bei mäßiger Hitze gebacken.

Rahmpudding.

125 Gramm Hafermehl wird mit 1/4 Liter Weißwein, dem Saft einer Zitrone, 3 Eiern, 50 Gramm gestoßenen Mandeln, etwas Zitronenschale, 200 Gramm Zucker und 1/4 Liter süßem Rahm verrührt. Diese Masse bäckt man in einer ausgestrichenen Form eine Stunde und reicht Vanilleguß dazu.

Schweizer Pudding.

Nachdem man eine Puddingform gut mit Butter ausgestrichen hat, legt man eine Schicht in Milch eingeweichten und mit einer Gabel glatt geschlagenen Zwieback auf den Boden, bedeckt diesen mit einer Schicht Apfelscheiben, die mit Zucker, Korinthen, Zitronenschale und Zimt vermischt sind, fährt so abwechselnd fort, bis alles verbraucht und die Form bis zu Dreiviertel voll ist. Die oberste Zwiebackschichte begießt man mit zerlassener Butter, streut Zucker und Zimt darauf und bäckt den Pudding 3/4 Stunden im Rohr.

Wiener Pudding.

6 abgeriebene Semmeln werden in kleine Würfel geschnitten, mit 8 in 1/2 Liter Rahm zerquirlten Eidotter

übergossen, mit 6 bis 8 in Scheiben geschnittenen Aepfeln, 125 Gramm Korinthen, 125 Gramm Zucker, etwas Zimt und Zitronenschale, 250 Gramm feingehacktem Rindermark, dem Schnee von 10 Eiweiß gut vermischt, und der Pudding in einer gut gebutterten, mit Semmelbröseln bestreuten Form 1 Stunde im Rohr gebacken.

Brotpudding.

120 Gramm Bröseln (drei Vierteil Brot, ein Vierteil Semmel), 50 Gramm Mandeln (feingewiegt oder gestoßen), 75 Gramm Rosinen und Weinbeeren, 50 Gramm Zucker (fein gestoßen), 3 Eidotter, 50 Gramm Orangeat und Zitronat (fein gewiegt), 20 Gramm Zimt und Nelken (fein gestoßen), 6 Eßlöffel voll Milch und 2 Eßlöffel voll feinster Arak kommen in eine Schüssel, in welcher 60 Gramm Butter fein abgerührt sind, und wird dann alles zusammen 2 bis 3 Minuten lang gut durcheinander gemischt; dann rührt man den Schnee von den 3 Eiern hinein, gibt die ganze Masse in den vorher mit Butter und Bröseln ausgestrichenen Model und läßt den Pudding gut verschlossen 1 Stunde im Dunst kochen. Das Wasser darf nicht viel über die Hälfte des Kasserolls gehen und weder strudeln noch aus dem Sude kommen. Eine Viertelstunde vor dem Auftragen macht man den Wein-Chaudeau und gibt ihn, bevor man ihn auf den Tisch bringt, darüber.

Hafermehlpudding.

1/2 Liter Milch wird siedend gemacht; man gibt dann 130 Gramm amerikanisches Hafermehl hinein und kocht es zu dickem Brei, rührt 6 Eigelb nebst 50 Gramm Zucker und 10 Gramm Vanillezucker dazu; ist der Brei etwas abgekühlt, gibt man den Schnee der 6 Eiweiß dazu, füllt es in eine gut mit Butter ausgestrichene und mit Semmelbröseln bestreute Form und kocht den Pudding 1 Stunde.

Hafermehlauflauf.

130 Gramm amerikanisches Hafermehl wird in 1/2 Liter Milch gekocht, wie bei dem Pudding; man rührt 7 Eigelb,

60 Gramm Zucker, 50 Gramm Butter, nebst feingewiegter Zitronenschale, Zitronat und Orangeat und einigen Sultaninen dazu; ist es erkaltet, gibt man den Schnee von 7 Eiweiß darunter, füllt es in die Auflaufform und bäckt es 1 Stunde im Rohr.

Hafermehlflammeri.

200 Gramm amerikanisches Hafermehl wird mit 100 Gr. Zucker und eine Prise Salz 1/2 Stunde gekocht, etwas Zitronen- oder Vanillegeschmack nebst einigen geriebenen bittern Mandeln und der Schnee von 6 Eiweiß dazu gegeben, in eine mit Olivenöl ausgestrichene Form gefüllt, erkalten lassen, dann auf die Platte gestürzt und mit Wein-Chaudeau oder Fruchtsauce serviert.

Erbsenpudding.

1 Pfd. durchgetriebene Erbsen, einige Löffel geriebene Kartoffeln, 1/2 Pfd. Zucker, das Gelbe von 10 Eiern und etwas Zitronenschale werden zusammen gerührt, der Schnee der 10 Eiweiß daruntergemengt und in der mit Butter und Semmelbröseln ausgestrichenen Form 2 bis 2 1/2 Stunden gekocht.

Kartoffelpudding.

Man rührt 1/2 Pfd. geriebene Kartoffeln mit 2 Kochlöffel Mehl, 100 Gramm gewiegten, abgeschälten Mandeln, 6 Eigelb, 100 Gramm leichtgerührter Butter und 5 Eßlöffel Zucker gut schaumig ab, gibt den Schnee von 6 Eiweiß darunter, füllt die Masse in eine gut mit Butter und Semmelbröseln ausgestrichene Form und kocht ihn eine Stunde.

Schwammpudding.

100 Gramm Butter wird mit 60 Gramm Mehl glatt verrührt, dann 1/4 Liter Milch daran gegeben und so lange kochen lassen, bis sich der Teig von der Pfanne löst; nun rührt man 6 Eidotter, 100 Gramm Zucker, 60 Gramm gestoßene Mandeln, einige Körnchen Salz, den Schnee von 6 Eiweiß darunter, füllt ihn in die mit Butter und Semmelbröseln bestrichene Form und kocht ihn eine Viertelstunde.

Kalter Reispudding.

1/2 Pfd. Reis in Wasser weich gekocht, 1/2 Pfd. Zucker geläutert, darin der Reis noch tüchtig gekocht, einige Löffel Arak darunter gegeben, dann in die Form gefüllt und erkalten lassen.

Stärkpudding.

75 Gramm Stärkmehl, 60 Gramm geriebene Mandeln und 180 Gramm Zucker werden mit 1/2 Liter Milch glatt gerührt, unter fortwährendem Rühren gekocht, dann von 8 Eiweiß der Schnee darunter gemengt und zum Erkalten in die Form gefüllt.

Kalter Maizenapudding.

Milch wird mit Vanille und Zucker gekocht, Maizena mit kalter Milch angerührt und unter stetem Rühren langsam dazugegossen, 10 Minuten lang gekocht und in eine vorher mit Wasser ausgeschwenkte Schale gefüllt; wenn der Pudding kalt ist, wird er gestürzt. Man kann, nachdem der Maizena gar ist, den Pudding mit Eigelb abziehen, das Eiweiß zu Schnee schlagen und darunter rühren.

Der wahre Jakob.

Von 2 Schoppen Milch, etwas Vanille, 4 Eigelb, 2 Eßlöffel Stärkmehl und etwas Zucker, wenn es glatt angerührt ist, wird ein Brei gekocht, den man erkalten läßt. 6 Eßlöffel eingemachte Früchte (Johannis-, Erd- oder Himbeeren usw.) gibt man in die Porzellanschale, darauf den Brei und besteckt ihn mit Löffel-Biskuit.

Mandelauflauf.

Man treibt 1/4 Pfd. Butter flaumig ab, 1/4 Pfd. feiner Zucker, das Abgeriebene einer Zitrone und 1/4 Pfd. Mandeln werden gerieben, 5 Eidotter und das Weiße zu Schnee geschlagen und langsam in gut mit Butter bestrichener Form im Rohr drei Viertelstunden gebacken.

Reisauflauf.

Man rührt 1/4 Pfd. Reis mit kochendem Wasser an, gießt ihn ab und kocht ihn 1 Stunde auf gelindem Feuer in 1 Liter Milch weich. 100 Gramm Butter werden mit 6 Eigelb und 100 Gramm Zucker leicht gerührt, etwas Zitronenschale, 2 Kochlöffel Semmelbröseln und der Reis darunter gemengt, der steife Schnee der 6 Eiweiß dazu gegeben, in die mit Butter bestrichene Auflaufform gefüllt und drei Viertelstunden im Rohr gebacken.

Griesauflauf.

100 Gramm Gries werden in 1 Liter Milch zu einem dicken Brei gekocht; man gibt dann 100 Gramm Butter und 100 Gramm Zucker dazu, rührt es, läßt es erkalten, rührt 6 Eidotter, etwas Salz (einige Körnchen), Zitronenschale und den Schnee der 6 Eiweiß darunter, füllt es in die butterbestrichene Form und bäckt es drei Viertelstunden.

Kirschenauflauf.

1/4 Pfd. Butter wird schaumig gerührt, die Brösel von 3 Milchbroten, die man zuvor mit etwas Milch angefeuchtet, nebst 1/4 Pfd. feingeriebenen Mandeln, 6 Eigelb, etwas Zitronenschale und Zimt und der Schnee von 6 Eiweiß darunter gerührt und so viel Kirschen dazu gegeben, als der Teig aufnimmt, alles in eine gut mit Butter bestrichene Form gefüllt und 1/2 Stunde gebacken.

Kirschenspeise oder -auflauf.

1/4 Pfd. Butter, 3 Eier, 1/4 Pfd. Zucker und 1/4 Pfd. Mehl rührt man eine halbe Stunde, gibt um 10 Pfennig gestoßenen Zimt, 1 Liter schwarze, nicht ausgesteinte Kirschen dazu, und läßt es recht langsam backen.

Aepfelauflauf.

Man schneide 6 Semmeln fein und übergieße sie mit heißer Milch, hernach schneide man 6 große Aepfel fein, und rühre 1/4 Pfd. Butter mit 9 Eigelb ab; das Weiße schlage man zu Schnee; Zucker und Mandeln nehme man nach Belieben. Es wird alles tüchtig untereinander gerührt und 1 Stunde lang gebacken.

Creme brulé.

(Für 12 Personen.)

1/4 Pfd. Zucker wird gerührt und mit ein klein wenig Wasser abgelöscht. Zugleich 1 Liter Milch mit 1/4 Pfd. Zucker gekocht und, wenn sie siedet, 8 Eidotter mit ein wenig Stärkmehl verrührt, daran gethan und dann der geröstete Zucker und alles miteinander nochmals gekocht. Von 10 Eiweiß wird ein Schnee geschlagen, 1/4 Pfd. gestoßener Zucker darunter gemengt, auf die in eine Porzellanschüssel gefüllte, erkaltete Masse gestrichen, mit gerösteten Mandeln gespickt und hellgelb im Rohr gebacken.

Saurer Rahmauflauf.

Man rührt 3 Kochlöffel Mehl mit 1/4 Liter saurem Rahm an, gibt 6 Eigelb, 100 Gramm Zucker, etwas Zitronenschale und den Schnee der 6 Eiweiß dazu, füllt es in eine gut mit Butter bestrichene Form und zieht es eine halbe Stunde langsam im Ofen auf.

Aepfelmeringue.

Es wird 1 1/2 Pfd. Reis mit Wasser, Zucker, ein wenig Salz und einem Stückchen Vanille weich gekocht; wenn er erkaltet, zieht man ihn mit drei Eiern ab. Aepfel werden geschält, zur Hälfte auseinander geschnitten, und mit Wasser und Zucker weich gekocht. Man nehme etwas viel Wasser, damit sie nicht so arg schmoren und schön ganz bleiben. Der erkaltete Reis wird auf eine Porzellanplatte glatt angerichtet und die Aepfel zu einem Berg auf dem Reis schön geordnet, dann 12 Eiweiß zu steifem Schnee geschlagen, mit 1 Pfd. gestoßenen Zucker vermengt und schön glatt über die Aepfel gestrichen, daß diese ganz überzogen sind. Nun stellt man die Platte auf ein Blech und bäckt es schön hellgelb im Rohr.

Erdbeerauflauf.

60 Gramm Butter werden mit 6 Eigelb abgerührt, 100 Gramm Zucker und 5 Kochlöffel Semmelbröseln dazu gegeben, 1/2 Liter durchs Sieb getriebene frische Erdbeeren

dazu und der Schnee der 6 Eiweiß, alles gut durcheinander gemengt, das Ganze in eine butterbestrichene Porzellanschüssel gefüllt, langsam im Ofen aufgezogen und gleich zu Tisch gegeben.

Aufgezogenes von Milchbrot.

8 Kochlöffel geriebenes Milchbrot wird in 100 Gramm Butter gelb geröstet, dann mit 3/4 Liter Wasser zu einem feinen dicken Mus gekocht und zum Erkalten gestellt. 100 Gramm Zucker mit 6 Eigelb leicht gerührt, die erkalteten Semmelbröseln nebst dem Schnee der 6 Eiweiß und etwas gestoßenem Zimt darunter gegeben, in die Porzellanschüssel, wie der vorige, eingefüllt, und eine halbe Stunde im Ofen aufgezogen.

Rahmstrudel.

Von 200 Gramm Mehl mit 2 bis 3 Eiweiß, etwa nußgroßer Butter, etwas lauem Wasser und einigen Körnchen Salz macht man einen Strudelteig, läßt ihn eine halbe Stunde ruhen, wellt und zieht ihn fein aus. 1/4 Liter saurer Rahm wird mit 2 Eiern, etwas Zimt, Zucker, Rosinen und Weinbeeren vermengt, damit jeder Strudel überstrichen, zusammengerollt, in eine mit Butter dick bestrichene Kasserolle gelegt, mit Butter bestrichen, Milch in die Kasserolle nachgegossen, mit einem Deckel bedeckt und eine halbe Stunde gebacken. Man nimmt dann den Deckel ab und bäckt den Strudel noch schön gelb. Bei Zimtstrudeln nimmt man zur Fülle Zimt.

Aepfelstrudel.

Kochäpfel werden mit Wein, Zucker, Zimt und etwas Butter zu einem dicken Mus gekocht; mit diesem Mus bestreicht man den Strudel und beendet denselben ganz wie in voriger Nummer.

Griesstrudel.

Man kocht mit etwas Butter, Zucker, Gries und Milch einen zarten Brei, gibt dann einige Eier, eine Prise Salz und Zitronenschale daran, bestreicht damit den Strudel und beendet ihn wie die vorhergehenden.

Rosinenstrudel.

Bereitung wie die vorhergehenden.

Kirschenstrudel.

Schwarze, ausgesteinte Kirschen werden mit einem Stückchen Butter, Zucker und Zimt weich gekocht, so daß sie fast keine Sauce mehr haben. Sind sie erkaltet, streicht man sie auf den Strudel, bestreut sie mit Semmelbröseln, rollt ihn zusammen und beendet ihn wie die vorhergehenden.

Schokoladestrudel.

Nachdem ein Strudelteig so fein wie möglich ausgezogen, wird derselbe mit der beim Schokoladepudding angegebenen Masse bestrichen und wie die übrigen beendet.

Omeletten.

2 Kochlöffel Mehl werden mit 3 Eiern, etwas Salz, 1/4 Liter Milch glatt angerührt, 2 Eßlöffel Schmalz in der Omelettenpfanne recht heiß werden lassen und die Masse dareingegossen. Während dem Backen muß man mit dem Backschäufelchen nachhelfen, indem man an der Seite den Kuchen in die Höhe hebt, damit das obere Flüssige sich hinunterzieht. Ist derselbe .auf einer Seite gelb, wird er rasch umgekehrt, auf der andern Seite auch gelb gebacken, schnell zusammengerollt und mit Zucker bestreut zu Tisch gegeben. Man kann auch die Omeletten dünner backen, indem man weniger Teig in die Pfanne gibt. Auch kann man zum Teig die Eidotter zuerst nehmen und das Weiße dann, zu Schnee geschlagen, darunter mischen. Man kann die Omeletten, ehe man sie zusammenschlägt, mit jedem beliebigen Kompott, eingemachten Früchten oder Marmelade füllen.

Omelette souffler.

12 Eigelb werden mit 12 Eßlöffel Zucker gerührt, von 12 Eiweiß der Schnee dazu gegeben, eine Platte mit Butter bestrichen, die Masse darauf gelegt, dann etwas Confitüre, dann die übrige Masse, und so schön gelb gebacken.

Omeletten mit Aepfeln.

Bereitet man gerade so, nur mischt man feingeschnittene Aepfel unter den Teig.

Omeletten mit Kirschen.

Bereitet man wie die vorhergehenden, gibt Kirschen darunter, aber nicht ausgesteinte. Der Omelettenteig kann auch so zubereitet werden, daß man das Eiweiß zuerst zu Schnee schlägt und dann unter den Teig gibt.

Aufgelaufene Omeletten.

3 Eigelb werden mit 3 Eßlöffel Zucker abgerührt, man mischt dann den festen Schnee der 3 Eiweiß darunter nebst 1 Eßlöffel Mehl, bäckt die Omeletten entweder in der Omelettenpfanne oder in einer butterbestrichenen Auflaufform eine Viertelstunde im Rohr.

Aufgelaufene Omeletten mit Sauce.

Wird von derselben Masse wie vorhergehende bereitet, die Kuchen in der Omelettenpfanne gebacken, in eine Schüssel übereinandergelegt und einige Minuten ins Rohr gestellt, dann mit einer Vanillesauce übergossen, gleich zu Tisch gegeben.

Milchreis.

Der Reis wird vorher mit Wasser abgebrüht, abgegossen, dann in Milch mit Zucker und einem Stückchen Zimt weich gekocht; bevor man ihn anrichtet, gibt man nußgroße Butter hinein, bestreut ihn mit Zucker und Zimt.

Milchgries.

Wird ebenso zu einem Mus gekocht und so serviert.

Milchsago.

Wird wie die vorigen zubereitet.

Reis mit Aepfeln.

Nachdem der Reis abgebrüht ist, wird er in Wasser mit Zucker weich gekocht; ist derselbe zur Hälfte weich, gibt man auf 1/2 Pfd. Reis 1/2 Pfd. Aepfel, geschält und in Scheiben geschnitten, dazu und läßt das Ganze zusammen weich dünsten.

Reis mit Kirschen.

Reis mit Zwetschgen.

Reis mit Birnen.

Bereitet man wie die vorhergehenden.

Bemerkung. Man kann von all diesen Obstsorten im Winter getrocknet nehmen; es schmeckt ebenso gut.

Maisgries mit Datteln.

Eine Anzahl Datteln (ungefähr 1 Pfd.) wäscht man und schneidet sie in kleine Stücke. Wenn das Wasser kocht, läßt man den Gries einlaufen, gibt die Datteln darein und läßt ihn vollständig aufquellen.

Buchweizengrütze mit Obst.

Dieselbe bereitet man, wie der Reis mit Obst zubereitet wird. Ist besonders mit Johannisbeeren, Himbeeren und Heidelbeeren zu empfehlen.

Buchweizengrütze in Milch.

Man schüttet die Grütze erst in kochendes Wasser, läßt sie unter beständigem Rühren kochen, gießt dann Milch nach, gibt 1 Stückchen Butter und Zucker nach Belieben bei und läßt sie dann ganz aufquellen.

Hirse in Milch.

Derselbe wird ebenfalls in Wasser ausgekocht, dann heiße Milch nachgegossen, ein Stück Butter, Zucker und eine Prise Salz beigegeben und so gut ausquellen lassen.

Graupen mit Obst.

Graupen mit Obst bereitet man, wie Reis mit Obst. Bei frischem Obst kann man dasselbe zuerst fertig dünsten und dann beim Anrichten darunter mischen; bei getrocknetem Obst ist es besser, dasselbe gleich mit den Graupen kochen zu lassen.

Bemerkung. Diese Speisen eignen sich nicht nur sehr gut als Fastenspeisen, sondern sind auch für jeden nahrhaft und leicht verdaulich.

Aepfel mit Roggenbrot.

2 Pfd. Aepfel werden geschält und fein aufgeschnitten, nicht zu neugebackenes Roggenbrot wird fein gerieben, eine Form mit Butter ausgestrichen, dann eine Lage Brot mit Zucker vermischt, darein gegeben, dann eine Lage Aepfel mit Zucker bestreut und so abwechselnd fortgefahren, obendrauf Brot, mit Zucker und Zimt bestreut, und im Rohr gebacken. Die Aepfel müssen weich und musig sein, wenn es fertig ist.

Quarknudeln.

1 Pfd. Quark wird mit 100 Gramm Butter und 3 Eigelb fein abgerührt, hierauf fügt man 150 Gramm Zucker, 100 Gramm Korinthen und soviel Hafermehl hinzu, daß sich die Masse zu kleinen, länglichen Brötchen formen läßt, welche in Schmalz gebacken und hierauf, mit Zucker und Zimt bestreut, auf den Tisch gebracht werden.

Griesbretzeln (schweizerisch).

Man gibt in 1/2 Liter kochende Milch, die man mit etwas Salz, Zucker und Zitronenschale gewürzt, eine Tasse voll Gries, läßt diesen dick aufquellen und dann erkalten. Hierauf schlägt man 1 ganzes Ei dazu, rührt es gut durcheinander, gibt den Gries auf ein stark mit Mehl bestreutes Brett, rollt mit der Hand, formt kleine Bretzeln und Ringe und bäckt diese schwimmend im Schmalz. Man gibt dazu Himbeersauce oder Chaudeau.

Gebackene Reisklößchen.

Nachdem der Reis abgebrüht, wird er mit Zucker in Milch zu dickem Brei weich gekocht, dann einige Eier hineingerührt, mit dem Glas auf dem Backbrett zweifingerhohe, runde Plätzchen ausgestochen, mit Semmelbröseln bestreut und im Schmalz schön gelb gebacken.

Griesklößchen.

Bereitet man ganz nach vorhergehendem, läßt aber den Griesbrei nicht zu fest werden.

Türkenwirrler (tirolisch).

Weißes Maismehl (man kann auch Polentamehl nehmen, aber erstgenanntes schmeckt besser) wird in eine Schüssel gethan, leicht gesalzen und mit lauem Wasser leicht durchgeschwitzt; es darf aber keinen Teig, nur Krümmchen geben. Sodann läßt man es etwas rasten, ungefähr ½ Stunde. Dann wird in einer Eisenpfanne süße Butter oder gutes Butterschmalz heiß gemacht, soviel, daß der Pfannenboden gut bedeckt ist; hierauf kommt das durchgefeuchtete Maismehl hinein und wird unter stetem fleißigen Wenden etwa eine Viertelstunde gedünstet, worauf man noch genügend Butter oder Schmalz dazu gibt (es muß lind und gut durchfettet, soll keine Krusten haben, sondern krümmlich sein) und noch kurze Zeit dünsten läßt. Sehr gut zu süßer und saurer Milch, Kaffee und gedünstetem Obst.

Budizzen (steierisch).

1 Pfd. Weizenschrotmehl wird in eine gewärmte Schüssel gegeben und in der Mitte ein sogenanntes „Teigl“ mit in warmer Milch gelöster Preßhefe angemacht; dann mit einem Tuch zugedeckt, an einen warmen Ort gestellt. Ist das Teigl in die Höhe gegangen, so arbeitet man nach und nach soviel warme Milch nebst ½ Pfund geriebenen Zucker und 1 Ei darunter, daß sich das Ganze zu einem Teig auskneten läßt, welcher auf mehlbestäubtem Nudelbrett in Messerrückendicke zu runden Flecken mit dem Nudelholz ausgerollt wird. Inzwischen müssen Welschnußkerne (je mehr, desto besser) ganz fein gestoßen oder zerwiegt und mit dickem Zuckerwasser oder Honig eingekocht werden. Nun bestreicht man erst die runden Flecke mit zerlassener Butter und breitet dann die Nußfülle darauf aus. Hierauf wird alles nach Strudelart eingerollt, leicht zu einem Schnecken gedreht, auf ein bestäubtes Backblech geschoben und mit einem Tuch hohl zugedeckt, an einen warmen Ort zum Aufgehen gestellt. Sind die Budizzen schön aufgegangen, kommen sie in eine nicht zu heiße Ofenröhre, wo sie in ungefähr ½ Stunde ausgebacken sind. Man überstreicht sie dabei außen einige Male mit zerlassener Butter und bestreut sie vor dem Servieren mit Zucker. Sind warm

wie kalt vortrefflich und halten mehrere Tage. Die Fülle kann ebensogut aus gestoßenem Mohnsamen mit Honig gemischt, aus zerwiegten, gekochten Zwetschgen, aus Sultanrosinen und Zibeben, oder irgend einer Marmelade bestehen, wovon besonders Hagebutten und Aprikosen dazu gut sind. Am besten eignen sich jedoch Nüsse und Mohn.

Kartoffelnudeln.

Kalte Kartoffeln werden gerieben, etwas gesalzen und dann ebensoviel mürbe Aepfel als Kartoffeln geschält, in feine Blättchen geschnitten und unter die Erdäpfel gemischt. Hierauf wird soviel Mehl daruntergeknetet, als die Kartoffeln leicht annehmen, und aus diesem Teig längliche, zweifingerbreite Stückchen geformt und etwas flach gedrückt, welche man dann in heißer Butter auf beiden Seiten hellbraun bratet und, mit Zucker gut bestreut, aufträgt.

Butternocken mit Vanillecreme (süddeutsch).

1/2 Pfd. Butter wird schaumig gerührt und nach und nach 4 Eidotter daran und soviel feines Mehl, daß es einen zarten Teig ergibt, von dem man mit dem Eßlöffel Nocken in gezuckerte Milch legt, welche die Nocken gerade überdecken muß. Hier läßt man sie zugedeckt gar kochen, wobei die Milch so ziemlich einsiedet, und wendet sie behutsam mit dem Schäufelchen um, damit sie etwas anbraten; ist dies geschehen, häuft man sie bergartig in einer tiefen Schüssel auf und stellt sie warm. Indes quirlt man in einer Schüssel 6 Eidotter ab, läßt 1/2 Liter süßen Rahm oder gute Milch mit Zucker und einem Stück Vanille aufsieden, welche man dann unter beständigem Rühren an die Eidotter schüttet, alles noch recht schaumig quirlt und es dann vor dem Auftragen über die Butternocken schüttet.

Aepfelnudeln (schweizerisch).

Man macht einen Nudelteig von 1 Ei, schneidet die Nudeln nicht zu fein und kocht sie mit Milch und Zucker gut ein. Von 6 bis 8 Borsdorfer- oder Taffetäpfeln sticht man das Kernhaus vorsichtig aus, so daß die Aepfel ganz bleiben, und füllt sie mit Johannis- oder Himbeeren. Nun streicht man eine Porzellanform mit Butter aus, gibt die Hälfte der erkalteten Nudeln hinein, legt die Aepfel dicht aneinander darauf, und den Rest der Nudeln obenauf. Drei Eiweiß werden zu Schnee geschlagen, mit Zucker gemischt und der Guß über die Nudeln gestrichen; dann läßt man es bei mäßiger Ofenhitze ausbacken.

Gebackene Brötchen (süddeutsch).

Man reibt von frischen Kaisersemmeln die Rinde weg, schneidet einen Deckel ab, höhlt die Laibchen aus und füllt sie mit Eingesottenem; dann gibt man den Deckel, mit Ei bestrichen, darauf, taucht sie in Milch, dreht sie in Ei und Semmelbröseln um und bäckt sie in heißem Schmalz.

Reisstrizel (süddeutsch).

Guter Reis (am besten Karolinenreis) wird in guter Milch mit Zucker dick eingekocht, die Körner müssen aber ganz bleiben. Dann läßt man ihn erkalten, rührt auf 1 Pfd. 3 Eidotter darunter, formt mit einem Messer längliche zwei Finger breite, einen Finger lange Strizel, deren eine Hälfte man mit beliebigem Eingesottenen (Johannisbeeren und Aprikosen sind am besten) bestreicht, dann sanft die leeren Hälften daraufdrückt und mit dem Messer zusammenschiebt, daß sie eine gefällige Form haben. Dann wälzt man jedes in Eidotter und Semmelbröseln, bäckt sie in siedendem Schmalz lichtbraun und bestreut sie zuletzt mit Zucker und Zimt. (Man kann auch eine Weinbrühe dazu geben.)

Aepfelschmarren (tirolisch).

Man macht von feinem Mehl, etwas Salz und 1 Ei (auf 1 Pfd.) einen so flüssigen Teig, daß er vom Löffel läuft; schält und entkernt mürbe Aepfel (gleichviel welcher Gattung, nur sind säuerliche vorzuziehen), blättelt sie möglichst fein auf und mischt sie gut unter den Teig (auf 1 Pfd. Mehl darf man gut 10 bis 12 ziemlich große Aepfel rechnen). Dann schüttet man das Ganze in eine Pfanne mit heißer Butter oder Schmalz, läßt es unten gelb anbraten und kehrt dann schnell um, ehe der obere Teig fest wird, zerstößt nun fleißig fortwährend unter öfterm Wenden, während man noch einige Male Butter oder Schmalz daruntergibt. Vor dem Auftragen zuckert man reichlich.

Kaiserschmarren (tirolisch).

Von circa 1/2 Pfd. feinem Mehl wird mit Milch, etwas Salz und 3 Eidotter ein zarter, ja nicht zu fester Teig gerührt, unter den 2 Obertassen gelesene kleine Weinbeeren oder kernlose Sultanrosinen gemischt werden; zuletzt zieht man den Schnee der 3 Eiweiß darunter, schüttet den Teig in eine Pfanne mit heißer Butter oder Schmalz, wendet schnell, zerstückt mit dem Schäufelchen klein unter fleißigem Wenden und richtet, mit Zucker bestreut, an.

Nigerln (pustertha lerisch).

3 Teile Weizen= und 1 Teil Roggenmehl werden mit 1 Ei, etwas Salz und warmer Milch zu einem leichten Teig gearbeitet, der in der Dicke so sein muß, daß sich kleine Klößchen, welschnußgroß, mit der Hand davon formen lassen. Diese werden in siedendem Schmalz goldbraun gebacken, auf eine Schüssel gehäuft, mit Zucker und Mohn bestreut und dann mit heißer süßer Butter vor dem Auftragen noch übergossen.

Käsekeulchen.

Ein Suppenteller voll geriebene Kartoffeln, ebensoviel Quark (Topfen), etwas Salz, eine Tasse voll Mehl, abgebrühte Rosinen und 2 ganze Eier werden zu einem ziemlich festen Teig verarbeitet, dann formt man sie wie die Pastetchen und bratet sie auf dieselbe Weise.

Mohrenkopf mit Vanillesauce.

1 Pfd. dürre große Zwetschgen werden in Zuckerwasser so weich gekocht, daß sich die Steine leicht lösen lassen; nachdem sie erkaltet, entsteint man sie, löst 2 Blätter Gelatine in warmem Wasser auf, kocht dies noch etwa 10 Minuten lang mit den Zwetschgen, mischt 40—50 gefüllte, der Länge nach feingeschnittene Mandeln darunter, gibt alles in eine

mit kaltem Wasser ausgespülte Porzellanform und läßt es stehen, was an einem kalten Orte nicht länger als 2 bis 3 Stunden in Anspruch nimmt.

Rote Grütze.

Man kocht von Johannisbeeren, Himbeeren und Kirschen einen starken Saft, den man aber durch ein Sieb geben muß, damit die ausgekochten Früchte zurückbleiben. Den Saft bringt man mit reichlich Zucker wieder zum Kochen und rührt dann nach Belieben Maizena, Sago oder Kartoffelmehl, erstere beiden Teile vorher mit kaltem Wasser angerührt, langsam dazu. Maizena und Kartoffelmehl läßt man eine Viertelstunde kochen, Sago aber, bis er ganz klar ist. Dann füllt man den dicken Brei in vorher mit kaltem Wasser ausgeschwenkte Formen und stürzt ihn, wenn er erkaltet. Hierzu Schlagsahne, süße Milch oder Vanillesauce.

Teige.

Butter- oder Blätterteig.

Man nimmt 1 Pfd. Mehl, 1 Pfd. Butter, 2 ganze Eier, und eine halbe Tasse Milch. Das Mehl wird nun in zwei gleiche Teile geteilt und in die eine Hälfte das Pfund Butter so leicht wie möglich hineingeknetet und zurückgestellt, in die andere Hälfte die Eier und Milch mit etwas Salz hineingearbeitet und dieses lange und gut gewirkt, so daß es wie ein weicher Nudelteig ist. Nun wellt man davon einen länglichen Streifen und gibt den andern Teig mit der gekneteten Butter hinein, schlägt den Streifen von allen Seiten darüber zusammen und wellt es dann aus, schlägt es immer wieder zusammen und wellt wieder darüber, damit das Ganze gut durcheinander kommt; man muß aber sehr vorsichtig sein, damit beim Wellen die Butter nicht herauskommt. Nun läßt man ihn einige Stunden ruhen; dann wird er zu Fleisch- und andern Pasteten verwendet.

Brösel- oder mürber Teig.

1/4 Pfd. Butter, 1/4 Pfd. Zucker, 2 Eier und 1/2 Pfd. Mehl zu einem Teig verarbeitet, dient meist zu Böden für Torten oder Obstkuchen, kann auch zu kleinen Plätzchen, die man davon bäckt, verwendet werden.

Brösel- oder mürber Teig.

1/2 Pfd. Butter, 3/4 Pfd. Mehl, 100 Gramm Zucker und 1 Ei wird zum Teig verarbeitet, wie beim vorigen.

Brösel- oder mürber Teig.

200 Gramm Mehl, 100 Gram Butter, 100 Gramm Zucker und 1 Ei wird gut zum Teig verarbeitet und dann nach Bedürfnis verwendet. Dieser Teig ist ebenso heikel wie der Butterteig, und sollte immer in der Kälte gemacht werden, weil er sonst unter der Hand zergeht und zu weich wird.

Hefenteig.

Man nimmt 2 Pfd. Mehl, 250 Gramm Butter, 250 Gramm Zucker, 125 Gramm Hefe. Von 1 Pfd. Mehl wird mit lauer Milch und der Hefe ein Hefel angemacht; ist er aufgegangen, gibt man das übrige Mehl, Butter, Zucker und etwas Salz hinein und noch Milch, soviel als nötig, schlägt den Teig gut ab, deckt ihn zu und läßt ihn an einem warmen Ort aufgehen. Dieser Teig ist zu gewöhnlichen Obst-, Käse- oder Kaffeekuchen sehr gut.

Gebrühter oder Brandteig.

1/4 Liter Milch wird mit 50 Gramm Butter und einer Prise Salz zum Sieden aufs Feuer gesetzt; man rührt 3/4 Pfd. Mehl darein, läßt es kochen, bis es sich von der Pfanne löst, schlägt dann 6 Eier daran und verrührt es gut; die Eier aber erst dann, wenn der Teig eine Viertelstunde ausgekühlt ist. Gebackene Tauben, Bries, Kälberfüße usw., in diesen Teig eingetaucht und gebacken, sind auch sehr gut, anstatt mit Semmelbröseln.

Backteig von Wein.

Man rührt 1/2 Pfd. Mehl mit 1/2 Liter Weißwein glatt an, gibt 2 Eßlöffel zerlassene Butter dazu, 1 Eßlöffel Zucker eine Prise Salz und den festgeschlagenen Schnee von 3 Eiweiß. Muß aber gleich verbraucht werden. Ist besonders zum Eintauchen von Aepfelküchlein gut.

Bierteig.

Wird ganz so zubereitet, nur statt Wein Bier genommen und dann etwas mehr Zucker.

Backteig von Wasser.

Derselbe wird ganz wie der Brandteig bereitet, nur wird das Mehl statt mit Milch, mit Wasser angerührt und der Zucker bleibt ganz weg. Derselbe ist vorzüglich zum Ausbacken von Fischen und Fleisch.

Backteig mit Hefe.

Mit 1/4 Liter Milch rührt man 8 Kochlöffel Mehl an, gibt Salz, 3 Eier, 1 Eßlöffel Butter, 1 1/2 Eßlöffel Hefe daran, verarbeitet alles gut und läßt den Teig aufgehen; taucht dann die zum Ausbacken bestimmten Sachen darin ein und bäckt es fertig.

Hefenbackwerk und Kuchen.

Mürber Kranz.

Man nimmt 3 Pfd. Mehl, 6 Lot Butter, 2 Eier, 1/4 Pfd. Zucker, eine Handvoll Anis und 2 Löffel Hefe; wenn der Teig zu weich ist, nimmt man Mehl nach und läßt ihn gehen; er muß recht gut verarbeitet werden; wenn derselbe aufgegangen ist, wird er in drei Teile geteilt, zusammengeflochten und dann als Kranz aufs butterbestrichene Blech gelegt, mit Ei bestrichen, nochmals gehen lassen und dann im Rohr gebacken.

Kaffeebrot.

1½ Pfd. Mehl nimmt man in eine Schüssel, macht in der Mitte mit ⅛ Liter lauer Milch und 2 Eßlöffel Hefe einen Hefel an und läßt ihn gehen; ist er aufgegangen, so wird ¼ Pfd. Butter, 3 Eier, ¼ Pfd. Zucker gerührt, dazu gegeben, etwas Salz und ¼ Liter laue Milch, alles gut verarbeitet und dann in eine Form oder auf ein butterbestrichenes Blech gegeben, mit Ei bestrichen, nochmals gehen lassen und dann im Rohr gebacken. Man kann auch ein Laibchen davon wirken, aufs Blech setzen, gehen lassen und dann backen.

Ulmer Zuckerbrot.

Man nimmt 2 Pfund Mehl, 250 Gramm Zucker, 60 Gramm Butter, 50 Gramm Zitronat und etwas Anis. Von 1 Pfd. Mehl wird ein Teig mit Milch und Hefe so dünn wie ein Spatzenteig gemacht und die Butter darauf herumgeschnitten. Ist dieser Teig gegangen, nimmt man das andere Pfund Mehl, nebst allem übrigen und etwas Rosenwasser, hernach rührt man es in der Schüssel gut durcheinander; dann knetet man es noch tüchtig auf dem Nudelbrett, wirkt zwei lange Laibchen, bestreicht sie mit Eigelb und bäckt sie auf dem Blech.

Dampfnudeln mit gebranntem Zucker.

1 Pfd. Mehl wird mit 2 Eßlöffel voll Hefe und lauer Milch angelassen; ist es aufgegangen, gibt man 2 Eier, 2 Eßlöffel Zucker, eine Prise Salz dazu und läßt den Teig nochmals gehen, wirkt dann Dampfnudeln daraus und legt sie aufs Nudelbrett. In einer Kasserolle werden 100 Gramm Zucker und 100 Gramm Butter dunkelgelb geröstet, dann ¼ Liter Milch daran gegeben und aufkochen lassen, die Dampfnudeln in die kochende Milch hineingesetzt, mit einem Deckel gut verschlossen und 1 Stunde auf gedecktem Feuer langsam gebacken.

Hefenkranz.

2½ Pfd. Mehl, ½ Pfund Zucker, ½ Pfd. Butter, 3 Eßlöffel saurer Rahm, 2 Eier und kleine Weinbeeren sind nötig zur Masse. Man setzt mit lauer Milch und 3 Eßlöffel Hefe einen Hefel an, läßt ihn eine Stunde stehen, macht dann mit der ganzen Masse den Teig an, schlägt ihn gut ab, läßt ihn nochmals 2 Stunden gehen, macht drei Teile daraus und legt ihn aufs Nudelbrett; dann wird er geflochten, mit Ei bestrichen, mit Zucker, Mandeln und geriebenem Brot bestreut, aufs Blech gelegt und gebacken.

Zwiebelkuchen.

Man macht von 1 Pfd. Mehl, 1/4 Pfd. Butter, 1 Ei, etwas Salz, 2 Eßlöffel Hefe und nicht ganz 1/2 Liter lauer Milch einen Teig an, schlägt ihn tüchtig ab und läßt ihn gehen. Unterdessen werden feingeschnittene Zwiebeln in Butter oder Fett etwas gedünstet (2 Pfd. Zwiebeln rechnet man auf einen Kuchen), gibt dann 4 Eier, 1/4 Liter sauren Rahm und etwas Salz unter die Zwiebeln, legt den dünn ausgezogenen Teig aufs butterbestrichene Blech, gibt die Zwiebelfülle darauf und bäckt denselben in gut geheiztem Rohr.

Wiener Spitzweckerl.

1 Pfd. Mehl, 1/4 Liter lauwarme Milch, 3 Löffel Hefe, 2 Eier und 2 Eidotter, 180 Gramm zerlassene Butter, etwas Salz und Zitronenschale wird zu einem ziemlich festen Teig verarbeitet, den man fingerdick auswellt; auf denselben legt man 1/2 Pfd. gearbeitete Butter und wellt sie langsam hinein, läßt ihn eine Zeitlang ruhen, wellt ihn dann wieder fingerdick aus, schneidet kleine Weckerl davon, bestreicht sie mit Ei und bestreut sie mit kleinen Weinbeeren, gehackten Mandeln und Grobzucker, legt sie auf ein butterbestrichenes Blech und bäckt sie.

Paluzzi-Bretzeln.

1 Pfd. Mehl kommt in die Schüssel, und man macht in der Mitte mit 3 Löffeln Hefe und etwas lauer Milch ein Dämpfchen an; ist es aufgegangen, gibt man 1 Pfd. zerlassene Butter, 2 Eßlöffel sauren Rahm, etwas Salz und 2 Eier dazu und schlägt den Teig fein ab. Von diesem Teig macht man Bretzeln, legt sie auf ein butterbestrichenes Blech und bäckt sie im Rohr, bestreicht sie aber vorher mit Eigelb.

Braunschweiger Kuchen.

Man bereitet einen feinen Hefenteig, wellt ihn fingerdick aus, legt um den Rand dicke große Rosinen und bildet dann einen gewundenen Rand, zwickt der Länge nach den erhabenen Streifen mit den Fingern auf und läßt ihn gehen; ist er gut aufgegangen, bestreicht man ihn mit zerlassener Butter und bestreut ihn mit Zucker und Zimt und bäckt denselben in gut geheiztem Rohr.

Mohnkipferln.

Man bereitet einen feinen Hefenteig, wellt ihn messerrückendick aus, sticht mit einem Weinglas große Plättchen aus, die man mit Ei bestreicht und darauf in die Mitte folgende Fülle gibt: Nußgroße Butter wird heiß gemacht, ein Eßlöffel vorher im Mörser gestoßener Mohn, nebst 1 Eßlöffel Zucker wird geröstet und damit die Plättchen gefüllt, zusammengerollt, Hörnchen geformt, gehen lassen, und wenn sie aufgegangen, mit Ei bestrichen und auf dem Blech im Rohr gebacken.

Stollen.

3 Pfd. Mehl kommt in eine Schüssel; mit 5 Eßlöffel Hefe und etwas lauwarmer Milch wird ein Dämpfchen in der Mitte angemacht; ist es aufgegangen, gibt man 1/2 Pfd. Butter, 1/2 Pfd. Zucker, 1/2 Pfd. Mandeln (fein gewiegt), 1/2 Pfund Weinbeeren, 50 Gramm Zitronat, 50 Gramm Orangeat, 3 Eier und 1/2 Liter Milch dazu, verarbeitet den Teig recht fein, läßt denselben gehen, wirkt dann längliche Wecken, bestreicht sie mit Butter und bäckt sie in gutem Rohr.

Frühstückbretzeln.

1 Pfd. Mehl wird in eine Schüssel gethan und mit 40 Gramm Hefe ein Hefel angemacht; ist er gegangen, gibt man 1/4 Pfd. weichgemachte Butter und so viel lauwarme Milch nebst etwas Salz hinzu, daß es einen zarten Teig gibt. Man formt aus dieser Masse Bretzeln, was ungefähr 20 Stück gibt, bestreicht sie mit Butter und bäckt sie auf dem Blech, bei mäßiger Hitze, im Rohr 1/2 Stunde.

Wiener Kaffeebrötchen.

1 Pfd. Mehl, 175 Gramm Butter, 2 Eier und 2 Eigelb, 50 Gramm Zucker, etwas Salz und so viel Rahm als erforderlich nebst 4 Eßlöffel Hefe werden zu einem Teig verarbeitet; ist derselbe aufgegangen, formt man ovale Brötchen davon, setzt sie aufs butterbestrichene Blech, bestreicht sie mit Ei, läßt sie noch etwas aufgehen und bäckt sie dann im Rohr schön hellgelb heraus.

Schrotmehlkuchen.

1 Eßlöffel Schrotmehl, 1 Eßlöffel Zucker, 2 Eßlöffel Hefe und 1/4 Liter laue Milch wird zu einem Hefel angesetzt; ist er aufgegangen, gibt man 1 Pfd. Schrotmehl, 100 Gramm zerlassene Butter, 1/2 Pfd. Sultaninen und noch etwas laue Milch hinzu, um einen mittelfesten Teig zu bekommen, füllt ihn in die gut mit Butter und Semmelbröseln ausgestrichene Gugelhopfform und bäckt ihn langsam eine Stunde.

Zwieback.

1/2 Pfd. Mehl wird mit 1/8 Liter (gut gemessen) lauer Milch und 2 Eßlöffel Hefe zu einem Teig angemacht, den man etwas aufgehen läßt. 80 Gramm zerlassene Butter, 80 Gramm Zucker, 1 Messerspitze voll Salz und 1 Eßlöffel Aniswasser wird dazu genommen und alles tüchtig verarbeitet, dann aufs Backbrett herausgenommen und mit soviel Mehl, als noch nötig, zu einem festen Teig verarbeitet; diesen läßt man nochmals aufgehen. Dann wellt man fingerdicke Stengelchen aus, legt sie aufs Blech, merkt auf, wann sie gehen, bestreicht sie mit Milch und bäckt sie gelb.

Theelaibchen.

2 ganze Eier, 2 Eidotter, 120 Gramm Zucker, etwas Salz, feingewiegte Zitronenschale, 2 Eßlöffel Hefe wird mit 200 Gramm Butter schaumig gerührt, 3/4 Pfd. Mehl dazu gegeben und nun die ganze Masse gut verarbeitet; man sticht von derselben mit einem Eßlöffel Laibchen aus, legt diese auf ein butterbestrichenes Blech, läßt sie 2 bis 3 Stunden gehen, bestreicht sie mit Ei, bestreut sie mit Mandeln und Zucker und bäckt sie im Ofen schön gelb.

Flachsreusten.

1 Pfd. Mehl, 1/2 Pfd. Butter und 2 Eier werden aufs Backbrett genommen, 2 Eßlöffel Hefe mit einer halben Kaffeetasse lauer Milch angerührt, dazu gegeben und davon ein Teig gemacht; von diesem Stückchen abgeschnitten, in Zucker und Zimt mit der Hand umgearbeitet, davon Reusten geformt, dieselben auf butterbestrichenem Blech gehen lassen, mit Ei bestrichen, mit Zucker bestreut und im Rohr gebacken.

Hefenkrapfen mit Erdbeeren.

1/2 Pfd. Mehl, 100 Gramm zerlassene Butter, 1 Eßlöffel Zucker, 1 Ei, 1 Eßlöffel Hefe, etwas Salz und 1/8 Liter lauer Milch wird zu einem Teig angemacht, den man aufgehen läßt. 1/4 Liter Erdbeeren werden mit Zucker versüßt, der Teig aufs Backbrett genommen, ausgewellt, runde Blättchen ausgestochen, auf jedes Blättchen Erdbeeren gesetzt und die eine Hälfte übergeschlagen, so daß es wie ein Halbmond aussieht, dann drückt man sie am Rand an, setzt sie aufs butterbestrichene Blech und bäckt sie im Ofen schön gelb.

Hefenkrapfen mit Heidelbeeren.

Hefenkrapfen mit Himbeeren.

Hefenkrapfen mit Kirschen.

Hefenkrapfen mit Pfirsichen.

Hefenkrapfen mit Aprikosen.

Bereitet man wie die vorigen, nur nimmt man bei den Steinfrüchten die Steine heraus und verwiegt die Früchte.

Hefenbretzeln.

1/2 Pfd. Mehl, 1/8 Liter Milch, 100 Gramm Butter und 2 Eßlöffel Hefe wird zu einem Teig nebst 1 Eßlöffel Zucker und etwas Salz angemacht. Ist der Teig aufgegangen, macht man auf dem Backbrett halbfingerdicke Stängelchen davon, formt Bretzeln daraus, setzt sie auf ein butterbestrichenes Blech, läßt sie aufgehen, bestreicht sie mit Milch und bäckt sie im Rohr schön gelb.

Käseklößchen.

2 Milchbrote werden in feine Scheiben geschnitten, in 1/2 Liter lauwarmer Milch eingeweicht und dann mit 70 Gramm Butter so lange auf schwachem Feuer gerührt, bis der Teig sich von der Pfanne löst. Ist derselbe erkaltet, so füge man 5 ganze Eier, 50 Gramm geriebene süße Mandeln, 5 Löffel Zucker, die abgeriebene Schale einer halben Zitrone, 2 Löffel geriebene Semmeln und einen vollen Teller frischen, recht trocken ausgepreßten weißen Käse (Quark) hinzu, dreht aus dem Teig mittelgroße, ein wenig glatt gedrückte Klöße, bestäubt dieselben mit Weizenmehl, wendet sie in Ei und geriebener Semmel um, bäckt sie im Fett schwimmend und serviert eine Obstsauce dazu.

Magdalenakuchen.

1 Pfd. Butter fein abrühren, nebst 5 Eiern und 7 Dotter, 1 Pfd. Zucker, 1 Pfd. Mehl, dem Schnee von 5 Eiern; alles gut gerührt 1 Stunde im Rohre backen lassen.

Erdbeerkuchen mit mürbem Teig.

7 Lot Mehl mit 5 Lot Butter, 2 Lot feingestoßener Zucker, 1 ganzes Ei, 1 Löffel saurer Rahm, den Teig gut mischen und rasten lassen, dann in dem Tortenblech gut ausbacken und sehr gut auskühlen lassen, und dann mit Erdbeermarmelade bestreichen. Den festen Schnee von 4 Eierklar, 9 Lot Zucker mit Vanillegeruch vermischen und auf den Kuchen streichen.

Kartoffelkuchen.

3/4 Pfd. feingeriebene Kartoffeln, 1/4 Pfd. gestoßene Mandeln, 10 Eier, 11 Lot Zucker, das Abgeriebene einer Zitrone und den Saft dazu mengt man untereinander; die Kartoffeln müssen Tags zuvor abgekocht werden. Der Zucker, die Mandeln, die Zitrone und 2 Eier werden mit 8 Eigelb eine halbe Stunde gerührt, während man das Weiße zu steifem Schnee schlägt; die Kartoffeln müssen nach und nach hineingerührt werden; zuletzt gibt man den Schnee dazu, dann das Ganze auf ein mit Butter bestrichenes Tortenblech und bäckt es langsam. Dieser Kuchen ist für 12 Personen.

Rhabarberkuchen.

6 Lot Butter, 6 Lot Zucker, 8 Lot Mehl, 1 Ei, Zitronat und Mandeln nach Belieben; Mandeln werden fein gestoßen und alles gut verarbeitet. Dieser Teig wird auf ein Blech gestrichen, oben mit Rhabarberkompott belegt und langsam gebacken. Ehe man denselben belegt, muß man ihn zuvor in der Röhre trocknen lassen.

Blitzkuchen.

Man nehme 12 Eier schwer Zucker, 8 Eier schwer Mehl, 4 Eier schwer Butter, nebst etwas Zitronenöl oder Zitronenschale. 12 Eigelb und Zucker rührt man eine halbe Stunde, das Eiweiß schlägt man zu Schnee, mischt alles dann gut durcheinander, gibt die Butter, die man vorher zerlaufen ließ, zuletzt darunter, und bäckt ihn langsam eine Stunde.

Natronkuchen.

100 Gramm Butter werden steif gerührt; darauf kommt 100 Gramm Zucker in die Butter und 6 Eigelb; dann 1/2 Pfd. Mehl und 1/8 Liter Milch dazu. Bevor der Schnee fertig ist, kommen 10 Gramm Weinstein und 5 Gramm Natron in die Masse, welche in eine mit Butter bestrichene und mit Paniermehl ausgestreute Form gefüllt und gebacken wird.

Natronobstkuchen.

1/2 Pfd. Mehl, 1/8 Pfd. Butter, 4 Löffel Zucker, 1 Ei, 1 Tasse Milch und für 5 Pfennig Backpulver wird zu einem Teig gut durcheinander gemengt, alsdann ausgewellt und mit Obst belegt.

Tausend-Jahr-Kuchen.

So schwer 6 Eier wiegen, nimmt man Butter, ebensoviel Mehl. Man rührt zuerst die Butter weiß, gibt nach und nach 1 Ei und 1 Löffel Zucker dazu, bis alles verbraucht ist. Die Zitrone wird am Zucker abgerieben und gibt man sie nebst Saft dazu; 1/4 Pfd. gereinigte Rosinen, 1 Messerspitze Hirschhornsalz (Ammonium), zuletzt das Mehl, füllt es in eine Kapsel und bäckt es drei Viertelstunden.

Bayrischer Kuchen.

250 Gramm ausgewaschene, geklärte Butter wird zu Schaum gerührt, nach und nach mit 4 ganzen Eiern und 4 Dotter, 90 Gramm Zucker und 250 Gramm feinem Mehl vermischt, zuletzt 25 Gramm Hefe in 1/4 Liter lauer Milch aufgelöst, hinzugethan und mit der Masse zu einem leichten Teig verarbeitet, den man auf ein mit Butter bestrichenes, mit einem Rand versehenes Kuchenblech ausbreitet, gehörig aufgehen läßt, mit geschlagenem Ei überpinselt, mit Zucker und gehackten Mandeln bestreut und bei mäßiger Hitze hellbraun bäckt.

Bitter-Mandel-Kuchen.

2 Pfd. Mehl gibt man in die Schüssel, setzt in der Mitte mit 2 Eßlöffel Hefe und etwas lauwarmer Milch einen Hefel an; ist derselbe gegangen, gibt man 1/2 Pfd. gerührte Butter, 5 Eier, 1/4 Pfd. Zucker, 45 Gramm feingewiegte, bittere, abgezogene Mandeln und etwas Zitronenschale dazu, Milch nach Gutdünken, damit es ein nicht zu dicker Teig wird, schlägt ihn gut ab, gibt eine Messerspitze Pottasche darein, legt ihn dann aufs Blech und läßt ihn langsam gehen; er wird dann mit Butter und Ei bestrichen, mit Zucker und breit geschnittenen süßen Mandeln bestreut, und dann gebacken.

Kirschenkuchen.

1/2 Pfd. Butter und 1/2 Pfd. Zucker wird gut abgerührt, 10 Hörnchen (oder feines, mürbes Milchbrot) abgerieben und hernach mit Wein gut angefeuchtet, alsdann ausgedrückt und nebst 8 Eidotter unter die Butter und den Zucker gemengt, nebst 1/2 Pfd. geriebenen Mandeln, etwas Zitronat, Orangeat, Zimt und Nelken, dann noch die Eiweiß zu Schnee geschlagen und darunter gemengt. Man mische dann den Teig mit 1 Pfd. ausgesteinten, schwarzen Kirschen.

Geriebene Aepfelkuchen.

Zu Butter- oder Hefenteig, der dünn ausgewellt und mit dem ein Kuchenblech in der üblichen Weise belegt wurde, macht man folgende Fülle: 8 große Aepfel werden, nachdem sie geschält sind, am Reibeisen abgerieben, eine halbe Zitrone wird an 1/5 Pfd. Zucker abgerieben, und der hierauf feingestoßene Zucker mit 8 Eigelb recht schaumig gerührt, 1/4 Pfd. feingestoßene Mandeln und das zu Schnee geschlagene Weiß von 6 Eiern wird der Masse zugefügt und diese gleichmäßig auf den Teig, welcher halb fertig zu backen ist, ehe die Fülle darauf kommt, aufgestrichen. Es ist ratsam, wenn der Kuchen zum zweitenmal in die Backröhre geschoben wird, einen Ziegelstein zu unterlegen, damit der Boden nicht zu braun ausfällt.

Kirschenkuchen.

1/4 Pfd. Zucker wird mit 8 Eigelb eine halbe Stunde gerührt, 1/4 Pfd. geriebenes Schwarzbrot mit einem Glas Wein angefeuchtet, 1/4 Pfd. süße geriebene Mandeln, etwas Zimt, Nelken, Zitronat und Pomeranzenschale darunter gemischt und der von 8 Eiweiß geschlagene Schnee und 1 Pfd. schwarze Kirschen dazu gegeben.

Aepfelkuchen.

Feingeschnittene Aepfel legt man aufs butterbestrichene Kuchenblech und gibt folgende Teigmasse darüber: 1/2 Pfd. Zucker wird mit 4 Eiern schaumig gerührt, dann 1/2 Pfd. Mehl darunter gemengt; diese Masse über die Aepfel gestrichen und so gebacken, gibt einen vorzüglichen Kuchen, muß aber genau so bereitet werden.

Aepfelkuchen.

180 Gramm Butter, 240 Gramm Mehl, 90 Gramm Zucker, 1 Ei wird zu einem Teig zusammen gemacht. Gute Schmelzäpfel werden geschält, halbiert, das Kernhaus ausgestochen, mit Zucker bestreut, mit 1 Eßlöffel Arak bespritzt und eine Zeitlang liegen gelassen. Mit diesem Teig wird der Boden des Springbleches belegt und die Aepfel darauf, aber so, daß die hohle Seite nach unten zu liegen kommt; diese wird nun mit viel Sultaninen, Zitronen und Rosinen bestreut, mit der andern Hälfte des Teiges, die man auswellt, die Aepfel bedeckt und bei guter Hitze gebacken. Den Teig, womit man den Boden des Springbleches belegt hat,

bäckt man erst zur Hälfte gar, ehe man die Aepfel darauf gibt. Dieser Teig kann zu allen Obstkuchen verwendet werden.

Käsekuchen.

Von 2 Pfd. Mehl wird mit 1/2 Liter Milch und 2 Eßlöffel Hefe ein Hefel angerührt; ist er aufgegangen, gibt man 1/4 Pfd. gerührte Butter, 1/4 Pfd. Zucker, 2 Eier und etwas Zitronenschale dazu, aber keine Milch mehr, schlägt die Masse gut ab, wellt sie auf dem Blech gut aus und gibt folgende Fülle darauf: von süßer Milch das Geronnene (keinen wirklichen Toppen) sauren Rahm, Weinbeeren, Mandeln, Zucker, 4 Eidotter und von Eiweiß den Schnee. (Dieser Hefenteig gibt, auf Wecken gewirkt, ein sehr gutes Kaffeebrot.)

Johannisbeerkuchen.

Man macht von Bröselteig einen Kuchen, legt denselben aufs butterbestrichene Kuchenblech (am besten Springblech), und gibt folgenden Guß darauf, nachdem man den Kuchen mit vorher gut eingezuckerten Johannisbeeren dick belegt hat: 6 Eigelb werden mit 90 Gramm Zucker, 90 Gramm geschälten, gestoßenen Mandeln, 90 Gramm gekochten, geriebenen Kartoffeln und dem Schnee der 6 Eiweiß vermischt. Von diesem Guß gibt man nun zuerst etwas auf den Kuchen, dann die Johannisbeeren, dann den ganzen übrigen Guß darüber und wird nun im Rohr gebacken. Ist vorzüglich.

Zwetschgenkuchen.

Verwendet man ebenfalls den Bröselteig dazu, belegt ihn mit in Viertel geschnittenen Zwetschgen, bestreut ihn mit Zucker und Zimt, oder verrührt 2 Eidotter mit saurem Rahm und Zucker, gießt es über die Zwetschgen und bäckt denselben im Rohr schön gelb.

Zwetschgenkuchen.

Man nimmt einen Hefenteig dazu, belegt denselben mit in Viertel geschnittenen Zwetschgen, bestreut sie mit Semmelbröseln, Zucker und Zimt und bäckt ihn im Rohr.

Heidelbeerkuchen.

Aepfelkuchen.

Dieselben werden ebenso von Hefenteig, wie im vorhergehenden beschrieben, zubereitet.

Weichselkuchen.

Ein Kuchen von Bröselteig wird zubereitet, mit ausgesteinten Weichseln belegt, gut mit Zucker bestreut, und auf dem butterbestrichenen Springblech im Rohr gebacken.

Traubenkuchen.

Trauben werden abgezupft (auf das Pfund wird 3 Pfd. Zucker gerechnet), dieselben mit wenig Wasser einmal aufgekocht, herausgenommen, der Saft dicker eingekocht, auf das Kuchenblech ein Blätterteig gelegt, die Beeren nebst etwas Saft darauf gegeben, vom übrigen Teig Streifen geschnitten, diese gitterartig darüber gelegt (das heißt: ein Gitter darüber gemacht) und dann im Rohr gebacken.

Himbeerkuchen.

Die Himbeeren werden gezuckert, dann aufs Blech ein Bröselteig gelegt, die Himbeeren darauf gegeben, ein Gitter darüber gemacht und im Rohr gebacken.

Aprikosenkuchen.

Wird gerade so wie der Zwetschgenkuchen zubereitet, man kann auch ein Gitter darüber machen.

Reiskuchen.

Vom besten Reis werden 200 Gramm abgebrüht, abgegossen und in 1 Liter süßen Rahm am Feuer langsam dick aufgequollen; man darf aber nicht umrühren, damit die Körner ganz bleiben. 70 Gramm frische Butter, 100 Gramm Zucker, 60 Gramm fein geschnittenes Zitronat, 40 Gramm gestoßene, geschälte Mandeln, 6 Eidotter, etwas Salz: dies alles wird mit dem Reis vermischt, das Blech mit einer Blätterteigmasse ausgefüllt, die Masse darauf gegeben, mit Butter und Ei bestrichen und im Rohr gebacken.

Türkischer Reiskuchen.

Man setzt 1/2 Liter guten Honig zum Kochen auf, gibt 1/2 Pfd. Butter, 1/2 Pfd. Reismehl, 1/2 Liter heißes Wasser und 1 Kaffeelöffel aufgelöstes Natron dazu, verrührt es über dem Feuer zu dickem Brei, schüttet ihn aufs butterbestrichene Blech, breitet ihn gleichmäßig aus und bäckt ihn in guter Hitze braun.

Englischer Kuchen.

Man rührt 1/2 Pfd. Butter nebst 4 Eiern, 200 Gramm Zucker, 200 Gramm Rosinen, 125 Gramm gestoßenen Mandeln, einem halben Weinglas Rum, 125 Gramm Zitronat, 125 Gramm Pomeranzenschalen und 1/2 Pfd. Mehl leicht ab, arbeitet alles gut durcheinander, gibt den Schnee der 4 Eiweiß dazu, und streicht die Hälfte messerrückendick auf ein butterbestrichenes Kuchenblech, füllt es mit eingemachten Aprikosen, Himbeeren oder Kirschen usw., gibt dann die andere Hälfte darüber, bestreut es mit Zucker und Zimt und bäckt es im Rohr.

Hamburger Theekuchen.

1/2 Pfd. Zucker und 20 Gramm Vanillezucker wird mit 7 Eiern schaumig gerührt, 1/2 Pfd. Mehl, 1/4 Pfd. kleine Rosinen, 1/4 Pfd. abgezogene in Würfel geschnittene Mandeln darunter gegeben und gut verarbeitet. Tortenformen werden mit Butter und Semmelbröseln ausgestrichen, die Masse eingefüllt und gebacken, erkaltet mit Zucker und Zimt bestreut.

Eiskuchen.

Man rührt 3 Eier gut ab, gibt 125 Gramm Zucker, 125 Gramm Mehl nebst 100 Gramm Butter dazu, streicht die Masse messerrückendick auf ein butterbestrichenes Blech und bäckt sie schön hellgelb.

Kleine Königskuchen.

1/4 Pfd. Butter wird mit 3 Eigelb zu Schaum gerührt, 100 Gramm Zucker, Zitronenschale, 1/4 Pfd. Mehl, 60 Gramm Sultaninen und der Schnee von 3 Eiweiß darunter gemengt, die Formen mit Butter ausgestrichen, eingefüllt und 1/2 Stunde im Rohr gebacken.

Grahamkuchen oder Schrotkuchen.

Man rührt 2 Eßlöffel Hefe, 1 Eßlöffel Schrotmehl, 1 Eßlöffel Zucker mit 1/4 Liter lauer Milch an und läßt es aufgehen; dann nimmt man in eine Schüssel 1 1/2 Pfund Schrotmehl, 1/2 Pfd. Zucker, 1/2 Pfd. zerlassene Butter, 1/2 Pfd. Rosinen und 1/2 Pfd. Korinthen, gibt den Hefel dazu und macht alles zusammen zu einem mittelfesten Teig an (wenn es fehlt, kann man mit etwas Milch nachhelfen), gibt es in die butterbestrichene Form, läßt es 1 Stunde gehen und bäckt den Kuchen im Rohr fertig.

Johannisbeerkuchen mit Gitter.

Man macht hierzu einen Butterteig, legt das Blech damit aus, und bedeckt ihn fingerbreit mit gezuckerten Johannisbeeren; dann verklopft man 4 Eiweiß, bis sie schäumen, mengt 1/4 Pfd. Zucker, 100 Gramm geschälte, gestoßene Mandeln und gibt es über die Johannisbeeren, macht vom übrigen Butterteig ein Gitter darüber, bestreut es mit Zucker und bäckt ihn im Rohr fertig.

Schmalzbäckereien.

Karthäuserklöße.

Rösche, neugebackene Semmeln werden abgerieben, dann geteilt, etwas rund geformt, in eine Schüssel gelegt und Eier, in Milch verklopft, darüber gegeben, damit sie weich werden; ist dieses geschehen, kehrt man sie in Semmelbröseln um, bäckt sie in heißem Schmalz heraus, bestreut sie mit Zucker und Zimt und gibt sie mit einer beliebigen süßen Sauce zu Tisch.

Gebackene Semmelschnitten.

Man reibt altgebackene Semmeln ab, schneidet Schnitten davon, taucht solche in mit Zucker versüßten Wein ein und legt sie drei Viertelstunden übereinander; verklopft einige Eier mit 1 Löffel Wein, kehrt sie darin um, bäckt sie aus heißem Schmalz und bestreut sie mit Zucker und Zimt. Können trocken gegeben oder mit heißem, gezuckerten Wein übergossen werden. Als Igel werden sie mit länglichen Mandeln gespickt.

Gebackene Semmelschnitten (einfacher).

Dieselben werden wie die vorhergehenden behandelt, nur weicht man sie in Milch mit verklopftem Ei und Zucker ein, kehrt sie in Semmelbröseln um und bäckt sie im Schmalz heraus.

Bavesen mit Erdbeeren.

Man richtet Semmelschnitten wie vorher beschrieben, taucht sie nur in Milch ein, legt sie aufeinander, verdrückt Erdbeeren mit Zucker, gibt etwas Semmelbröseln darunter und bestreicht damit die Hälfte der Schnitten, deckt die andere Hälfte immer darauf, verklopft Eier mit Milch, kehrt sie darin um, bestreut sie mit Semmelbröseln, bäckt sie in heißem Schmalz und gibt sie gleich zu Tisch.

Bavesen mit Kirschen.

Die wie vorerwähnt hergerichteten Schnitten werden mit Kirschen, die man mit Mandeln fein verwiegt, mit Zucker und Semmelbröseln vermischt hat, belegt. Damit bestreicht man die Schnitten und beendigt sie wie die vorhergehenden.

Schmalz-Thee-Gebäck.

1/2 Pfd. reines Schweinschmalz, 1/2 Pfd. Zucker, 2 Eier, 1 Pfd. Mehl, die feingewiegte Schale einer Zitrone wird gut zusammen verrührt, dann wird die Masse ausgewellt, ausgestochen und in schwimmendem Schmalz hellgelb herausgebacken, mit Zucker und Zimt bestreut.

Prim a la bone femme.

Die Semmeln werden abgerieben, in Scheiben geschnitten, dann in Rahm, mit Eier verklopft, eingeweicht; sind sie ganz durchweicht, mit Semmelbröseln bestreut und in schwimmendem Schmalz herausgebacken, hierauf mit folgender Creme übergossen: 6 Eigelb, 4 Kochlöffel voll Mehl, eine halbe

Flasche Weißwein, 1/4 Pfd. Zucker, wird unter fortwährendem Schlagen mit dem Schneebesen über dem Feuer gekocht und dann so dazu gegeben.

Zwetschgen-Bavesen.

Getrocknete Zwetschgen werden ausgesteint, mit Wein, Zucker, Zimt und etwas Wasser gekocht, mit Mandeln und Zitronen fein verwiegt, Semmelbröseln darunter gemengt, auf die Schnitten gestrichen und weiter beendet wie die vorhergehenden.

Aepfelküchlein.

Man schält gute Kochäpfel, schneidet sie in runde Scheiben, befreit sie vom Kernhaus, bestreut sie mit Zucker, legt sie aufeinander und gießt etwas Rum darüber; nachdem sie eine Zeitlang so gestanden, taucht man sie in Weinteig ein und bäckt sie in schwimmendem Schmalz heraus.

Gewöhnliche Aepfelküchlein.

Die Aepfel werden wie die vorigen geschält, in runde Scheiben geschnitten, in einfachen Pfannenkuchenteig getaucht, in schwimmendem Schmalz herausgebacken und gut mit Zucker bestreut aufgetragen.

Aprikosen- und Pfirsichküchlein.

Werden wie die Aepfelküchlein zubereitet.

Holunderküchlein.

Schöne Holunderblüten werden gereinigt, in einfachen Pfannenkuchenteig eingetaucht und in schwimmendem Schmalz herausgebacken.

Akazienküchlein.

Die Akazienblüten werden gereinigt und ebenso wie Holunder zubereitet.

Strauben.

1/4 Liter Milch wird mit 30 Gramm Butter siedend gemacht, dann 200 Gramm Mehl hineingerührt und gekocht, bis es sich von der Pfanne löst; dann gibt man etwas Salz,

6 Eier (eines nach dem andern) darein, rührt es gut durcheinander, füllt es dann in den Straubentrichter, läßt es in heißem Schmalz in der Runde laufen, bäckt so nach und nach die Strauben heraus und bestreut sie mit Zucker und Zimt.

Verzogene Faschingsküchlein.

1 Pfd. Mehl wird in eine Schüssel gethan, 3 Eßlöffel Hefe mit 1/2 Liter lauer Milch aufgelöst, 3 Eßlöffel zerlassene Butter, etwas Salz, 2 Eßlöffel Zucker, dieses alles zusammen zu einem glatten Teig gut gearbeitet und gehen lassen, dann mit dem Löffel runde, eigroße Laibchen ausgestochen, auf ein mehlbestreutes Tuch gelegt, eine Viertelstunde stehen lassen, dann auseinandergezogen, in der Mitte am feinsten, und in schwimmendem Schmalz gebacken.

Gefüllte Faschingskrapfen oder Berliner Pfannenkuchen.

1 Pfd. Mehl wird mit 3 Eßlöffel Hefe angesetzt. Ist der Ansatz gegangen, so wird 1/4 Pfd. Butter schaumig gerührt, 30 Gramm Zucker, 8 Eigelb, Zitrone, Muskatblüte und 1 Pfd. Mehl in die Masse geschlagen, ausgerollt, ausgestochen, mit Johannisbeeren gefüllt und in schwimmendem Schmalz gebacken. Auf die gefüllte Hälfte wird eine ungefüllte gelegt und ringsherum gut zugedrückt. Man sticht sie, wenn der Teig auf dem Backbrett ausgewellt, gewöhnlich mit einem Stutzglas aus.

Grahamküchlein.

1 Pfd. Mehl kommt in eine Schüssel mit 2 Eßlöffel Hefe; mit 1/2 Quart lauer Milch wird ein Hefel angesetzt; ist er aufgegangen, werden 2 Eßlöffel zerlassene Butter, 1 Eßlöffel Zucker, etwas Salz, eine Handvoll Weinbeeren dazu gegeben und der Teig gehörig glatt gearbeitet; dann läßt man ihn gehen, nimmt mit dem Eßlöffel Teig heraus und bäckt die Küchlein, wie in vorhergehendem angegeben, in schwimmendem, heißen Schmalz.

Rosen.

Dazu gehört ein Roseneisen. Man rührt 1/2 Pfd. Mehl, 4 Eier, ein kleines Stückchen Butter und etwas Salz mit

Milch zu einem gewöhnlichen Pfannenkuchenteig an. Das Eisen wird in die Pfanne ins heiße Schmalz gehalten, bis es heiß ist, dann bis zum Rand in den Teig getaucht, damit derselbe sich anhängt, und ins Schmalz zum Backen gehalten. Ist die Rose schön gelb, schlägt man aufs Eisen, damit sie abfällt, nimmt sie heraus und fährt mit dem Backen fort, bis aller Teig aufgebraucht ist. Die Rosen werden dann mit Zucker und Zimt bestreut.

Waffeln.

1/2 Pfd. leicht gerührte Butter wird mit 8 Eiern gut verrührt, 380 Gramm feines Mehl, 1/8 Liter saurer Rahm, 1 Eßlöffel Zucker und 1 Prise Salz darunter gegeben. Nun füllt man immer soviel, als ins Waffeleisen hineingeht, bäckt sie auf beiden Seiten gelb und fährt so fort, bis aller Teig verbraucht ist.

Torten.

Haselnußtorte.

1/2 Pfd. Zucker wird mit 12 Eigelb eine halbe Stunde gerührt, 6 Lot Mandeln, 6 Lot Haselnußkerne gerieben, 1 Lot Vanillezucker und 6 Lot Mehl dazu gethan, zuletzt den Schnee der 12 Eiweiß leicht daran gerührt. Die Form wird mit Butter bestrichen und mit Brotmehl bestreut.

Gewöhnliche Brottorte.

125 Gramm im Ofen getrocknetes, geriebenes Schwarzbrot wird mit 1 Glas guten Wein angefeuchtet; dann rührt man 250 Gramm gestoßenen Zucker, 125 Gramm geriebene Mandeln mit 12 Eigelb eine halbe Stunde lang; nimmt das Brot, 8 Gramm Zimt, 5 bis 6 Gramm gestoßene Nelken und 1 feingewiegte Zitronenschale dazu, mengt den Schnee von 6 Eiweiß hinein, füllt die Masse ein und bäckt sie in nicht zu heißem Ofen.

Kartoffeltorte.

7 Eigelb werden mit 110 Gramm Zucker schaumig gerührt; 30 Gramm geschälte, geriebene Mandeln, 20 Gramm Zitronat, 20 Gramm Pomeranzenschale, etwas Zimt, 120 Gramm geriebene, gekochte Kartoffeln, 60 Gramm geriebenes, mit Wein angefeuchtetes Schwarzbrot genommen; die Eiweiß zu Schnee geschlagen, alles gut durcheinander gerührt, in die Form eingefüllt und in mäßiger Hitze gebacken.

Hafermehltorte.

250 Gramm Butter werden schaumig gerührt; hierauf fügt man 4 Eier, 250 Gramm Zucker und etwas Zimt hinzu und rührt diese Masse ungefähr 1 Stunde, wonach soviel Hafermehl in den Teig geknetet wird, daß er sich leicht auswellen läßt. Man füttert eine Tortenform mit dem Teige aus und belegt ihn mit einer dicken Schicht eingemachter Johannisbeeren, läßt die Torte 3/4 Stunden bei mäßiger Hitze backen und bedeckt nach dem Auskühlen die Johannisbeeren mit einer Lage Schlagrahm, der jedoch auch wegbleiben kann.

Jägertorte.

250 Gramm gestoßener Zucker und ebenso viel geriebene Mandeln werden mit 6 Eiern und 6 Eidotter recht leicht gerührt; ist die Masse schaumig, so wird sie in ein Potage-Blech gefüllt und in einem gelinden Ofen gebacken, damit sie ja nicht zu braun wird. Dann nimmt man sie aus der Form, schlägt von 6 Eiweiß einen steifen Schnee, rührt ihn mit 1/2 Pfd. feingestoßenem Zucker zu einem Guß und schneidet 250 Gramm Mandeln, länglich, recht fein hinein. Ist dies geschehen, so bestreicht man die Torte mit eingemachten Früchten, gibt den Guß darüber und läßt sie im Ofen gut abtrocknen.

Schwarzbrottorte.

375 Gramm Zucker werden mit 16 Eigelb und 3 ganzen Eiern dick gerührt; dann werden 310 Gramm feingestoßenes Schwarzbrot mit 1/2 Liter Wein angefeuchtet, dasselbe mit etwas Zimt, Nelken, Zitronat und 60 Gramm feingestoßenen

Mandeln gemischt, hierauf das Weiße von den Eiern als Schnee darunter gethan, die Masse in die Form gefüllt und gebacken.

Weckentorte.

4 Semmeln werden geschnitten, im Ofen geröstet, dann gestoßen, hierauf 375 Gramm Zucker, 12 Eier und das Semmelmehl 1 Stunde gerührt, mischt dann die Schale einer Zitrone, Zitronat und etwas Zimt darunter, gießt sie hernach in die Form und bäckt sie in schwach geheiztem Ofen.

Weinsbergertorte.

Es wird von 8 Eiweiß ein Schnee geschlagen; das Gelb der Eier wird mit 250 Gramm Zucker leicht gerührt, nebst 125 Gramm feingestoßenen Mandeln, 8 Gramm gestoßenem Zimt, 60 Gramm Zitronat, 60 Gramm Pomeranzenschale, der Schale einer Zitrone und 250 Gramm geriebenem schwarzen Brot. Bevor man die Torte zu Tisch gibt, schüttet man 1 Glas mit Zucker warm gemachten Wein darüber.

Schwarze Kartoffeltorte

1/2 Pfd. Zucker wird mit 9 Eigelb 1/4 Stunde, dann 20 Lot geriebene, gekochte Kartoffeln mit obigem ebenso lange gerührt. Dann werden 2 Lot klein geschnittenes Zitronat, 2 Lot Pomeranzenschale, 1/2 Lot gestoßener Zimt, 1 Quint gestoßene Nelken nebst einer halben Zitrone mit der Masse gut vermengt, das Weiße der 9 Eier zu einem steifen Schnee geschlagen und darunter gerührt, in die Form gefüllt und gebacken.

Weiße Kartoffeltorte.

3/4 Pfd. Zucker wird mit 12 Eidotter recht schaumig gerührt, dann kommt 1/4 Pfd. süße, 2 Lot bittere, geriebene Mandeln, 1/2 Pfd. geriebene, gekochte Kartoffeln dazu, sowie die Schale und der Saft einer Zitrone. Danach wird der Schnee von 12 Eiern unter die Masse gerührt und in die mit Butter bestrichene und mit Semmelmehl bestreute Form eingegossen und gebacken.

Griestorte.

1/4 Pfd. feiner Gries, 6 große Eier, 5/4 Pfd. feingestoßener Zucker, 60 bis 70 süße Mandeln, 1 Zitrone (der

Zucker wird mit der Zitrone abgerieben), gestoßen und mit den 6 Eigelb eine halbe Stunde gerührt; die feingeriebenen Mandeln, der Saft der Zitrone, der (ungekochte) Gries und schließlich das zu steifem Schnee geschlagene Eiweiß werden hinzugefügt und die Masse in einer ausgebutterten, mit Semmelmehl bestreuten Form fertig gebacken. Dauer: 3/4 bis 1 Stunde.

Makronentorte.

1/2 Pfd. mit den Schalen gestoßene Mandeln, 1/2 Pfd. gestoßener Zucker, der Saft einer Zitrone, die Schale derselben und 1 Eßlöffel Semmelbröseln wird mit dem Schaum von 6 Eiweiß gut verrührt und langsam gebacken. Wenn ausgekühlt, mit Aprikosen (Marillen-Marmelade) oder einer beliebigen Marmelade bestrichen und geeist.

Gleichschwer oder Landtorte.

285 Gramm Butter wird leicht gerührt, 285 Gramm Zucker, 285 Gramm Stärkmehl, 5 ganze Eier und 2 Dotter dazu und die Schale einer Zitrone wird alles gut untereinander gerührt, in ein mit Butter bestrichenes Blech gefüllt und dann gebacken.

Schokoladetorte.

Man nimmt 110 Gramm Butter, 110 Gramm Zucker, 6 Eidotter, 75 Gramm geriebene Schokolade, 75 Gramm abgezogene, feingestoßene Mandeln, rührt alles schaumig, gibt dann 55 Gramm feines Mehl und von 4 Eiweiß den Schnee darunter, füllt es dann ins gebutterte Tortenblech, bäckt es in mäßig drei Viertelstunden und macht eine Punschglasur darüber.

Süßes Backwerk und Konfekt.

Kaffeeküchlein.

Eine halbe Zitrone wird an 60 Gramm Zucker abgerieben, mit 180 Gramm Butter und 1/2 Liter Wasser in einer messingenen Pfanne gesotten; dann wird durch einen

Seiher, damit es keine Knöllchen gibt, 1/2 Pfd. Mehl darein gerührt, einige Male auf dem Feuer umgewendet, bis es sich von der Pfanne löst, dann in eine Schüssel gethan und mit 7 Eiern abgerührt; ein Blech mit Butter bestrichen, mit einem Löffel halbeiergroße Küchlein aufgesetzt, in mittlerer Hitze gebacken, mit Zucker bestreut und auf den Tisch gegeben.

Biskuitplätzchen.

1/2 Pfd. Zucker, 4 Eier, 1/2 Pfd. Mehl und eine halbe Zitronenschale werden recht flaumig abgerührt, auf Oblaten gelegt, mit Streuzucker besät und in heißem Rohr gebacken. Man nimmt eine Messerspitze Pottasche dazu.

Busserln.

1 Pfd. Varinzucker wird mit 6 Eiern warm verrührt; dann kommt ein nicht ganzes Pfund Mehl, etwas Anis, Nelken und Zimt dazu und wird alles bei guter Hitze gebacken.

Kapuzinerbrot.

4 ganze Eier und 1 Dotter werden mit 1 Pfd. Zucker eine halbe Stunde gerührt; hierauf werden 60 Gramm Mandeln gestoßen, 60 Gramm Zitronat, 60 Gramm Pomeranzenschale, eine halbe Zitronenschale, etwas Zimt und Nelken, 2 Messerspitzen Pottasche, 6 Eßlöffel zerlassener Honig und 5/4 Pfd. Mehl darunter gemengt, hernach messerrückendick ausgewellt, mit einer Form ausgestochen, 1 Stunde stehen gelassen und dann in mäßiger Hitze gebacken.

Essighörnchen.

1/4 Pfd. Butter, 1/4 Pfd. Mehl, 1 Eigelb, 1 Löffel Essig, 3 Löffel Zucker und etwas Salz wird zu einem Teig verarbeitet, den man dünn auswellt, in Stücke schneidet, daraus Hörnchen formt, mit Ei bestreicht, aufs butterbestrichene Blech setzt und schön gelb im Rohr bäckt.

Weißes Zuckerbrot.

1 Eiweiß wird mit 1/4 Pfd. Zucker steif gerührt, 1 Kaffeelöffel Essig dazu gethan, von dieser Masse Häufchen aufgesetzt und bei schwacher Hitze gebacken.

Haselnußbrötchen.

Von 2 Eiweiß wird ein Schnee geschlagen, darunter 250 Gramm grobgewiegte Haselnußkerne und 250 Gramm Zucker gemischt, davon Häufchen aufs Blech gesetzt und bei mäßiger Hitze gebacken.

Schwabenbrot.

125 Gramm Butter wird leicht gerührt, 125 Gramm Zucker, 125 Gramm gestoßene, abgezogene Mandeln, 125 Gramm Mehl nebst etwas Zitronenschale darunter gerührt und 1 ganzes Ei. Der Teig wird ausgewellt, ausgestochen, mit Ei bestrichen, aufs Blech gegeben und dann im Rohr gebacken.

Zitronenbrot.

1 Pfund Zucker, von einer Zitrone die feingewiegte Schale und 5 Eier wird schaumig gerührt, 1 Pfd. Mehl darunter gemengt, Häufchen aufs Blech gesetzt und im Rohr gebacken.

Tiroler Brot.

1/4 Pfd. Mehl, 1/4 Pfd. Zucker, 1/4 Pfd. Butter, 1/4 Pfd. roh geschnittene Mandeln, etwas Zitronenschale und 15 Gramm Anis, 1 Eigelb, ein Viertelglas Weißwein und der Schnee von 1 Eiweiß wird alles gut zusammen verrührt, dann ausgewellt, Halbmonde ausgestochen, dieselben mit Eiweiß und Zucker bestrichen, mit Anis bestreut und auf butterbestrichenem Blech langsam gebacken.

Schokoladebrötchen.

8 Eiweiß schlägt man zu Schnee, rührt ihn mit 250 Gramm Zucker schaumig, gibt 250 Gramm gewiegte Mandeln, 250 Gramm geriebene Schokolade, 125 Gramm Mehl nebst etwas gestoßenem Zimt dazu, verarbeitet es gut und formt kleine Brötchen, die man auf dem Blech in schwach geheiztem Rohr bäckt.

Schokoladebrötchen (andere Art).

1/2 Pfd. Zucker, 1/2 Pfd. feingewiegte Mandeln, 1 Ei, der Saft einer Zitrone, 1/4 Pfd. Schokolade, 4 Eigelb und

4 Eiweiß zu Schnee geschlagen wird zu einem Teig gut verrührt, aufs Blech gesetzt und bei guter Hitze im Rohr gebacken.

Bischofsbrot.

1/2 Pfd. Zucker wird mit 6 Eiern 1 Stunde gerührt, etwas feingewiegte Zitronenschale und 1/2 Pfd. Mehl darunter gegeben, in eine butterbestrichene Kapsel gefüllt und drei Viertelstunden im Rohr gebacken.

Zimtschnitten.

175 Gramm Mehl, 130 Gramm Butter, 50 Gramm Zucker, eine Prise Salz und Zimt wird zu einem Teig verarbeitet, den man messerrückendick auswellt, in längliche Stücken schneidet, schnell bäckt und noch warm mit Zucker bestreut.

Vanillestängchen.

115 Gramm Vanillezucker wird mit 1 ganzen Ei und 3 Eigelb schaumig gerührt, dann kommt 140 Gramm Mehl dazu, formt fingerlange Stängchen, setzt sie auf ein butterbestrichenes Blech und bäckt sie in mäßiger Hitze.

Schokoladeherzchen.

2 Eiweiß werden zu Schnee geschlagen, 1/2 Pfd. Zucker, 10 Gramm Zimt, 1/2 Pfd. gestoßene Mandeln und 60 Gramm geriebene Schokolade darunter gemengt, etwas Mehl dazu genommen, der Teig gut verarbeitet, ausgewellt, Herzchen ausgestochen, aufs Blech gesetzt und gebacken.

Schokoladebackwerk.

160 Gramm Mehl, 100 Gramm Butter, 80 Gramm Zucker, 50 Gramm geriebene Schokolade, 1 Ei und etwas Zitronenschale wird zusammen schaumig gerührt, in eine Tortenform gefüllt und im Rohr gebacken.

Wiener Zelten.

1/2 Pfd. Zucker wird mit 3 Eiern schaumig gerührt, man gibt dann 3/4 Pfd. Mehl, etwas Nelken und Zimt dazu, nebst 3 eingemachten schwarzen Nüssen fein gehackt, verarbeitet den Teig gut, wellt ihn aus, schneidet viereckige Stücken, legt sie auf ein butterbestrichenes Blech und bäckt sie, bis sie hart sind, aber recht langsam.

Englischer Puff.

1/2 Pfd. Butter wird mit 7 Eigelb schaumig gerührt, 1/2 Pfd. Mehl dazu gegeben, 150 Gramm große und 150 Gramm kleine Rosinen, 50 Gramm Orangeat und 50 Gramm Zitronat werden fein geschnitten, 1 Eßlöffel Zitronenzucker und 2 Eßlöffel Rum darunter gerührt, dann noch der Schnee von 14 Eiweiß leicht mit dem Ganzen gemischt, in Formen gefüllt und gebacken.

Biskuitwandeln.

1/2 Pfd. Butter wird mit 6 Eiern und 6 Eigelb schaumig gerührt, 1/2 Pfd. Biskuitbröseln werden mit Malagawein angefeuchtet und nebst 50 Gramm feingeschnittenem Zitronat darunter gemengt, in gut mit Butter ausgestrichene Förmchen gefüllt und drei Viertelstunden im Rohr gebacken.

Englische Biskuits.

500 Gramm Mehl werden mit 125 Gramm Butter gut verrieben, 3 große Eßlöffel gestoßener Zucker und 1 Ei schwer Rahm dazu gegeben, damit es ein steifer Teig wird; derselbe wird ausgewellt, Plättchen ausgestochen und auf butterbestrichenem Blech im Rohr gebacken. (Gibt 15 Stück.)

Französische Biskuits.

1/2 Pfd. Zucker und 125 Gramm feingewiegte Mandeln wird mit Eiweiß verrührt, und zwar so, daß man immer etwas mehr Eiweiß nach und nach hineingibt, bis man einen zähen, schweren Teig erhält; diesen Teig füllt man in eine halbfingerdicke Röhre und dressiert damit kleine Biskuits auf zuckerbestäubtes Papier, legt sie mit dem Papier aufs Blech und bäckt sie sehr langsam.

Runde englische Biskuits.

10 Eier schwer Zucker, 10 Eier schwer Mehl, von 10 Eiweiß der Schnee und 10 Eigelb wird alles gut durch-

einander gepeitscht; dann mischt man 30 Gramm Kümmel darunter und bäckt es in kleinen Papierkapseln. Sind die Biskuits kalt, schneidet man sie auseinander und röstet sie auf beiden Seiten.

Kapselbiskuits.

Der Schnee von 10 Eiweiß, 1/2 Pfd. Zucker und 10 Eidotter werden auf gelindem Feuer gerührt, bis die Masse dick ist, dann schlägt man sie wieder kalt und gibt 1/2 Pfd. Mehl darunter, füllt alles in eine butterbestrichene Kapsel und bäckt es 1/2 bis 3/4 Stunden.

Butterkolatschen.

1/2 Pfd. Butter wird mit 4 ganzen Eiern und 4 Eigelb schaumig gerührt, dann gibt man 140 Gramm Zucker und 1/2 Pfd. Mehl dazu, setzt davon Häufchen aufs Blech und bäckt sie langsam.

Karlsbader Kolatschen.

1/2 Pfd. Butter, 1/2 Pfd. Zucker, 60 Gramm feingewiegte, bittere Mandeln, eine Zitronenschale und 4 ganze Eier werden eine halbe Stunde gerührt, dann 3/4 Pfd. Mehl darunter gethan, von der Masse Häufchen auf ein butterbestrichenes Blech gesetzt und sehr langsam gebacken.

Malthofer Kuchen.

1/2 Pfd. feingeriebene Mandeln und 1/2 Pfd. Zucker wird mit 16 Eigelb schaumig gerührt, die Schale einer Zitrone, 60 Gramm weichgemachte Butter, 1/2 Pfd. Mehl und von 3 Eiweiß der Schnee dazu gegeben, in kleine, ovale Formen gefüllt und eine halbe Stunde gebacken.

Butterringeln.

3/4 Pfd. Butter mit 6 Eigelb schaumig gerührt, 3/4 Pfd. Zucker, 1 Pfd. Mehl, etwas Zitronenschale und der Schnee von 6 Eiweiß darunter gerührt, Ringeln daraus geformt und auf butterbestrichenem Blech gebacken. Vom Schnee der 6 Eiweiß behält man etwas zurück, vermischt es mit Zucker und glasiert die Ringeln damit, bevor sie ins Rohr kommen.

Vanillebretzeln.

1/2 Pfd. Zucker wird mit 5 ganzen Eiern schaumig gerührt, darunter etwas Vanillezucker gemischt und 3/4 Pfd. Mehl, aus der Masse Bretzeln geformt, dieselben mit Zucker bestäubt und auf butterbestrichenem Blech langsam gebacken.

Bröseltörtchen.

1/2 Pfd. Butter, 200 Gramm Mehl, 80 Gramm Zucker und 2 Eigelb werden eine halbe Stunde gerührt, etwas Zitronenschale beigefügt, die Masse in Förmchen gefüllt und gebacken. Können auch in der Mitte mit etwas Johannisbeeren gefüllt werden.

Gatiau à la Princess.

1/2 Pfd. Butter wird mit 6 Eigelb schaumig gerührt, 1/2 Pfd. Zucker, 1/4 Pfd. geriebene Mandeln, 1/2 Pfd. Mehl etwas Zitronenschale, Zimt und der Schnee von 3 Eiweiß wird leicht unter die Masse gerührt, Häuschen auf ein butterbestrichenes Blech gesetzt, dieselben mit gehackten Mandeln bestreut und eine halbe Stunde recht gelinde gebacken.

Gatiau de Malta.

1/4 Pfd. Mandeln wird gerieben, 1/4 Pfd. Zucker mit 8 Eigelb schaumig gerührt, die Mandeln dazu gegeben nebst etwas Zitronat, 30 Gramm weich gemachter Butter, 1/4 Pfd. Mehl und dem Schnee von 4 Eiweiß. Man füllt die Masse in kleine gut mit Butter ausgestrichene Förmchen und bäckt sie langsam eine halbe Stunde.

Biskuit à la crem.

125 Gramm Zucker wird mit 8 Eigelb schaumig gerührt, 50 Gramm Mehl, eine halbe Tasse Schlagrahm und der Schnee von 8 Eiweiß leicht darunter gerührt, in kleine Kapseln gefüllt und gebacken.

Mandelbretzeln.

3/4 Pfd. Mehl, 1/2 Pfd. Zucker, 1/2 Pfd. feingewiegte Mandeln, 1/2 Pfd. Butter und etwas Orangenblütenwasser wird mit 8 Eiern zu einem Teig gewirkt; man läßt ihn eine Stunde an einem kühlen Ort ruhen, formt dann Bretzeln daraus, legt sie auf butterbestrichenes Blech, bestreicht sie mit Eiweiß, bestreut sie mit grobgestoßenem Zucker und bäckt sie langsam.

Rosentörtchen.

150 Gramm Mandeln werden abgezogen und mit 2 bis 3 Eiweiß fein gerieben, dann mit 275 Gramm Zucker verrührt, nach und nach eine kleine Tasse Rosenwasser darunter gerührt, nebst 30 Gramm Mehl und von 7 Eiweiß der Schnee. Kleine Förmchen (etwa 18 Stück) legt man mit dünn ausgewelltem Butterteig aus, füllt dann beinahe voll mit der Masse und bäckt sie langsam im Rohr.

Puffen.

185 Gramm Zucker wird mit 14 Eigelb schaumig gerührt, 100 Gramm Zitronat, 100 Gramm Pomeranzenschale und eine Zitronenschale fein geschnitten und darunter gemengt, nebst 100 Gramm weichgemachter Butter, 185 Gramm Mehl und dem Schnee von 14 Eiweiß. Man füllt es in gut ausgestrichene Formen und bäckt es langsam eine Stunde.

Zimtwaffeln.

1/2 Pfd. Butter wird schaumig gerührt, mit 5 ganzen Eiern, 4 Eigelb, 1/2 Pfd. gestoßenem Zucker und 15 Gramm Zimt noch eine Viertelstunde verrührt, dann 180 Gramm Mehl darunter gegeben und im Waffeleisen herausgebacken.

Wiener Mandelbögen.

1/2 Pfd. Zucker wird mit 5 Eiern schaumig gerührt, etwas Zitronenschale und 1/2 Pfd. Mehl dazu gegeben, dann auf ein mit Butter bestrichenes Blech dick aufgetragen, mit feingeschnittenen Mandeln bestreut und eine Viertelstunde langsam gebacken, noch heiß dreifingerbreite Streifen daraus geschnitten und übers Holz gebogen, was aber sehr schnell geschehen muß.

Hohlhippen.

200 Gramm Mehl, 100 Gramm geschälte, feingeriebene Mandeln, 85 Gramm Zucker, etwas Zitronenschale und der Saft einer Zitrone wird mit 6 Eiern und 6 Eßlöffel saurem Rahm gut verrührt, 80 Gramm zerlassene Butter, wenn nötig, noch etwas Milch, dazu gethan und die Hippen dann mittels Hippeneisen gebacken und noch warm übers Holz gebogen.

Hobelspähne.

Der Schnee von 4 Eiweiß, nebst 4 Eßlöffel Zucker und 3 Eßlöffel Mehl wird gut zusammen verrührt und ganz dünn auf butterbestrichenes Blech gegeben und gebacken, heiß noch in Streifen geschnitten, die man rasch über dem Kochlöffelstiel dreht.

Reistörtchen.

60 Gramm Reis wird mit 1/2 Liter Milch und einem Stück Vanille zu einem dicken Brei gekocht; man gibt den Schnee von 3 Eiweiß darunter und Zucker nach Belieben, streicht es halbfingerdick auf butterbestrichenes Blech und läßt es kalt werden, sticht dann runde Törtchen aus, bestreicht das eine mit eingemachten Früchten, deckt es dann mit einem andern zu und bäckt dieselben in heißem Schmalz heraus.

Haferzwieback.

140 Gramm Zucker wird mit 6 Eigelb eine Viertelstunde gerührt, dann der Schnee von 6 Eiweiß darunter gezogen und nochmals eine Viertelstunde gerührt, hernach 70 Gramm Hafermehl hinzugegeben und in kleinen Formen oder Papierkapseln gebacken.

Kaffeebrot oder Haselnußbrot.

140 Gramm Zucker wird mit 3 Eidotter schaumig gerührt, dann 140 Gramm feingewiegte Haselnußkerne nebst 35 Gramm geriebenem Brot und dem Schnee von 3 Eiweiß hinzugethan, in die butterbestrichene Form gefüllt und gebacken.

Butterlaibchen.

Rühre 1 Pfd. Zucker mit 1 Pfd. Butter leicht an, dazu 16 Eier, mische 1/2 Pfd. Sultaninen, etwas Zitronenschale und 2 Pfd. Mehl darunter. Runde Laibchen werden aufs Blech gesetzt und gebacken.

Mandelbrötchen.

Unter den festgeschlagenen Schnee von 12 Eiweiß rührt man 1 Pfund Staubzucker, gibt dann 15 Gramm Zimt, 5 Gramm Nelken, Zitronenschale und 1 Pfd. braune Mandeln darunter, setzt kleine Brötchen auf ein butterbestrichenes Blech und bäckt sie.

Spanisches Brot.

1/4 Pfd. feingeriebene Mandeln und 1/4 Pfd. Zucker wird mit 12 Eigelb abgerührt, dann kommt 1/4 Pfd. zerlassene Butter dazu, etwas Zimt und Muskatblüte, 50 Gramm Mehl und der Schnee von 5 Eiweiß, füllt alles in eine Kapsel und bäckt es langsam, schneidet es in zweifingerbreite lange Stücken, glasiert sie und trocknet sie noch kurz im Rohr. (Wasserglasur.)

Zitronenbrötchen.

1/2 Pfd. Zucker wird mit dem Schnee von 2 Eiweiß verrührt, 180 Gramm Mehl, die feingewiegte Schale von 2 Zitronen dazu gegeben, der Teig fingerdick ausgewellt, ausgestochen, auf Oblaten gelegt und recht langsam gebacken.

Zuckerschiffel.

80 Gramm Mehl, 40 Gramm Zucker, 30 Gramm Butter und 1 Ei wird zu einem Teig zusammengewirkt; man läßt ihn einige Zeit ruhen, wellt ihn dann dünn aus, schneidet schiefe Stücke daraus, bestreut sie mit Grobzucker, setzt sie aufs Blech und bäckt sie.

Englische Plätzchen.

100 Gramm Mehl, 30 Gramm Butter, 10 Gramm Zucker und ein wenig Milch wird auf dem Nudelbrett zu einem Teig verarbeitet; denselben läßt man ruhen, wellt ihn

dann aus, sticht runde Plätzchen aus, bestreicht sie mit Milch, stupft sie mit der Gabel und bäckt sie auf butterbestrichenem Blech.

Vanilleschnitten.

Von Butterteig werden zweifingerbreite Streifen geschnitten, 2 Eiweiß zu Schnee geschlagen, mit 200 Gramm Vanillezucker gerührt, dieses auf die Streifen gestrichen und auf butterbestrichenem Blech in gut geheiztem Ofen gebacken.

Jägerbrot.

1/2 Pfd. Zucker wird mit 8 Eigelb schaumig gerührt, man gibt dann 1/4 Pfd. feingewiegte Mandeln, etwas Zitronenschale, den Schnee von 8 Eiweiß und 1/2 Pfd. Stärkmehl dazu, bäckt es in Kapseln, schneidet es in Streifen und röstet es.

Zuckerbretzeln.

1 Pfd. Mehl, 240 Gramm Zucker, 240 Gramm Butter und 1 Ei wird zu einem Teig verarbeitet, Bretzeln geformt, aufs Blech gesetzt und gebacken.

Böhmisches Brot.

1 Pfd. Zucker wird mit 5 Eiern eine Stunde gerührt; man gibt 1/2 Pfd. grobgeschnittene Mandeln, nebst Zitronenschale, etwas Zimt und 50 Gramm Sultaninen dazu, verarbeitet 1 Pfd. Mehl tüchtig mit der Masse, teilt sie dann in drei Teile und wellt sie zu Streifen aus, legt sie auf butterbestrichenes Blech, bestreicht sie mit Eigelb und bäckt sie. Können nach dem Backen geschnitten und geröstet werden.

Belgrader Brot.

8 Eiweiß werden zu Schnee geschlagen, mit 1 Pfund Zucker und etwas Zimt schaumig gerührt, 60 Gramm Zitronat, 60 Gramm Orangeat und 1 Pfd. feingeschnittene, im Ofen gelb geröstete Mandeln verrührt, dann mit Zucker und Mutschelmehl ausgewellt, in längliche Stücken geschnitten, auf ein gut mit Butter bestrichenes Blech gesetzt und in schwachgeheiztem Ofen gebacken.

Cedernbrot.

1/2 Pfd. geschälte, getrocknete Mandeln werden mit 3 Eiweiß gerieben, dann wird 1 Pfd. Zucker, der Saft und die Schale einer Zitrone darunter gemengt, mit Zucker ausgewellt, Halbmonde ausgestochen, auf butterbestrichenes Blech gesetzt und langsam gebacken. Mit Orangenglasur glasiert.

Kleienbrot.

750 Gramm Zucker, 750 Gramm grobgewiegte Mandeln, die Schale von 2 Zitronen, der Saft einer Zitrone, 10 Gramm Zimt, 50 Gramm Zitronat, 50 Gramm Haselnußkerne und 45 Gramm Orangenblütenwasser wird gut durcheinander verarbeitet, dann etwas ausgewellt, ausgestochen und auf butterbestrichenem Blech gebacken.

Langes Pomeranzenbrot.

1/2 Pfd. Zucker wird mit 2 Eiern, 60 Gramm Orangenschalen und der Schale einer halben Zitrone nebst einem halben Pfd. Mehl zu einem Teig verarbeitet, fingerdicke und fingerlange Stängchen daraus geformt, auf ein mit Mehl bestreutes Blech gelegt, mit dem Messerrücken kleine Schnitte hinein gemacht und dann gebacken.

Wiener Speise.

Man rührt 125 Gramm Butter leicht mit 8 Eigelb, gibt 125 Gramm feingeriebene Mandeln, 125 Gramm Zucker, etwas Vanille und den Schnee der 8 Eiweiß darunter und bäckt es im Wasserbad.

Zimthäufchen.

1 Pfd. Zucker wird mit 4 Eiern eine Stunde gerührt, 60 Gramm feingeriebene Mandeln, eine Zitronenschale, 10 Gramm Zimt und 8 Gramm Nelken nebst 1 Pfd. Mehl dazu verarbeitet, Häufchen auf butterbestrichenes Blech gesetzt und gebacken.

Braune Ringeln.

Man schlägt von 3 Eiweiß den Schnee und rührt ihn mit 1 Pfd. Zucker, gibt eine Messerspitze Zimt, 1 Eßlöffel

Honig und 1/2 Pfd. Mehl dazu, wellt die Masse aus, sticht runde Ringeln und bäckt sie auf butterbestrichenem Blech in heißem Ofen; wenn sie herauskommen, glasiert man sie mit Wasserglasur und trocknet sie schnell nach.

Vanille-, Kakao- und Cochenille-Schäumle.

10 Eiweiß werden mit 1 Pfd. Zucker in einem Messingkessel mit dem Schneebesen über dem Feuer dick geschlagen, weggenommen und wieder kalt geschlagen. Man teilt die Masse nun in drei Teile, mischt unter die eine etwas Vanilletinktur, unter die zweite etwas Kakao und unter die dritte etwas aufgelöste Cochenille, setzt auf zuckerbestreutes Papier kleine Kaffeelöffel voll und trocknet sie in nicht heißem Rohr. Auf diese Art erhält man dreierlei Schäumle.

Makronen.

1/2 Pfd. geschälte, getrocknete Mandeln werden ein wenig zerstoßen und mit 6—7 Eiweiß tüchtig zusammen verrieben; dann kommt 1 Pfd. feiner Zucker nebst Zitronenschale dazu, setzt von der Masse auf butterbestrichenes Papier Häufchen und bäckt sie; sobald sie herauskommen, drückt man sie in der Mitte ein und legt eine eingemachte Kirsche hinein, glasiert sie und trocknet sie noch im Rohr.

Hafermehlkonfekt mit Schokolade.

Man rührt 250 Gramm Butter zu Schaum und fügt hierauf 3 Eier, 250 Gramm Schokolade, 250 Gramm Zucker und soviel Hafermehl dazu, daß sich der Teig ausrollen und mittels kleiner Förmchen zu Figuren ausstechen läßt, welche auf einem Blech bei mäßiger Hitze gebacken werden.

Hafermehlkonfekt.

250 Gramm Butter oder Schmalz werden schaumig gerührt, worauf man unter fortdauerndem, beständigen Rühren 4 Eier, 375 Gramm Zucker, etwas Zitronenschale, Zimt und soviel Hafermehl hinzugibt, daß sich der Teig ausrollen läßt. Man sticht mit einem Förmchen Figuren aus dem Teig und

bäckt sie auf einem Blech bei mäßiger Hitze. Dieses Konfekt gewinnt durch längeres Liegen sehr an Wohlgeschmack.

Pomeranzenbrötchen.

Es wird 1 Pfd. Zucker mit 4 Eiern und 4 Eigelb dick gerührt, das Gelbe einer Zitrone, 1/4 Pfd. Zitronat und 1/4 Pfd. Pomeranzenschale fein geschnitten und nebst 1 Pfd. Mehl darunter gemischt; man macht dann kleine runde Häufchen, setzt sie auf ein Blech und bäckt sie. (Zu Anisplätzchen nehme man dieselbe Masse mit Ausnahme der Früchte, nur etwas Anis. Dieselben läßt man über Nacht auf dem Blech stehen.)

Mandelhäufchen.

1/2 Pfd. Mandeln werden abgezogen, länglich geschnitten, gelb geröstet, 3 Eiweiß zu Schnee geschlagen, mit 1/2 Pfd. Zucker eine halbe Stunde gerührt, dann die Mandeln nebst etwas Zitronat hineingegeben, auf Oblaten gelegt und langsam gebacken.

Nürnberger Butterzeug.

1 Pfd. Schmalz, 1 Pfd. Zucker, 4 Eier, etwas Arak und 2 Pfd. Mehl werden gut gerührt, über Nacht stehen lassen, den nächsten Tag mit dem Nudelholz ausgewellt und mit diversen Formen ausgestochen.

Mürber Teig (1 und 2).

1. 1/2 Pfd. Butter, 3/4 Pfd. Mehl, 100 Gramm Zucker und 2 Eier. — 2. 200 Gramm Mehl, 100 Gramm Butter, 100 Gramm Zucker und 2 Eier. Diese werden je auf dem Nudelbrett gut durcheinander gerührt, ausgewellt und hernach rasch zu dem betreffenden Kuchen verwendet.

Butterplätzchen.

Es werden 100 Gramm Butter mit 1 Ei abgerührt und 70 Gramm Zucker an Zitronen abgerieben; hernach mengt man noch 100 Gramm Mehl darunter, formt Plätzchen daraus und bäckt sie in mäßiger Hitze.

Pfeffernüsse.

3/4 Pfd. Zucker werden mit 4 Eiern angerührt, 1 Zitronenschale, 1 Muskatnuß, um 10 Pfennig Nelken, um 10 Pfennig Zimt und 1 Pfd. Mehl tüchtig verarbeitet, Plätzchen aufs Blech gesetzt und so gebacken.

Zuckeranisbrot.

1 Pfd. Zucker wird mit 8 Eiern drei Viertelstunden gerührt; hernach mengt man 1 Pfd. Mehl, feine Zitronenschale oder etwas Zitronenöl darunter und bäckt es im Springblech oder länglicher Kapsel, schneidet es in feine Stückchen und röstet es. Vorzüglich ist, in die Masse 8 bis 10 Eßlöffel voll eingemachte Himbeeren mischen, dann aber nicht zerschneiden und rösten, sondern als Torte zum essen geben.

Weihnachtskonfekt.

1 1/2 Pfd. Mandeln werden abgezogen, gut getrocknet und fein gerieben; dann rührt man den Schnee von 4 Eiweiß, 2 Gramm Zitronensäure und 2 Gramm Vanillezucker eine halbe Stunde, stößt dann die obigen Mandeln darunter, damit es eine feste Pillenmasse gibt (nötigenfalls mit Hilfe von etwas Stärkmehl), rollt dieselben in 5 Millimeter dicke Kuchen, sticht sie mit Formen aus und läßt sie über Nacht im warmen Zimmer trocknen. Nun rührt man 1/4 Pfd. Zucker mit dem Schnee von 1 Eiweiß zu dickflüssiger Masse, bestreicht die Figuren damit und bäckt sie im heißen Rohr schön gelb.

Plum-Keke.

1/4 Pfd. Butter wird zerlassen, schaumig gerührt, 3/4 Pfd. große ausgekernte Rosinen (Sultaninen) und 3/4 Pfd. Korinthen blanchiert, dieses zur Butter mit 15 Eigelb gerührt, 1 Pfd. feingesiebten Zucker, etwas Zimt, Zitronenschale und 30 Gramm Zitronat dazu gemengt, zuletzt den Schnee der 15 Eiweiß und 1 Pfd. feines trockenes Mehl dazu. Nun belegt man eine Form mit butterbestrichenem Papier, gibt die Masse hinein und läßt sie 3 Stunden langsam backen.

Kaffee- oder Theebrötchen.

(In großer oder kleiner Form.)

1/2 Pfd. Butter wird mit 6 ganzen Eiern und 2 Eidotter schaumig gerührt, 5 Eßlöffel Zucker, etwas Salz, um 10 Pfennig Hefe und 1 Pfd. Mehl dazu gemengt, abends angemacht und erst andern Tags gebacken. Man stelle es die Nacht über ziemlich kalt, damit es recht langsam geht.

Gries-Makronen.

Der steife Schnee von 4 Eiweiß wird mit 1/2 Pfd. Zucker gerührt, dann 1/2 Pfd. Gries, 1/2 Pfd. feingewiegte Mandeln und der Saft einer Zitrone darunter gemischt, zu kleinen Häufchen auf Oblaten gesetzt und gebacken; sie können aber auch über Nacht stehen bleiben.

Englische Biskuits.

7 Eier, 1 Pfd. Zucker, 1 Tasse Milch, 1 Pfd. Mehl und 15 Gramm Hirschhornsalz werden zusammengerührt, etwas Vanille hineingethan, über Nacht stehen gelassen und dann wirkt man den andern Tag noch 1 Pfd. Mehl hinein. (Will man es ausstechen, so nehme man etwas mehr Mehl dazu, setze mit dem Löffel kleine Häufchen auf das Blech und backe es schön hellgelb.

Kräpfchen.

Zu dem Teig nimmt man 1/2 Pfd. Zucker, 3 Eier, etwas Zimt, die abgeriebene Schale einer Zitrone und so viel Mehl, als zur Verarbeitung nötig ist. Man wellt die Masse aus, sticht runde Plätzchen und füllt sie mit eingemachten Früchten, Johannis- oder Himbeeren, oder mit folgender Fülle: 1/2 Pfd. Mandeln werden mit 1/4 Pfd. Zucker fein gestoßen, 15 Gramm Zimt dazu gethan und mit etwas Wasser angerührt. Die Hälfte damit gefüllt, die andere Hälfte darüber geschlagen, mit Eidotter bestrichen, dann gebacken.

Makronen.

1 Pfd. geschälte Mandeln werden mit einigen bittern Mandeln fein gerieben, dazu 1 Pfd. gestoßener Zucker, die

Schale einer Zitrone, 8 Eiweiß zu steifem Schnee geschlagen, alles durcheinander gerührt, dann über Kohlen oder schwachem Feuer in einer Messingpfanne bis zum Kochen gebracht, hierauf der Saft einer halben Zitrone beigegeben und nach einigem Erkalten auf zuckerbestreutes Papier aufgesetzt und in gelinder Hitze gebacken.

Makronen.

1 Pfd. Mandeln werden abgezogen, fein gerieben und mit dem Schnee von 22 Eiweiß gerührt nebst 840 Gramm Zucker; sollte die Masse zu dick sein, hilft man mit Eiweiß nach, setzt die Makronen auf zuckerbestreutes Papier und bäckt sie im Rohr.

Schokolademuscheln.

Von 12 Eiweiß wird Schnee geschlagen, den man mit 1 Pfd. Staubzucker und 10 Gramm Zimt rührt, gibt dann 180 Gramm geriebene Schokolade dazu nebst 1 Pfd. feingewiegter Mandeln, druckt die Masse in kleine Muschelförmchen, die man immer mit Mehl bestäubt, stürzt sie dann auf butterbestrichenes Blech und bäckt sie.

Sandgebackenes.

1 Pfd. Mehl, 1/2 Pfd. Zucker, 1/2 Pfd. Butter, 1 abgeriebene Zitrone und 8 Eidotter werden zu einem Teig angerührt und etwas in der Kälte ruhen lassen, dann dünn ausgewellt, mit Blechformen ausgestochen und hellbraun gebacken.

Obstschüssel.

Eine Porzellanmehlspeisenform oder dergleichen, welche die Ofenhitze verträgt, wird mit Butter ausgestrichen und mit geriebenen Semmeln bestreut. Auf den Boden der Form legt man 1/3 Liter Johannis- und 1/3 Liter Himbeeren, bestreut sie reichlich mit Zucker und gießt folgendes Gemisch darüber: 1/4 Liter sauren Rahm, 4 ganze Eier, 2 Eßlöffel Zucker und ein wenig Zimt, klar gequirlt. Oben darauf streut man reichlich Semmelbrösel, legt noch einige Stückchen Butter darauf und bäckt es in 20 Minuten gar. Wird dann aufs Eis gestellt und kann gestürzt werden.

Honiglebkuchen.

Zu 1/2 Liter Honig nimmt man 1/2 Pfd. Zucker, 1/2 Pfd. ungeschälte, geschnittene Mandeln, 60 Gramm Zitronat, 60 Gramm Pomeranzenschale, 1 Zitronenschale, 15 Gramm Zimt und 2 Eßlöffel Kirschwasser. Dies wird in eine Schüssel gethan, der Honig aufs Feuer gesetzt, läßt ihn einige Male aufwallen, dann wird er heiß an das Gewürz gethan, alles gut vermengt und zuletzt 1 Pfd. Mehl nach und nach gut hineingerührt. Alsdann wird der Teig mit dem Löffel herausgenommen und fingerdicke (nur mit der Hand gedrückte, nicht gewellte) Lebkuchen ausgestochen und auf ein butterbestrichenes Blech hart aneinander gelegt. Hierauf macht man Wargeln von Mehl und Wasser und legt dieselben schön um die Lebkuchen herum, damit sie in die Höhe gehen. Sie kommen gleich in den Ofen, der sehr heiß sein muß.

Schweizer-Batzen.

1 Pfd. Zucker wird mit 6 Eiern 1 Stunde gerührt, 1/4 Pfd. Zucker wird in einer Messingpfanne (trocken) beständig auf dem Feuer gerührt, bis der Zucker flüssig wird, dann kommen 1/4 Pfd. länglich geschnittene Mandeln dazu, die in dem Zucker bräunlich geröstet werden. Die Masse wird dann auf ein Brett genommen und circa drei Viertelstunden fein gewiegt, nachher der zuerst angegebenen abgerührten Masse nebst für 20 Pfennig Zitronat und Pomeranzenschale beigegeben und zuletzt 1 Pfd. Mehl. Mit einem Löffel werden Häufchen auf ein mit Wachs bestrichenes Blech gesetzt und mit Zucker bestreut gebacken.

Schokolade-Pralines.

500 Gramm feinster Puderzucker, 2 mäßige Eßlöffel Kartoffelmehl, 1 Messerspitze pulverisierte Vanille, etwas Zitronensaft, 2 Eßlöffel Rosenwasser und 1 Eiweiß werden untereinander gearbeitet und kleine Kügelchen davon geformt; diese müssen einige Stunden lang trocknen. Zu dieser Menge braucht man 125 Gramm unentölte Kakaomasse. Der Kakao wird nun in eine Porzellanobertasse auf den heißen Herd gesetzt, damit er sich auflöst. Ist er ganz flüssig, so formt

man die Pralines mit Hilfe zweier Theelöffel, indem man jedes Kügelchen im Kakao umdreht und gleich auf weißes Papier zum Trocknen legt, was am nächsten Tage schon geschehen ist.

Apfelsinenkonfekt.

Die Apfelsinenschalen werden 2 Tage im Wasser geweicht, hierauf sehr weich gekocht und so fein als möglich gewiegt. Unterdessen wird so viel Zucker geläutert, als die Schale wiegt, und die gewiegte Schale nochmals mit aufgekocht. Auf ein Brett wird feiner Zucker gestreut, mit einem Kaffeelöffel von der weißen Marmelade Häufchen auf den Zucker gesetzt, darin umgedreht und so lange noch warm mit dem Wellholz glatt gedrückt. Wird in Schachteln aufbewahrt.

Zimtsterne.

6 Eiweiß werden zu Schnee geschlagen; 1 Pfd. gestoßener Zucker, 1 Pfd. geschälte, geriebene Mandeln, der Saft einer Zitrone und 30 Gramm Zimt hergerichtet, der Schnee, Zucker und Zitronensaft werden eine halbe Stunde gerührt, das übrige darunter gemischt, messerrückendick ausgewellt und mit Sternen ausgestochen; von Schnee und Zucker wird eine Glasur gemacht, darauf gestrichen, der Teig aufs Blech gesetzt und in mäßiger Hitze gebacken.

Gesottener Zwieback.

Man rührt 3 ganze Eier mit 70 Gramm Zucker und etwas Zitronenschale drei Viertelstunden, gibt so viel Mehl dazu, daß man fingerdicke und fingerlange Stengel daraus formen kann, gibt sie in siedendes Wasser, schöpft sie, wenn sie in die Höhe steigen, heraus, legt sie auf ein mehlbestreutes Backblech und bäckt sie im Rohr hellgelb.

Fürstenbrot.

Man bereitet denselben Teig wie beim Zuckeranisbrot, gibt dann noch feingewiegte, geschälte Mandeln, Weinbeeren, feingeschnittenes Zitronat und Orangenschale hinein, bäckt es, schneidet es in Schnitten und röstet es.

Eingemachte Früchte.

In Zucker eingekochte Johannisbeeren.

Man zupft sie mittels einer Gabel von den Stielen (auf 1 Pfd. Johannisbeeren rechnet man 1 Pfd. Zucker), läutert denselben mit 1/8 Liter Wasser, bis er Fäden zieht, gibt die Beeren hinein, kocht sie einige Male auf, hebt sie mit dem Schaumlöffel heraus und läßt den Saft noch kochen, bis er sich, wenn man 1 Löffel voll herausnimmt, auf dem Teller sulzt, gießt ihn dann über die Beeren, füllt dieselben, wenn sie erkaltet, in Gläser ein, bindet sie gut zu und bewahrt sie an einem trockenen Ort auf.

Himbeeren.

Heidelbeeren.

Kocht man ebenso ein. Bei diesen kann man vom Zucker etwas weniger nehmen (1 Pfd. Beeren, 3/4 Pfd. Zucker).

Brombeeren.

Werden auf eben dieselbe Weise, wie Himbeeren eingekocht.

Eingemachte Weichseln.

Die Weichseln werden abgestielt und über Nacht in schwachen Essig gelegt. Man gießt denselben ab, läßt sie gut ablaufen, steint sie aus (man nimmt auf das Pfund Weichseln 1 Pfd. Zucker), gibt dieselben, abwechselnd immer eine Lage Zucker, eine Lage Weichseln, ins Glas und bewahrt sie so auf. Sind vorzüglich und halten ein Jahr.

Kirschen.

Werden genau so bereitet wie die Weichseln.

Eingemachte Weichseln.

Man nimmt 1 Pfund unausgesteinte Weichseln, 1 Pfd. Zucker. Die Weichseln werden ausgesteint, in geläutertem

Zucker, wie bei den in Zucker eingekochten Johannisbeeren, einmal aufgekocht, herausgenommen, der Saft dicker eingekocht, darüber gegossen, ins Glas eingefüllt und aufbewahrt.

Aprikosen.
Pfirsiche.
Zwetschgen.

Macht man auf dieselbe Weise ein, nur schält man sie vorher ab.

Eingemachte Kastanien.

Man schält die Kastanien, gibt sie in kochendes Wasser, bis sie weich sind, schält dann auch die zweite feine Haut herunter und treibt sie durchs Haarsieb. Auf 1 Pfd. durchgetriebene Kastanien rechnet man 1 Pfd. Zucker. Der Zucker wird mit 1/2 Liter Wasser geläutert, bis er Fäden zieht. Man legt die Kastanien hinein nebst 1 Stange Vanille und läßt es so eine halbe Stunde kochen bei stetem Rühren nach einer Seite; erkaltet füllt man es in Gläser. Ist vorzüglich als Creme mit Schlagrahm zu verwenden.

Kirschen auf andere Art.

Schwarze Kirschen stielt man ab, gießt gewöhnlichen Essig darüber, läßt ihn 24 Stunden daran stehen, gießt ihn ab, steint die Kirschen aus, und nimmt auf 1 Pfd. ausgesteinte Kirschen 1/2 Pfd. gestoßenen Zucker, gibt alles lagenweise, Zucker und Kirschen, ins Glas nebst 1 Stengel Vanille, stellt sie 24 Stunden an die Sonne und läßt sie Saft ziehen, gibt sie dann in die Messingpfanne, läßt sie aufkochen, hebt sie heraus, kocht den Saft noch dick ein, gießt ihn darüber und bewahrt sie so auf.

Zwetschgenmus.

Die Zwetschgen werden aufs Feuer gesetzt und ganz weich gekocht, dann durchgetrieben (auf 10 Pfd. Zwetschgen 1 Pfd. Zucker), dieser wird zu den durchgetriebenen Zwetschgen gegeben, ein Stück Zimt, einige Nelken und alles zusammen 5 bis 6 Stunden langsam kochen lassen, dann ins Glas füllen und aufbewahren.

Zwetschgen auf andere Art.

Man steint 3 Pfd. Zwetschgen aus, läutert 1 Pfd. Zucker mit 1/4 Liter Wein und dem vierten Teil von 1/4 Liter Wasser, läßt die Zwetschgen langsam darin kochen; fangen sie an dick zu werden, schneidet man 60 Gramm Pomeranzenschale fein, gibt es nebst etwas ganzem Zimt und Nelken dazu, läßt es noch eine Viertelstunde kochen, füllt die erkalteten Zwetschgen ins Glas und bewahrt sie auf.

Johannisbeergelee.

Die Johannisbeeren setzt man mit wenig Wasser zu. Sind sie gut ausgekocht, läßt man sie durchs Haarsieb laufen (auf 500 Gramm Saft rechnet man 500 Gramm gestoßenen Zucker), läßt alles zusammen eine halbe Stunde kochen und füllt es dann in Gläser ein.

Aepfelgelee.

Die Aepfel werden ungeschält in Stücke geschnitten, mit so viel Wasser, daß es die Aepfel bedeckt, zugesetzt und gekocht, bis sie weich sind; man läßt sie dann samt dem Saft durch eine Serviette laufen. Auf 1/2 Liter Saft rechnet man 1/2 Pfd. Zucker. Man verfährt dann weiter wie bei dem Johannisbeergelee.

Preiselbeeren.

Auf 4 Liter Preiselbeeren rechnet man 150 Gramm Zucker. Dieselben werden rein ausgesucht, gewaschen, mit dem Zucker aufs Feuer gesetzt und so 2 bis 3 Stunden gekocht, dann eingefüllt und aufbewahrt.

Eingesottene Kürbisse (tirolisch).

(Delikate Zuspeise und Kompott.)

Reife Kürbisse der größern Gattung werden geschält und gut vom Kernhaus gereinigt, dann in Schnitze, und diese wieder in gut messerrückendicke, fingerlange und =breite Stückchen geschnitten, welche man in siedendem Wasser 5 Minuten aufwallen läßt, sie heraushebt, mit kaltem Wasser übergießt, abtropfen läßt und in eine Schüssel legt. Dann läutert man

Zucker, ungefähr im Gewicht der Kürbisschnitten, kocht ihn zum Fadenspinnen ein, und gibt dann auf 2 Pfd. Zucker 2 Eßlöffel Weinessig, etwas ganzen Zimt und einige Gewürznelken dazu, worauf man den Zucker noch ungefähr 5 Minuten kochen läßt und ihn dann über die Schüssel mit den Kürbissen schüttet, welche man zugedeckt über Nacht stehen läßt. Andern Tags gießt man den Saft ab, läßt ihn wieder aufkochen und gießt ihn über die Kürbisse, welche Prozedur man dreimal wiederholt. Sollte dabei der Zuckersaft zu wenig werden, um die Kürbisse zu bedecken, muß man nochmals Zucker läutern und dazu geben. Nach dem letzten Mal läßt man alles erkalten und füllt es in Gläser oder Steingefäße, welche man mit Pergamentpapier zubindet.

Erdbeeren.

1 Pfd. Erdbeeren wird mit 1 Pfd. Zucker 2 Stunden gerührt und dann in Gläser eingefüllt. Auf diese Weise eingemachte Erdbeeren halten sich vorzüglich, verlieren weder Aroma noch Farbe, was bei den gekochten leider der Fall ist.

Quittenschnitze.

Schöne reife Quitten werden abgeschält, vom Kernhaus befreit, in Schnitze geschnitten und dieselben in Wasser nebst einem Teil der Schale und Kernhäuser weich gekocht. Auf 1 Pfd. Quitten rechnet man 1 Pfd. Zucker. Derselbe wird geläutert, bis er Fäden zwirnt; zum Läutern nimmt man vom Quittensud. Die Quittenschnitze werden dann hineingegeben, darin aufgekocht, mit einem silbernen Löffel herausgenommen, der Saft noch dicker eingekocht, dann über die Schnitze gegeben, in Gläser gefüllt und aufbewahrt.

Quittenmarmelade.

Die Quitten werden geschält, in Schnitze geschnitten und in Wasser recht weich gekocht, dann durchgetrieben und das Mus mit Zucker gut eingekocht. Man rechnet auf je ein Pfund von beiden wie vorhergehend.

Hagebuttenmarmelade.

Nachdem die Hagebutten ausgekernt und rein gewaschen sind, werden dieselben einige Tage in den Keller gestellt, damit sie weich werden; man gibt sie dann in eine Kasserolle, kocht sie mit etwas Wasser weich und treibt sie durch ein Sieb, nimmt dann auf 1 Pfd. Marmelade $^3/_4$ Pfd. Zucker, läßt es einige Zeit gut kochen und füllt es dann in Gläser ein.

Eingemachte Birnen.

Zu 5 Pfd. Birnen nimmt man $1^1/_2$ Pfd. Zucker. Die Birnen werden geschält und die Stiele daran gelassen; dann gibt man sie in eine Kasserolle, gießt ganz milden Essig darüber, so daß die Birnen bedeckt sind, gibt den Zucker, ganze Nelken, Zimt und Zitronenschale dazu, läßt sie kochen, bis sie von außen durchsichtig sind, nimmt sie dann heraus, kocht den Saft noch anderthalb Stunden ein, gießt ihn darüber und füllt sie ins Glas.

In Dunst eingekochte Früchte.

Hierzu eignen sich alle Früchte. Man gibt die Früchte in lange, enghalsige, sogenannte Dunstgläser, bindet sie oben mit Leinen, dann mit Schweinsblase zu, stellt sie in einen Kessel, der mit Heu und etwas Wasser gefüllt ist, eines neben das andere hinein, läßt sie so eine Viertelstunde kochen, und läßt sie dann, nachdem der Kessel vom Feuer weggenommen ist, in demselben erkalten. Man nimmt sie dann heraus und bewahrt sie auf. Sie kommen den frischen Früchten fast ganz gleich, wenn sie gut eingemacht sind. Die Gläser dürfen, wenn man sie in den Kessel stellt, nur bis zum Hals im Wasser stehen.

Essiggurken.

Kleine Gurken werden gewaschen, gereinigt und über Nacht in Salzwasser gelegt, andern Tags herausgenommen, abgetrocknet, mit Gurkenkraut und Pfefferkörnern in einen steinernen Topf eingelegt, Essig mit etwas Salz gekocht, kalt über die Gurken gegossen und so fest zugebunden aufbewahrt.

Gehobelte Gurken.

Große Gurken werden geschält, gehobelt, eingesalzen und einige Stunden stehen gelassen; dann auf ein Tuch gebracht, trocken abgerieben, in einen Topf gefüllt, mit Essig übergossen, eine Schichte Salatöl zugegossen und so aufbewahrt. Gibt im Winter vorzüglichen Gurkensalat, wenn man sie herausnimmt und denselben wie frischen zubereitet.

Eingemachte Schwämme (Rehlinge).

Nachdem die Rehlinge geputzt, gewaschen und einmal durchgeschnitten sind, setzt man sie mit Wasser und etwas Salz aufs Feuer und kocht sie einmal auf, läßt sie dann ablaufen, füllt sie in Gläser, gießt Essig darüber und bewahrt sie so auf. Im Winter herausgenommen, mit Essig, Oel, Salz und Zwiebeln angemacht, ist es ein guter Salat.

Warme und kalte Getränke.

Kaffee und Malzkaffee.

Bohnenkaffee ist eines der weitverbreitetsten, wohl aber auch der schädlichsten Getränke, weshalb ich ganz davon abstehe, dessen Zubereitung zu erklären. — Malzkaffee als Ersatz dafür ist jedem zu empfehlen. Der hochwürdige Herr Prälat Msgr. Kneipp verurteilt den gifthaltigen Bohnenkaffee als eine Hauptursache vieler Krankheiten und empfiehlt dagegen den Malzkaffee. — Um den Gaumen leichter daran zu gewöhnen, versuche man es mit halb Malz halb Bohnenkaffee, der doch weniger schädlich als reiner Bohnenkaffee ist. Sehr nahrhaft und gesund zum Frühstück ist Haferkakao, als Abwechslung mit Malzkaffee gewiß vielen willkommen.

Malzkaffee.

(Kathreiners Kneipp-Malzkaffee.)

Für 6 Tassen nehme man 50 Gramm (= 4 Eßlöffel) Malzkaffee, mahle denselben nicht zu fein auf einer gewöhnlichen Kaffeemühle, schütte ihn in einen Topf, übergieße ihn mit 1 Liter kaltem Wasser, bringe ihn zum Sieden und erhalte ihn 2 Minuten in mäßigem Kochen. Sodann gießt man ihn durch einen Seiher ab.

Malzkaffee (gemischt).

Für 6 Tassen nehme man 25 Gramm Malzkaffee, mahle denselben, schütte ihn in einen Topf, übergieße ihn mit einem Liter kaltem Wasser, bringe ihn zum Sieden und erhalte ihn zwei Minuten in mäßigem Kochen. Sodann schütte man 25 Gramm gemahlenen Bohnenkaffee hinein, rühre das Ganze ordentlich um, lasse es absetzen und seihe es durch. Besser ist es, wenn man in eine Kaffeemaschine den gemahlenen Bohnenkaffee gibt und denselben alsdann mit dem kochenden Malzkaffee überbrüht.

Schwarzer Thee.

Auf 3 Tassen Thee rechnet man 1 Theelöffel voll Thee, siedet das Wasser, gießt dann den Thee an, läßt ihn einige Minuten ziehen, bis er schön goldgelb ist, gießt ihn dann ab und trinkt ihn mit oder ohne Milch.

Erdbeerblätterthee.

Getrocknete Erdbeerblätter kocht man einmal in Wasser auf, läßt den Thee noch etwas ziehen und trinkt ihn dann mit Milch und Zucker. Er ist ein Ersatz für schwarzen Thee, schmeckt gut und ist sehr gesund.

Kernlesthee.

Getrocknete Hagebuttenkerne werden, auf 1 Liter Wasser 2 Eßlöffel voll, 2 Stunden gekocht, abgeseiht und mit Milch und Zucker getrunken. Ebenfalls ein Ersatz für schwarzen Thee. Man kann denselben früh beim Kochen gleich mitkochen, kalt stellen und abends wärmen.

Reisthee.

1 Kochlöffel Reismehl rührt man mit $1/2$ Liter Milch an, setzt es nebst etwas Zucker und Zimt aufs Feuer und läßt es unter fortwährendem Rühren kochen; dann verquirlt man 2 Eidotter mit 1 Löffel kalter Milch, gießt den Reisthee durch den Seiher darüber, rührt ihn noch etwas ab und gibt ihn zu Tisch.

Reformierter Thee.

1/2 Liter Milch, 2 Kaffeelöffel Perlthee, nebst einem Stückchen Zimt wird aufs Feuer gesetzt und einmal aufgekocht; 4 Eidotter mit etwas Milch verquirlt, die siedende Milch darübergeseiht, auf dem Feuer unter fortwährendem Rühren kochen lassen, dann in die Kanne gegeben, abgesprudelt und zu Tisch gebracht.

Schokolade.

Zu 1 Tasse rechnet man ein Täfelchen Schokolade; diese reibt man oder zerbröckelt sie klein und weicht sie mit etwas Milch an, setzt dann Milch aufs Feuer, gibt, wenn sie kocht, die Schokolade hinein und läßt sie aufkochen. Man kann auch, bevor sie serviert wird, etwas Schlagrahm darunter geben.

Haferkakao (Münchener).

Man nimmt für eine Tasse 2 Kaffeelöffel voll Haferkakao, rührt denselben mit etwas kalter Milch glatt an, gießt dann die stark kochende Milch darüber und zuckert nach Belieben. Wenn man will, kann man denselben auch warm in der Milch aufkochen lassen.

Wasserschokolade.

Diese wird wie vorige bereitet und nur statt Milch Wasser dazu genommen.

Warmes Bier.

Man rührt 3 Eigelb in einer Messingpfanne mit 1/4 Liter Milch oder Rahm an, gießt dann 1/2 Liter Bier, Zucker, etwas Zimt und Zitronenschale dazu, setzt es zum Feuer, läßt es unter fortwährendem Schlagen mit dem Schneebesen kochend heiß werden und serviert es sogleich.

Weinpunsch.

2 Flaschen Weißwein, 1 Flasche Rotwein, 1 Pfd. Zucker, die abgeriebene Schale einer Orange, der Saft derselben und 1 Flasche Wasser läßt man kochend heiß werden, gibt dann 1/2 Flasche Rum dazu und serviert denselben.

Vanillepunsch.

Wird ebenso zubereitet, nur wird statt Orangen Vanille dazugegeben.

Glühwein.

Rotwein wird mit Zucker, Nelken und Zimt kochend heiß gemacht und dann serviert.

Eierpunsch.

Ein ganzes Ei, 3 Eigelb und 300 Gramm an Zitronen abgeriebener Zucker wird mit 1/4 Liter Weißwein aufs Feuer gestellt und mit dem Schneebesen immer geschlagen, bis er sich verdickt hat; dann gießt man einen schwachgemessenen Achtelliter Rum hinzu, schlägt ihn noch einige Minuten und serviert ihn dann.

Orangenwasser.

5 bis 6 Orangen und 3 Zitronen werden geschält, die Schalen hiervon fein geschnitten, 1 Liter Wasser gesotten, bis selbe weich sind, dann abgeseiht und 1/2 Pfd. Zucker dazugegeben. Hierauf werden die geschälten Orangen und Zitronen gut ausgepreßt und der Saft in das gesottene Wasser gegossen.

Reines Brotwasser.

Die obere Kruste von einem Stück gutem Roggenbrot wird gebäht; sie darf aber nirgends verbrannt sein, muß also recht vorsichtig behandelt werden; solange dieselbe noch heiß ist, legt man sie in frisches Wasser; sobald dieses die Farbe eines hellen Weines hat, muß es rasch abgegossen werden. Um es wohlschmeckender zu machen, kann man es nach Belieben mit Zucker versüßen. Ist ein kühlendes, gutes Getränk, besonders für Kranke.

Hafer- oder Gerstengrützewasser.

Zu 2 Liter Wasser nimmt man eine Handvoll Hafer oder Gerste, ebensoviel Weinbeeren und 40 Gramm Kandiszucker, kocht es eine halbe Stunde, gießt es ab, läßt es kalt werden und gibt es dann als Getränk. Dies ist ein kühlendes und zugleich nahrhaftes Getränk.

Hafertrank.

$1^1/_2$ Liter Hafer wird gewaschen und mit 10 Liter Wasser auf die Hälfte eingekocht. Diese 5 Liter läßt man durch ein reines Tuch laufen, süßt es nach Belieben mit Honig oder Zucker, läßt es noch eine Viertelstunde kochen, und hierauf, in einem irdenen Gefäß zugedeckt, 24 Stunden im Keller stehen; dann wird es vorsichtig, damit der Bodensatz zurückbleibt, in Flaschen abgefüllt und als Getränke aufbewahrt.

Limonade.

Eine Zitrone wird an 150 Gramm Zucker ganz leicht abgerieben, derselbe samt den Saft in einen Topf gegeben und 1 Liter Wasser darangegossen; hat es sich aufgelöst, wird es durch eine Serviette geseiht und dann getrunken.

Berberitzenlimonade.

Sehr wohlschmeckend und kühlend ist Berberitzenlimonade.

Orangen- oder Zitronenmilch.

Eine Orange oder Zitrone wird an 150 Gramm Zucker abgerieben, $^1/_2$ Liter Rahm und $^1/_2$ Liter Milch darangegossen und stehen gelassen; hat sich der Zucker aufgelöst, serviert man sie.

Obstsäfte.

Die Herstellung von Fruchtsäften.

Von H. Timm.

Die Bereitung der Säfte ist von allen Konservierungsarten des Obstes die einfachste und billigste. Es ist deshalb seltsam, daß diese Methode nicht viel häufiger in Anwendung gebracht wird, zumal da doch die Säfte während der Winter- und Frühlingszeit zu Obstsuppen vorzügliche Verwendung finden können und eine gesunde, billige und doch nahrhafte Speise geben. Anderseits kann man sie zu Limonaden benutzen; sie geben (mit Zucker und Wasser vermischt) ein dem körperlichen Organismus wohlthuendes, sehr erfrischendes Getränk, das namentlich Fieberkranken ein wahres Labsal ist. Auch zur Bereitung von vielerlei Saucen, zur Herstellung von Aufläufen und von Likören usw. sind Fruchtsäfte unentbehrlich. Kurz, ihre Verwendung in der Küche der erfahrenen Hausfrau ist eine sehr ausgedehnte und vielseitige, und man muß sich deshalb wundern, daß das Interesse für diese Konservierungsmethode bei uns im allgemeinen noch ein so geringes ist. Früher, als man noch der Ansicht war, daß zur dauernden Haltbarkeit große Zusätze von Zucker erforderlich seien, mag dies (zumal bei hohen Zuckerpreisen) wohl ein Grund gegen die Verallgemeinerung dieser Art von Konservierung gewesen sein; dieser Grund ist aber zur Zeit hinfällig, denn die Praxis hat längst gelehrt, daß die meisten Säfte ganz ohne Zuckerbeigaben mit gutem Erfolge sich lange aufbewahren lassen und gut halten.

Ich sage also: In keinem Haushalt sollte man versäumen, sich alljährlich einen reichlichen Vorrat von Saft „einzumachen". — In Gegenden, wo Beerenfrüchte billig zu kaufen sind, ist übrigens das Einkochen von Saft (besonders des Himbeersaftes und auch des Johannisbeersaftes) sehr rentabel, und mancher Landlehrer könnte bei Unternehmungslust und etwas Interesse für die Sache sich dadurch auf einfache Weise eine sehr lohnende Nebeneinnahme schaffen. Zu einem Versuch in dieser Beziehung rate ich nachdrücklich. Er ist leicht gemacht, indem ein Anlagekapital nicht erforderlich ist und der Absatz (besonders bei Himbeeren) sehr leicht zu bewerkstelligen ist. Das Produkt kann sofort in den Handel gebracht werden; es braucht nicht (wie der Wein) erst jahrelang zu lagern. Auch die Art der Bereitung an und für sich ist eine viel leichtere und zuverlässigere, mithin also das ganze Unternehmen ein wenig gewagtes.

Wenn ich nachstehend in diesem Kochbuche nun eine Anweisung für die Herstellung von Fruchtsäften gebe, so muß ich mich natürlich sehr kurz fassen. Auch glaube ich im Sinne des Herausgebers zu handeln, wenn ich in der Hauptsache mich an die Fabrikation für Haushaltungszwecke halte; denn damit wird den meisten Leserinnen und Lesern gedient sein.

Das Konservieren des Johannisbeersaftes nach einfachem und zweckmäßigem Verfahren.

Saft von Johannisbeeren kann, wenn richtig eingemacht, viele Jahre lang aufbewahrt werden, ohne daß er verdirbt. Man verfährt so: Die bei trockenem Wetter gepflückten Beeren werden gepreßt. Dann bringt man den Saft sogleich aufs Feuer, kocht und schäumt ihn ab und füllt ihn, solange er noch ziemlich heiß ist, in bereit gehaltene Flaschen von gewöhnlicher Halsweite. Diese werden alsbald verkorkt und später auch verlackt. Die Aufbewahrung des Saftes geschieht am besten im kühlen Keller. Die Flaschen müssen natürlich sehr rein gespült und dann in der Sonne oder auf dem

Herd gänzlich ausgetrocknet werden. Auch kann man die trockenen Flaschen vor dem Einfüllen des Saftes mit Schwefel leicht einbrennen oder mit einer alkoholischen Salicylsäurelösung (1:10, das heißt: man nimmt 1 Gramm Salicyl auf 10 Gramm Alkohol) ausspülen. Beide Methoden tragen zur Haltbarmachung des Saftes sehr bei. Dieses Konservierungsverfahren ist für Johannisbeersaft am einfachsten und zweckmäßigsten. Der Saft wird allerdings nicht klar.

Johannisbeersaft mit Zucker.

Man setzt auf 1 Liter Saft 500 bis 600 Gramm Hutzucker zu, kocht, schäumt ab und bringt den abgekühlten Saft in Flaschen, die sogleich verkorkt und verlackt werden. Ausschwefeln der Flaschen oder Ausspülen derselben mit Salicyl ist unnötig. Auch das Verlacken hält man hierbei meist für überflüssig. Bei Verwendung guter Korke habe ich auch nichts gegen diese Unterlassung einzuwenden. Sonst sollte es doch lieber geschehen, zumal da der Flaschenlack sehr billig ist.

Saft von schwarzen Johannisbeeren.

Er ist in jeder Beziehung vorzüglich zu verwerten. Die entstielten und von den vertrockneten Blütenblättern befreiten Beeren werden in einem gut glasierten Geschirr mit so vielem Wasser übergossen, daß sie gut damit bedeckt sind, und auf schwachem Feuer unter fortwährendem Rühren langsam gekocht. Dann schüttet man die Masse in ein Haartuchsieb, rührt und preßt sie mit einem Holzlöffel tüchtig und bringt dann den abgelaufenen Saft zum Feuer. Nachdem er gut gekocht und geschäumt worden ist, füllt man ihn noch heiß in reine trockene Flaschen, die sogleich verkorkt und verlackt werden. Dieser Saft hält sich mehrere Jahre.

Das Konservieren des Himbeersaftes auf gewöhnliche Art.

Das hier angeführte Verfahren des Konservierens ist für Haushaltungen, wo es nicht darauf ankommt, ganz klaren Saft zu erzeugen, das zweckdienlichste. Der Saft behält sein natürliches Aroma und seine Farbe dabei am besten. Durch Vergären, Spriten usw. geht meist die Farbe, unzweifelhaft aber ein Teil des angenehmen Duftes und Geschmackes verloren. Der Saft wird, nachdem er abgepreßt ist, aufs Feuer gebracht, tüchtig gekocht, abgeschäumt und dann in trockene, vorher leicht geschwefelte Flaschen gebracht. Diese verkorkt und versiegelt man möglichst bald und stellt sie an einen kühlen Ort.

Ganz klarer Himbeersaft mittels Vergärung.

Himbeeren und Kirschen enthalten viel Pektinstoffe (Gallertstoffe), die verursachen, daß die frischen Säfte schleimig sind, sich nicht klären lassen, mit Zucker gekocht beim Erkalten zu einem Gelee erstarren und sehr leicht zum Schimmel (? Timm) neigen. Um nun die Stoffe zu entfernen, müssen die Früchte gären. Man zerquetscht also die Himbeeren zu einem gleichmäßigen Brei, setzt zu jedem Kilo der angewandten Früchte einen Eßlöffel voll gestoßenen Zucker, rührt die Masse gut durcheinander, gibt den Brei in ein Porzellan- oder irdenes Gefäß und läßt dieses zugedeckt 3 bis 4 Tage lang an einem etwa 16 bis 20 Grad R. warmen Orte stehen. Täglich wird die Masse ein- bis zweimal gut umgerührt. Während dieser Zeit wird die Gärung, die sehr schnell eintritt, beendet sein. Nun wird die Masse ausgepreßt, der gewonnene Saft an einem kühlen Orte zwei Tage lang der Ruhe überlassen und sehr vorsichtig von dem Bodensatz durch ein Seihtuch aus Barchent abgegossen. Er wird dann vollständig klar sein. Hat man auf diese Weise einen vollständig klaren Saft erhalten, so kocht man diesen mit Zucker in einem blanken Kupfer- oder Messingkessel so lange, als er noch Schaum bildet, der mit einem silbernen Löffel gut abgenommen wird, schüttet ihn sofort aus dem Kessel durch ein Seihtuch in ein Porzellangefäß und füllt ihn halb erkaltet in Flaschen, die gut verkorkt und verbunden im Keller aufbewahrt werden. Zu einem halben Liter Saft nimmt man 250 bis 375 Gramm Zucker. Der Sirup der Apotheken besteht aus 35 Teilen Saft in 65 Teilen Zucker. Will man den reinen Fruchtsaft ohne Zucker aufbewahren, so erhitzt man den nach obiger Methode gewonnenen klaren Saft in einem blanken Kupfer- oder Messingkessel fast bis zum Sieden, läßt ihn etwa auf 40 Grad R. abkühlen und füllt ihn so in vorher erwärmte

Flaschen, stellt diese in einen großen Topf, dessen Boden mit Stroh schwach bedeckt ist, füllt ihn mit kaltem Wasser bis an den Hals der Flaschen und erhitzt nun das Wasser bis zum Kochen; in dieser Temperatur erhält man es eine Stunde lang. Dann werden die Flaschen sofort heiß mit einem andern guten Korke dicht verschlossen, am besten noch mit Flaschenlack verpicht und im Keller aufbewahrt.

Himbeersaft auf dänische Art.

Man löst in 2 Liter frischem Brunnenwasser 40 Gramm gereinigte Weinsteinsäure auf und schüttet in diese Flüssigkeit 3 Liter Himbeeren. Diese bleiben darin 24 Stunden stehen, ohne daß man rührt. Dann gießt man die ganze Masse in einen Filzfilter, im Notfalle auf ein dichtes Tuch, läßt den Saft ablaufen, ohne irgendwie zu drücken, und setzt dann auf je $^1/_2$ Liter Saft $^1/_2$ Kilo Zucker zu. Durch Umrühren befördert man dessen Auflösung. Nach einigem Stehen ist die Flüssigkeit klar. Man gießt sie vom Bodensatz ab, füllt sie ungekocht auf Flaschen, verkorkt diese und bewahrt sie trocken und frostfrei auf. Das Verfahren ist gar nicht so übel. Man kann es auch bei Erdbeeren anwenden. Besonders bei Himbeeren ist es zu empfehlen, da der gewonnene Saft von sehr gutem Geschmack ist, vollständig klar wird, sich vorzüglich hält (Verlacken ist ganz unnötig) und sehr gut ausgezogen wird.

Himbeersirup.

Himbeersirup ist ein gangbarer Handelsartikel, der sich vorzüglich zur Ausfuhr nach tropischen Gegenden eignet. Er wird hauptsächlich zur Herstellung von Limonaden, kohlensauren Wassern, auch zu Likören benutzt. Er besitzt wegen des bedeutenden Zuckerzusatzes eine vorzügliche Haltbarkeit, was für den Versand nach tropischen Gegenden unumgänglich notwendig ist, weil wenig oder gar nicht gezuckerte Fruchtsäfte beim dauernden Einfluß großer Wärme der Gefahr des Verderbens durch Gärung, Schimmelbildung usw. zu sehr ausgesetzt sind. Auch aus andern Beerenfrüchten stellt man Fruchtsirup her. Daß dies aber vornehmlich aus Himbeeren geschieht, hat seinen Grund in der erquickenden Wirkung der darin enthaltenen Säure, so daß das Getränk Fieberkranken sehr dienlich ist.

Nicht ganz klarer Himbeersirup.

Man setzt zu 1 Liter ausgepreßten Saftes 3/4 Kilogramm Hutzucker, kocht und schäumt diese Mischung ab und füllt die noch warme Flüssigkeit in Flaschen, die gut verkorkt und verlackt werden. Einkochen lassen darf man den Saft nur sehr wenig (man kocht nur, bis kein Schaum mehr nach oben geworfen wird), weil sonst ein Gelieren eintreten würde. In Amerika versendet man den Sirup jetzt in kleinen Blechkannen oder Messingkannen, die cylindrisch geformt sind und oben einen Kapselverschluß haben. Die Gefäße sind mit sehr feinen Etiketten beklebt und sind sehr zweckmäßig, für den Export namentlich die messingenen.

Klarer Himbeersirup.

Vorzüglich klar wird der Sirup, wenn man den Saft vor dem Eindicken durch Verkochen mit Zucker vergären läßt. Dann muß indes mehr Zucker genommen werden: Man kann auf 1 Liter klaren Saftes 1 1/4 Kilo rechnen, und zwar wählt man die feinste Raffinade.

Himbeersirup nach der Pharmakopöe.

Dazu nimmt man 35 Teile der durch Auspressen gewonnenen, dann filtrierten Flüssigkeit und setzt 65 Teile Zucker hinzu. Daraus soll man 100 Teile Sirup erhalten. Da dies beim Kochen nicht möglich ist, weil dabei Wasserteile entweichen, so schreibt die ‚Pharmakopöe‘ (ein von der Regierung herausgegebenes Sammelwerk, das Beschreibung von Droguen, Anleitung zur Darstellung der pharmazeutischen Präparate, sowie Vorschriften zur Aufbewahrung der Arzneien usw. enthält) vor, daß vorher dem Saft destilliertes Wasser beigemischt werde. Es heißt: „Ehe man den Sirup durchseiht, setze man so viel destilliertes Wasser hinzu, als nötig ist, um das Gewicht, das für den Sirup vorgeschrieben ist, zu erlangen.“ Praktiker verfahren zur Zeit aber meist so, daß sie statt des destillierten Wassers etwas mehr Saft nehmen. Es werden deshalb genommen: etwa 40 Teile

Saft, 65 Teile Zucker, die nun zu 100 Teilen Sirup eingekocht werden. — Dieser nach der Vorschrift der ‚Reichspharmakopöe' bereitete Sirup wird als „medizinischer Sirup" (Syrupus Rubi Idaei) bezeichnet, da er fast ausschließlich zu medizinischen Zwecken in Apotheken und Droguengeschäften Verwendung findet. — Im allgemeinen sei hier noch über die Herstellung des Himbeersirups gesagt, daß man nicht den Zuckerzusatz größer nehmen soll, als in den Anweisungen vorgeschrieben ist. Auch darf das Einkochen nicht zu weit getrieben werden. Wenn der Saft auch nicht geliert, so ist doch Gefahr vorhanden, daß bei längerm Aufbewahren, zumal an zugigen oder kalten Orten, der Zucker auskristallisiert. Sollte dies geschehen, so kann nur ein abermaliges Aufkochen mit etwas Wasser oder Saftzusatz das Uebel heben.

Brombeersaft.

Die reifen Brombeeren werden mit Wasserzusatz aufs Feuer gesetzt, einmal aufgekocht und dann durch ein Sieb gedrückt. Der Saft wird dann abermals gekocht, geschäumt und auf Flaschen gefüllt, die gut verkorkt und verlackt werden. Er hält sich jahrelang und gibt mit Zucker- und Wasserzusatz eine ausgezeichnete Obstsuppe.

Erdbeersaft.

Erdbeersaft ist zur Anfertigung von Limonaden, Likören usw. sehr beliebt. Er besitzt aber ein Aroma, das sehr empfindlich ist und sehr leicht verflüchtigt, besonders, wenn Alkohol zugesetzt wird oder sich Gärung einstellt. Auch das Kochen übt darauf einen ungünstigen Einfluß aus.

Erdbeersaft auf einfache Art.

Man befreit die Früchte von Stielen und grünen Kelchblättern, liest die angefaulten, weich gewordenen und von Schnecken angefressenen heraus, schüttet die so gesäuberten in eine große Schüssel und bestreut sie recht reichlich mit feinstem Puderzucker. Hierauf wird der Zucker durch Besprengung mittels einer Schlagrute mit Mosel- oder Rheinwein angefeuchtet (man nehme nicht zu viel; zu 1 Kilogramm Beeren genügt ein Weinglas voll), worauf die Beeren nochmals mit Zucker überstreut werden. Am nächsten Tage schwimmen die Früchte in einem sirupartigen Safte, der nach Bedürfnis durch Hinzufügen von Zucker und etwas Wasser noch vermehrt werden kann. Die Masse wird täglich einige Male umgerührt, ohne daß man dabei die Beeren, die nach und nach ganz zusammenschrumpfen und endlich völlig geschmacklos werden, zerdrückt. — Schließlich gießt man den wasserdünnen Saft ab, gibt ihn in eine Flasche von weißem Glase und stellt ihn gut verkorkt an einen kühlen Ort. Nach einigen Monaten klärt er sich von oben anfangend. Das Klare kann dann zur Likörbereitung, zu Limonaden, der Bodensatz in anderer Weise benutzt werden.

Erdbeersaft auf dänische Art.

Man bringe 40 Gramm gereinigte Weinsteinsäure (Acidum tataricum) in 2 Liter Brunnenwasser und löse sie darin auf, übergieße mit dieser Lösung 3 Liter Erdbeeren und lasse sie 24 Stunden lang stehen. Der Saft wird hierauf, ohne daß man Beeren drückt oder zerquetscht, durch ein dickes leinenes Tuch abgeseiht und je 1 Liter dieses Saftes mit 1 Kilogramm gestoßenen, feinen, weißen Zuckers so lange verrührt, bis der Zucker gelöst und der Saft ganz klar erscheint. Der gänzlich ungekocht verbleibende Zuckersaft wird nun in Flaschen gefüllt und verkorkt. Er hält sich an frostfreien, trockenen Orten über ein Jahr lang und ist zu Limonaden vorzüglich zu verwenden. Das Verfahren ist gar nicht übel, erfordert aber vielen Zucker.

Heidelbeersaft ohne Zucker.

Die gereinigten, ganz reifen Heidelbeeren werden in ein blankes Geschirr gethan, mit etwas Wasser übergossen und unter stetem Umrühren bei gelindem Feuer gekocht. Dann preßt man den Saft ab, wozu am besten ein Haartuchsieb benutzt wird, und stellt die Flüssigkeit bis zum nächsten Tage hin. Darauf gießt man sie vom Bodensatz ab, kocht sie, schäumt sie und läßt sie etwas abkühlen. Endlich gibt man eine geringe Menge (auf 10 Liter Saft 1 Gramm) Salicyl hinzu, rührt gut um und füllt dann den Saft in ganz reine, trockene Flaschen, die sogleich verkorkt und verlackt werden. Man bewahrt den Saft an einem kühlen Ort auf.

Heidelbeersaft nach Semler.

Der Heidelbeersaft, wie er in den Handel gebracht wird, um zum Färben von Wein, Likören usw. zu dienen, wird auf folgende Weise bereitet: Man zerquetscht die Beeren, die vollständig reif sein müssen, in 1/20 ihres Gewichts Wasser und läßt diese Masse 3 bis 4 Tage in einem Raum gären, der eine Temperatur von 12 bis 15 Grad R. besitzt. Dann seiht man sie durch, indem man durch Pressung den Saft möglichst ausdrückt. Bei größern Mengen bedient man sich zu diesem Zwecke am besten einer Kelter. Dem ausgedrückten Saft setzt man den zehnten Teil seines Maßes Alkohol von 85 Prozent zu und filtriert ihn in Fässer. — In Frankreich ist ein Verfahren üblich, wobei der Alkohol in Wegfall kommt. Der Saft wird in einem geschlossenen Gefäß durch Dampf erhitzt, dann auf Flaschen gezogen, verkorkt und gut verdrahtet. Bei dieser Methode wird aber die Farbe weniger tief und zart.

Holunder- oder Fliederbeersaft.

Vom gemeinen Holunder (Sambucus niger) ist alles zu verwerten: Holz, Blätter, Blüten und Früchte. Am wenigsten beachtet und dennoch am nützlichsten und wertvollsten sind aber die Früchte, die der Strauch jährlich ganz ohne jede Pflege in großer Zahl hervorbringt. Sie haben noch lange nicht die rechte Würdigung gefunden. Die Gewinnung des Saftes geschieht in folgender Weise: man zupft die Früchte von den Stengeln ab und bringt die Beeren mit einem geringen Wasserzusatz (1 bis 2 Liter auf 10 Liter Beeren) in einem reinen Kessel aufs Feuer und rührt sie mit einem Holzlöffel fortwährend bis kurz vor dem Aufkochen. Dann nimmt man den Topf ab, läßt den Brei etwas abkühlen und preßt ihn energisch ab. Dies kann in einer Presse, einem dünnen Leinwandtuche und auch im feinen Haartuchsiebe geschehen. Der gewonnene Saft wird in einem reinen Gefäße (Kessel, — emailliertes Geschirr wird rot gefärbt) tüchtig gekocht, geschäumt, mit Salicyl (wie oben) versehen und dann auf Flaschen gefüllt. Verkorkt und verlackt hält sich der Saft mindestens ein Jahr.

Das Konservieren des Preiselbeersaftes ohne Zucker.

Die Beeren werden auf ein Sieb geschüttet und dann mit diesem in ein Gefäß mit Wasser gehalten. Dadurch werden die Früchte rein, die anhaftenden Schmutzteile, Blätter usw. kommen nach oben und können abgenommen werden. Man läßt die Beeren hierauf abtropfen und kocht sie unter langsamem Rühren in einem Messingkessel, bis sie sämtlich geplatzt sind. Dann preßt man den Saft ab, kocht und schäumt ihn und bringt ihn noch heiß in trockene Flaschen, die sogleich in üblicher Weise verschlossen werden.

Das Konservieren des Preiselbeersaftes mit Zucker.

Man reinigt die Früchte, wie vorhergehend angegeben wurde, kocht sie, indem man zu je 10 Liter Beeren 2 bis 3 Liter Wasser zusetzt. Wurde aus allen Früchten der Saft ausgezogen, so bringt man die Masse in ein Haartuchsieb, läßt den Saft ablaufen und kocht ihn dann, indem man auf 1 Liter Saft 700 bis 800 Gramm Zucker zusetzt. Auf Flaschen gefüllt und sorgfältig verkorkt, hält sich dieser Saft sehr gut. Bei dieser Methode erzielt man bedeutend mehr Saft.

Aepfelsaft.

Hierzu kann Fallobst genommen werden; es macht nichts, wenn es noch ziemlich unreif ist. Bei der Herstellung kann man entweder die Früchte zerreiben und den Saft abpressen, oder — was ebenso zweckmäßig und viel einfacher ist — sie in Stücke schneiden und mit wenig Wasser kochen. In letzterm Falle schüttet man die Masse in einen Filz- oder Flanellfilter, läßt den Saft ablaufen und kocht ihn mit Zucker auf. Der Saft von Gravensteiner und ähnlichen Sorten ist vorzüglich und bedarf keines Zuckerzusatzes. Eigentliche Süßäpfel geben weniger nicht so guten Saft. Man thut wohl, wenn man recht verschiedene Sorten zu Saft verwendet, weil dann der Geschmack sehr gewürzreich wird. Will man Winterobst zu Saft verwenden, so geht dies allerdings ebenfalls sehr gut, doch darf dies erst später geschehen, etwa Anfang Oktober, wenn die Früchte ziemlich ihre Reife erlangt haben.

Kirschensaft ohne Gärung.

Völlig reife Sauerkirschen werden entstielt, mit den Kernen fein zerstampft und in einem Steingutgefäß bei häufigem Umrühren und Luftabschluß 24 Stunden stehen gelassen. Hierauf preßt man den Saft ab, gibt zu 1 Kilogramm Saft 1/2 Kilogramm Zucker und läßt ihn nochmals einen Tag stehen, wobei jedoch ebenfalls öfter umgerührt und der Luftzutritt abgehalten werden muß. Dann gießt man das Klare vom Bodensatz ab, kocht und schäumt ab und füllt es noch heiß in trockene, reine, vorher ausgeschwefelte Flaschen.

Kirschensaft durch Gärung herzustellen.

Man stampft die entstielten Kirschen, so daß wenigstens ein Teil der Steine mit zerkleinert wird. Hierauf läßt man die übrige Masse einige Tage gut zugedeckt stehen, worauf man sie abpreßt. Der Saft kommt mit Zucker (200 bis 400 Gramm auf 1 Liter Saft) in ein reines Faß und muß darin an warmem Orte unter Gärabschluß vergären. Hat sich der Inhalt des Fasses beruhigt, so schlägt man das Faß zu und läßt es einige Monate liegen, worauf der klare Saft von dem Bodensatz abgenommen wird. Er kommt sogleich in Flaschen, oder erst in ein anderes Faß, um dann nach einigen Wochen abgezogen zu werden.

Gespriteter Kirschensaft.

Dieser Saft wird meist als Handelsware im großen hergestellt. Man mahlt die Kirschen (saure Weichseln werden fast ausschließlich genommen) auf einer Obstmühle. Den Troß läßt man auf den zerkleinerten Steinen 12 bis 24 Stunden stehen, damit der Saft davon das aus den Kernen stammende Aroma nach bittern Mandeln annehme, und preßt ihn dann ab. Der Saft bleibt 24 Stunden ruhig stehen, damit er sich setzt, wird dann klar vom Bodensatz abgenommen, gekocht, und, wenn er abgekühlt ist, mit 15 Prozent gut rektifiziertem Spiritus (96prozentigem) versetzt, worauf er in Flaschen kommt.

Salicylierter Kirschensaft.

Gespriteter Saft kann nur zur Likörbereitung Verwendung finden. Man konserviert den Saft deshalb neuerdings vielfach mit Salicylsäure, da so hergestellter Saft zu allen möglichen Verwendungsarten brauchbar ist. Man verfährt wie oben, setzt aber, solange der Saft noch heiß ist, auf den Liter 0,1 bis 0,2 Gramm Salicylsäure zu, die sich sogleich löst und durch Umrühren gut verteilt wird.

Anhang.

Geläuterter Zucker.

1/4 Liter Wasser wird mit 1 Pfd. Zucker, der in kleine Stücke zerklopft ist, aufs Feuer gesetzt; ist er zergangen, wird ein halbes Eiweiß hineingegeben, dann der schmutzige Schaum, welcher heraufkommt, abgenommen und der Zucker noch so lange gekocht, bis kein Schmutz mehr aufsteigt. Man schreckt ihn ein- oder zweimal mit 1 Löffel kaltem Wasser ab; dadurch wird er ruhig und ist der Schaum besser abzunehmen.

Geläuterter Zucker zum Breitlauf.

Der wie vorhergehend geläuterte Zucker wird so lange auf dem Feuer gelassen, bis er Fäden zieht, das heißt: es muß, wenn man den Schaumlöffel hineintaucht und wieder heraushebt, der zuletzt daran hängende Tropfen einen breiten Faden ziehen. Zu eingemachten Früchten verwendet, soll er nicht mit Eiweiß geklärt, sondern nur abgeschäumt werden.

Zucker zu Karamel.

Nachdem der Zucker zum Breitlauf gekocht ist, läßt man ihn noch so lange kochen, bis er sich rotbraun färbt; so hat er den Grad des Karamels erreicht. Die Kasserolle muß sofort in kaltes Wasser gestellt werden, damit er nicht zu braun wird, oder es wird derselbe gleich verwendet.

Gebrannter Zucker.

Man röstet Zucker in einer Kasserolle unter fortwährendem Umrühren auf dem Feuer braun; ist er geschmolzen und dunkelbraun, schüttet man ein Glas Wasser dazu und verkocht ihn noch. Wird zum Färben von Speisen verwendet.

Punschglasur.

Feingesiebter Zucker (Staubzucker) wird mit Rum und Zitronensaft zu solcher Dicke angerührt, daß man ihn mit dem Messer über das Backwerk streichen kann.

Spritzglasur.

Feinster Staubzucker wird mit Eiweiß fest und steif, sodann mittels weiterer Eiweiß leicht gerührt; einige Tropfen Essigsäure beschleunigen das Schaumigwerden der Masse. Dieselbe wird in kleine Papierdütchen gefüllt und Torten oder Backwerk beliebig damit garniert. Da sie rasch vertrocknet, soll sie beim Verbrauch immer mit einem feuchten Tuch zugedeckt werden.

Schokoladeglasur.

Wird wie die Spritzglasur bereitet, nur fügt man etwas geriebene Schokolade darunter.

Geflügel.

Gänse, Enten und Hühner schlachtet man, indem man mittels scharfem Messer rasch die Gurgel durchschneidet und sie dann gut ausbluten läßt; bei Gänsen und Enten rupft man die Federn ab, brüht dann das Geflügel (Hühner werden in kaltes Wasser getaucht und dann gleich mit den Federn gebrüht und sauber geputzt). Nun schneidet man beim Steiß einen Querschnitt ein, nimmt Gedärme, Magen und Leber heraus, befreit letztere von der Galle, schneidet den Magen auf, nimmt die gelbe Haut weg und wäscht das Geflügel gut aus.

Dressieren.

Beim Huhn löst man das Brustbein heraus, schränkt die Flügel zurück, steckt den Kopf unten durch, schiebt die beiden Schlegel vor und steckt den Kopf an dieselben mittels eines Hölzchens an; man schiebt dasselbe ganz durch, so daß es am andern Schlegel wieder herauskommt, befestigt die Füße am Steiß, indem man einen Bindfaden ringsherum schlingt.

Gans und Ente.

Während man mit der linken Hand das Tier hält, schiebt man die Schenkel oder Schlegel gegen den Leib hinauf und durchsticht sie mit einem Holzspießchen, damit das Tier schön und voll daliegt.

Pökel- oder Salzfleisch.

Schweinefleisch oder Rindfleisch wird in 2 bis 3 Pfund große Stücke geschnitten, diese mit Salz, etwas Salpeter und Pfeffer eingerieben, in ein Holzgefäß eingelegt und entweder, wenn dasselbe mit einer Schraube versehen ist, fest zugeschraubt, oder ein Holzdeckel darauf gelegt und mit einem Stein beschwert. Sollte es in einigen Tagen keine Brühe haben, muß man Salzwasser bereiten und daran gießen. In 14 Tagen bis 3 Wochen ist das Fleisch durchgebeizt. Es kann dann geräuchert oder so gekocht werden.

Eingepökelte oder eingesalzene Schinken.

Auf 20 Pfd. Schinken rechnet man 2 Pfd. Salz und 40 Gramm Salpeter; mit diesem reibt man den Schinken ein und läßt ihn 2 Tage stehen. Nun nimmt man das Salz heraus, welches noch nicht aufgelöst ist, gibt 100 Gramm Kandiszucker, 20 Gramm ganzen weißen Pfeffer, 5 Gramm ganzen Piment, 1 Eßlöffel zerdrückte Wacholderbeeren, 3 Lorbeerblätter und 4 ganze Zwiebeln, kocht es einige Male auf, legt die Schinken schön ins Holzgefäß ein, gießt den ganz erkalteten Sud darüber und schraubt oder beschwert sie. 4 bis 5 Wochen brauchen dieselben, bis sie durchgebeizt sind. Dann werden sie in den Kamin gehängt und geräuchert.

Eingemachtes Sauerkraut.

Man nimmt ungefähr 30 bis 35 schöne, große, feste Krautsköpfe, schneidet die Dorschen aus, läßt es auf einem

Krauthobel hobeln, legt es dann in ein Holzgeschirr (Fäßchen oder Ständchen) und stampft es mit einem Holzstempfel fest. Ein Dritteil salzt man zuerst gar nicht, weil das Untere, welches ja am längsten darin bleibt, sonst zu sauer, nicht gut und nicht leicht verdaulich wird; dann erst fängt man an und streut immer etwas Salz dazwischen, aber nicht viel (auf 30 Köpfe kaum 1/2 Pfd. Salz); wer es recht wenig sauer liebt, kann es ganz ohne Salz einmachen. Nach Belieben des Geschmacks gibt man auch einige Wacholderbeeren, etwas Kümmel und Fenchel hinein. Sehr gut wird es auch, wenn man einige feingeschnittene Borsdorfer Aepfel darunter gibt. Ist es nun fest eingestampft, deckt man ein reines weißes Tuch darauf, dann einen Holzdeckel und beschwert es mit einem Stein, damit es Brühe bekommt. Beim jedesmaligen Herausnehmen muß Deckel und Tuch sauber im frischen Wasser ausgewaschen werden; das Obere, Schlechte nimmt man zuerst weg. Es ist ganz falsch, zu glauben, das Salz macht das Kraut sauer; es macht dasselbe nur salzsauer; die eigentliche Säure bekommt es durch die Gärung, weshalb man das Salz auch ganz weglassen kann, muß aber, um ein gutes Kraut zu bekommen, nur wenig Salz nehmen. Macht man das Kraut ganz ohne Salz ein, so gießt man (40 Grad R.) Wasser darüber, daß es über dem Kraut steht, beschwert es gut und in drei Wochen ist es sauer.

Inhaltsverzeichnis.

(Die beigeſetzten Ziffern geben die Seitenzahlen an.)

Suppen.

Saucen.

Gemüse.

Gesalzene Mehlspeisen.

Rindfleisch.

Braten.

Eingemachtes und Gemüse-Beilagen.

Fische.

Salate.

Butter.

Teige.

Hefenbackwerk und Kuchen.

Schmalzbäckereien.

Torten.

Süßes Backwerk und Konfekt.

Eingemachte Früchte.

Warme und kalte Getränke.

Obstsäfte.

Anhang.

Eigene Notizen

Eigene Notizen

Eigene Notizen

Eigene Notizen